CB141188

# REDAÇÃO EMPRESARIAL

4ª edição

# REDAÇÃO EMPRESARIAL

4ª edição

Miriam Gold

Pearson

abdr
ASSOCIAÇÃO BRASILEIRA DE DIREITOS REPROGRÁFICOS
Respeite o direito autoral

© 2010 by Miriam Gold

Todos os direitos reservados. Nenhuma parte desta publicação poderá ser reproduzida ou transmitida de qualquer modo ou por qualquer outro meio, eletrônico ou mecânico, incluindo fotocópia, gravação ou qualquer outro tipo de sistema de armazenamento e transmissão de informação, sem prévia autorização, por escrito, da Pearson Education do Brasil.

*Diretor editorial:* Roger Trimer
*Gerente editorial:* Sabrina Cairo
*Supervisor de produção editorial:* Marcelo Françozo
*Editora plena:* Thelma Babaoka
*Editor assistente:* Yuri Bileski
*Preparação:* Paula Brandão e Renata Nakano
*Revisão:* Carmen Simões
*Capa:* Alexandre Mieda
*Projeto gráfico e diagramação:* Globaltec Artes Gráficas Ltda.

**Dados Internacionais de Catalogação na Publicação (CIP)**
**(Câmara Brasileira do Livro, SP, Brasil)**

Gold, Miriam
Redação empresarial / Miriam Gold. -- 4. ed. --
São Paulo : Pearson Prentice Hall, 2010.

Bibliografia.
ISBN 978-85-7605-682-9

1. Comunicação na empresa 2. Correspondência comercial
3. Redação comercial I. Título.

10-01582 CDD-808.066651

**Índices para catálogo sistemático:**
1. Redação empresarial 808.066651

Direitos exclusivos cedidos à
Pearson Education do Brasil Ltda.,
uma empresa do grupo Pearson Education
Avenida Santa Marina, 1193
CEP 05036-001 - São Paulo - SP - Brasil
Fone: 19 3743-2155
pearsonuniversidades@pearson.com

Distribuição
Grupo A Educação
www.grupoa.com.br
Fone: 0800 703 3444

# SUMÁRIO


**PARTE I – Elaboração do texto empresarial** ........ 1

**Capítulo 1 Estilo e linguagem do moderno texto empresarial** ........ 3
Entendendo o texto empresarial no contexto contemporâneo ........ 3
O princípio fundamental do texto empresarial ........ 5
A eficácia do texto ........ 6
Características do texto empresarial ........ 7

**Capítulo 2 Principais empecilhos: os vícios** ........ 17
Os vícios e suas consequências ........ 17

**Capítulo 3 Trabalhando as ideias** ........ 35
Pensamentos e ideias ........ 35

**Capítulo 4 A objetividade** ........ 49
A objetividade e o texto empresarial ........ 49

**Capítulo 5 A concisão** ........ 63
A concisão como valor ........ 63

**Capítulo 6 A clareza** ........ 79
Entendendo a clareza textual ........ 79

**Capítulo 7 Coerência e unidade** ........ 97
A relação entre coerência e sentido ........ 97

**Capítulo 8 Como escrever relatórios e monografias** ........ 113
Relatórios e monografias: conjugando ideias à elaboração textual ........ 113

**Capítulo 9 Construção estratégica do currículo** ........ 137
Compreendendo a função e a importância do currículo ........ 137

**PARTE 2 – Padronização dos documentos empresariais** ........ 159

**Capítulo 10 Documentos empresariais** ........ 161
A correspondência empresarial moderna ........ 161

**Capítulo 11 Correspondência oficial** ........ 173
Uniformização da correspondência oficial ........ 173

O ofício ... 173
O memorando oficial ... 177
Capítulo 12 **Documentos administrativos ... 181**
Acordo ... 181
Ata ... 182
Atestado ... 185
Aviso ou comunicação interna ... 186
Bilhete ... 187
Circular ... 187
Comunicação interna ... 188
Convocação ... 188
Declaração ... 188
Procuração ... 190
Recibo ... 190
Requerimento ... 191

**PARTE 3 – Normatização gramatical ... 193**
Capítulo 13 **Grafias – usos e significados ... 195**
Norma culta ... 195
Capítulo 14 **Regras de acentuação ... 211**
Norma culta ... 211
Capítulo 15 **Homônimos e parônimos ... 215**
Norma culta ... 215
Capítulo 16 **Uso do hífen ... 223**
Norma culta ... 223
Capítulo 17 **Plural dos nomes compostos ... 227**
Norma culta ... 227
Capítulo 18 **Colocação dos pronomes oblíquos átonos ... 231**
Norma culta ... 231
Capítulo 19 **Formas verbais que suscitam dúvidas ... 235**
Norma culta ... 235
Capítulo 20 **Emprego do infinitivo ... 239**
Norma culta ... 239
Capítulo 21 **Concordância verbal ... 243**
Norma culta ... 243
Capítulo 22 **Concordância nominal ... 251**
Norma culta ... 251
Capítulo 23 **Crase ... 259**
Norma culta ... 259
Capítulo 24 **Emprego dos sinais de pontuação ... 265**
Norma culta ... 265
**Referências ... 271**
**Respostas ... 273**
**Índice ... 285**

# APRESENTAÇÃO

Nunca se escreveu tanto quanto hoje em dia. Os constantes avanços tecnológicos não apenas aumentam o uso da palavra escrita, como também revolucionam a maneira como os textos são lidos e redigidos. Graças à Internet, uma quantidade imensurável de informação é disponibilizada instantaneamente para milhares de pessoas ao redor do mundo. Por isso, mais do que nunca, o emprego adequado da linguagem escrita, livre de mal-entendidos e de erros grosseiros, é um fator fundamental para o sucesso da comunicação.

A velocidade com que o mundo corporativo cresce e se transforma é outro ponto que concede destaque à escrita, uma vez que a correta padronização estética e a apresentação objetiva contribuem para uma comunicação ágil e precisa. Por isso, é importante que os documentos empresariais transmitam suas mensagens com clareza e coerência.

Considerando questões como essas, este livro ensina como identificar e elaborar textos empresariais claros, auxiliando no desenvolvimento de mensagens informativas e respondendo às dúvidas frequentes que atingem aqueles se encontram diante da delicada tarefa de redigir.

Dessa maneira, o livro está divido em três módulos principais enfocando:

1. O novo estilo redacional, sem os clichês e os excessos que caracterizavam o texto antigo, trabalhando com técnicas e dicas práticas para a elaboração de mensagens que exponham as ideias de forma clara, precisa e objetiva, estejam elas em cartas, e-mails ou currículos.
2. A nova padronização de cartas e memorandos, além da última regulamentação federal sobre a formatação do ofício.

3. As questões gramaticais que mais interferem na correção do texto escrito, como a crase, a vírgula, as concordâncias e o Novo Acordo Ortográfico.

Para reforçar as ideias apresentadas, os capítulos contam com diversos exemplos recorrentes no cotidiano corporativo e são acrescidos por exercícios, cujas respostas encontram-se no final do livro.

Por fim, o livro também é acompanhado por um exclusivo site de apoio em que os professores e estudantes encontram material adicional:

**Para professores:** apresentação em PowerPoint. (*Este material é de uso exclusivo para professores e protegido por senha. Para ter acesso a eles, os professores que adotam o livro devem entrar em contato com seu representante Grupo A ou enviar e-mail para distribuicao@grupoa.com.br*).

**Para estudantes:** tabelas com as principais questões gramaticais.

Em suma, com este livro, o leitor encontrará não apenas as respostas para as questões relacionadas à redação, mas também um importante instrumento para alcançar seu sucesso profissional.

PARTE

# 1

# ELABORAÇÃO DO TEXTO EMPRESARIAL

CAPÍTULO 1

# ESTILO E LINGUAGEM DO MODERNO TEXTO EMPRESARIAL

## ENTENDENDO O TEXTO EMPRESARIAL NO CONTEXTO CONTEMPORÂNEO

A fim de iniciarmos nossos estudos, vamos refletir um pouco sobre as seguintes questões:

- Por que as organizações devem modernizar seu estilo e sua linguagem?
- Essas modernizações vieram para ficar?
- Qual é o objetivo de modernizar o estilo e a linguagem do texto empresarial?

A modernização de estilo e de linguagem das correspondências empresariais aconteceu a partir de um momento histórico específico, o final dos anos 1970, como resultado de um contexto econômico em que a disputa por uma fatia do mercado mundial se tornou muito mais competitiva.

Uma das estratégias que passou a ser utilizada mundialmente foi a redação de informações de maneira mais objetiva. Com a necessidade de trabalhar na direção da qualidade e da fidelização dos clientes, tornou-se importante discriminar os procedimentos e padrões utilizados no dia a dia, especificando-os em linguagem clara e sem duplicidade de sentido, de forma a minimizar o retrabalho e acelerar o intervalo de tempo entre os fatos e as ações.

Alguém pode argumentar que um texto mal escrito não representa perda financeira substancial para uma empresa. Entretanto, vejamos a seguir o que pode ocorrer quando circulam documentos desse tipo. Um resumo dos problemas pode ser encontrado na Figura 1.1.

**FIGURA 1.1** Problemas com documentos empresariais mal escritos

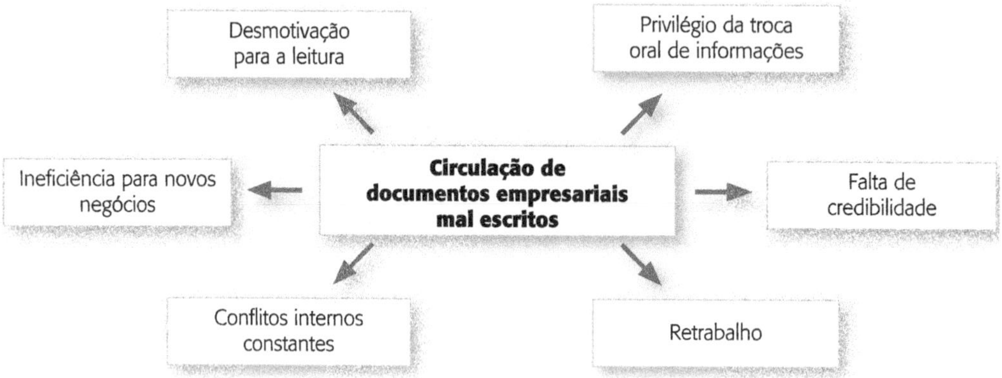


- *Desmotivação para a leitura*: não se lê mais o texto todo, faz-se apenas uma leitura *perpendicular*, ou seja, passam-se os olhos para ver do que se trata.
- *Privilégio da troca oral de informações*: já diz o ditado popular que "quem conta um conto aumenta um ponto". Assim, na linguagem oral, não há garantias de que a mensagem será transmitida com fidedignidade e, com frequência, ocorre falta de clareza das informações principais. É conhecida a história do oficial que solicitou a reunião de todos os soldados no pátio do quartel para assistirem à passagem do cometa Halley e que só conseguiu que todos se reunissem no refeitório para participarem de um show de Bill Halley. Isso porque nenhum dos emissores se preocupou em verificar de que modo a mensagem estava sendo compreendida e repassada aos demais destinatários. Da mesma maneira, torna-se mais fácil o descomprometimento com prazos e metas.
- *Falta de credibilidade*: uma vez que a transparência é um dos valores mais prezados em nossos dias, é preciso ter em mente que uma mensagem mal elaborada, ambígua ou obscura, pode comprometer a credibilidade de uma área ou de toda a empresa diante de seus clientes, sejam eles internos ou externos.
- *Retrabalho*: o retrabalho ocorre tanto para o emissor quanto para o receptor da mensagem. Há casos de empresas que precisaram de seis meses para operar um recadastramento, quando o tempo inicial previsto era de apenas um mês. Tudo isso porque um memorando estava escrito de maneira inadequada.

- *Conflitos internos constantes*: a falta de clareza tende a gerar interpretações equívocas e perigosos erros de comunicação, o que pode levar a desagregação — algo contrário à sinergia positiva necessária ao sucesso de qualquer ambiente profissional.
- *Ineficiência para novos negócios*: o poder de persuasão de um texto é seriamente comprometido pela ocorrência de equívocos, o que pode resultar em perdas de lucratividade.

É muito provável que a perda gerada por falhas na transmissão de informações não possa ser mensurada em termos estritamente financeiros, mas, com certeza, o prejuízo econômico provocado pelo desgaste dessas falhas é substancial.

Conclui-se então que, em tempos de mercados mundiais e de luta por sobrevivência na era da globalização, não basta apenas investir em informatização e tecnologia, mas naquilo que, dentro da sociedade humana, tem valor de troca: a comunicação.

Em termos empresariais, essa comunicação tem valores bem definidos: a clareza e a objetividade das informações proporcionam e impulsionam a fidedignidade das mensagens e a agilidade das decisões, molas da sobrevivência e do lucro.

## O PRINCÍPIO FUNDAMENTAL DO TEXTO EMPRESARIAL

A comunicação empresarial, diferentemente do texto jornalístico e do literário, por exemplo, tem como seu princípio fundamental gerar uma resposta objetiva àquilo que é transmitido. Ou seja, propiciar uma ação. Veja a Figura 1.2.

Na correspondência empresarial, o documento é sempre redigido para um cliente (interno ou externo) visando a uma resposta dele. Se o cliente der a resposta que se espera, o texto foi eficaz; se não, o texto tem de ser obrigatoriamente repensado e reescrito.

Não são poucos os casos empresariais em que uma rápida providência que deveria resultar de uma mensagem demorou meses *só* por causa de um texto mal escrito. Também não são raras as situações em que relatórios são lidos e suas informações, embora importantíssimas, passam completamente despercebidas pelo destinatário.

Imaginemos o caso de uma grande empresa que precisasse alertar seus credenciados sobre várias mudanças — algumas fundamentais, outras nem tanto. Na estruturação da carta, no entanto, as informações secundárias acabaram obtendo tanto destaque que os credenciados não valorizaram as principais. A consequência direta

**FIGURA 1.2** Diferenças entre os textos empresarial, jornalístico e literário

Texto jornalístico → **INFORMAÇÃO**

A Conferência das Nações Unidas sobre o Meio Ambiente e Desenvolvimento, ou ECO-92, que teve lugar no Brasil, em junho de 1992, deu novo impulso às questões relacionadas com a Amazônia. As principais ações do Governo, decorrentes da Conferência, concentram-se na Convenção de Biodiversidade Biológica, Convenção de Mudanças Climáticas, bem como na Declaração sobre Florestas e Convenção de Desertificação, assinada em outubro de 1994.

Texto literário → **EMOÇÃO**

**Noite de São João**

Noite de S. João para além
do muro do meu quintal.
Do lado de cá, eu sem noite de
S. João.
Porque há S. João onde o
festejam.
Para mim há uma sombra
de luz de fogueiras na noite,
Um ruído de gargalhadas,
os baques dos saltos.
E um grito casual de quem não
sabe que eu existo.

Texto empresarial → **AÇÃO**

Pessoal,

Solicito estarem com o relatório das atividades trimestrais prontos até o dia 3 de abril.

Nesta data, enviem ao gerente de TI para que ele os consolide e providencie as ações necessárias.

Atenciosamente,

Carina Ert.

desse texto mal escrito seria o atendimento parcial ao que foi solicitado, gerando posteriormente um gasto extraordinário de tempo com telefonemas explicativos.

## A EFICÁCIA DO TEXTO

A eficácia do texto empresarial moderno equivale à força da retórica clássica. Na Antiguidade, o discurso retórico continha uma função expressiva e persuasiva consagrada pelos oradores. Hoje em dia, o meio empresarial gasta fortunas em marketing direto, esquecendo-se de usar em seu texto recursos que se configuram como arma preciosa no relacionamento com o cliente, seja ele interno ou externo.

Há que se perceber, antes que seja tarde demais, como o simples e-mail cotidiano funciona como instrumento de endomarketing, reforçando ou conferindo novos rumos à cultura da empresa.

O texto escrito deve ser percebido como um instrumento relacionado à função estratégica empresarial, intervindo diretamente em três grandes dimensões: na cultura da empresa, no aspecto motivacional e no econômico.

## CARACTERÍSTICAS DO TEXTO EMPRESARIAL

Ao escrever a clientes, responder a solicitações, passar informações sobre diversos assuntos, subsidiar informações para a tomada de decisões, que características você destacaria como importantes em um texto empresarial?

No Quadro 1.1, apresentamos uma lista dessas características. Marque *sim* ou *não* nas que você considera importantes.

Dos seis itens do Quadro 1.1, você deve ter assinalado *não* em quatro, pois eles estão em desacordo com a moderna orientação para os textos empresariais. Confira, agora, o Quadro 1.2.

Nem o vocabulário sofisticado nem as frases longas e rebuscadas contribuem para um rápido entendimento da mensagem, levando o leitor a um desperdício de tempo, quando não a uma desmotivação progressiva que acarretará, inconscientemente, a rejeição da mensagem.

Não devemos nos esquecer que a mudança cultural imposta na linguagem das correspondências reflete também um estilo da vida moderna, em que a informação valorizada é aquela de mais fácil digestão — haja vista a grande influência dos meios de comunicação de massa.

Além disso, você deve reconhecer que um leitor, por mais inteligente que seja, precisa de tempo para decodificar as palavras, reconhecer seus sentidos e identificar

QUADRO 1.1 Características de um texto

| QUANTO AO VOCABULÁRIO | | |
|---|---|---|
| Sofisticado | sim ( ) | não ( ) |
| Simples e formal | sim ( ) | não ( ) |
| Informal | sim ( ) | não ( ) |
| **QUANTO ÀS FRASES** | | |
| Mais curtas | sim ( ) | não ( ) |
| Longas | sim ( ) | não ( ) |
| Rebuscadas | sim ( ) | não ( ) |

QUADRO 1.2 Características de um texto empresarial

| QUANTO AO VOCABULÁRIO | | |
|---|---|---|
| Sofisticado | sim ( ) | não (×) |
| Simples e formal | sim (×) | não ( ) |
| Informal | sim ( ) | não (×) |
| **QUANTO ÀS FRASES** | | |
| Mais curtas | sim (×) | não ( ) |
| Longas | sim ( ) | não (×) |
| Rebuscadas | sim ( ) | não (×) |

as relações entre as ideias. Assim, torna-se evidente que quanto menor o esforço para decodificar o texto, mais o leitor apreenderá sobre a mensagem.

As características do moderno texto empresarial são, então, as apresentadas na Figura 1.3.

Ao longo deste livro, trabalharemos para atingir cada uma dessas características entendendo-as e exercitando-as. A seguir, apresentaremos os conceitos de cada uma delas.

**FIGURA 1.3** Características do moderno texto empresarial

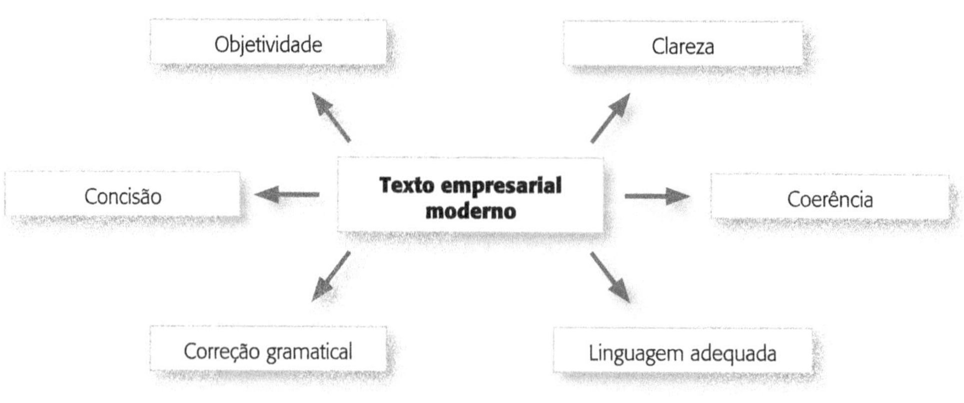

## Conceituando as características

A seguir, vamos nos aprofundar detalhadamente em cada uma dessas características.

### Concisão

Concisão significa expressar o máximo de informações sem repetições e excesso de ideias. Para atingir esse objetivo, é preciso determinar com precisão as informações realmente relevantes, bem como avaliar o significado das palavras e expressões utilizadas. O texto bem escrito e que pretende ser conciso é aquele em que todas as palavras e informações utilizadas têm uma função significativa.

### Objetividade

A objetividade refere-se às ideias expressas. Em toda situação de comunicação há inúmeras ideias que permeiam a informação, e todas elas estão, direta ou indiretamente, ligadas ao assunto.

Entretanto, para se expressar com objetividade, deve-se estar atento para expor ao destinatário as ideias principais, retirando do texto todas as informações consideradas supérfluas, que levam o leitor a perder o foco do assunto tratado.

A questão principal, quando se fala em objetividade, é saber definir quais são as informações relevantes que desejamos transmitir naquele momento.

### Clareza

Segundo o professor Rocha Lima, dois procedimentos são fundamentais para a obtenção da clareza textual:

- educar a nossa capacidade de organização mental;
- aprender a pôr em execução convenientemente o material idiomático.

O motivo pelo qual se considera a clareza uma das características mais difíceis de ser obtida está no fato de, para aquele que emite a mensagem, a ideia já estar clara em sua mente. Ou seja, o emissor julga erroneamente estar se expressando com a necessária clareza, pois a ideia que está formulando lhe é familiar.

Essa relação entre o pensamento e a linguagem traz como consequência direta uma falta de percepção mais apurada sobre o próprio enunciado, uma vez que sua leitura ainda está conectada à ideia. Portanto, o emissor não percebe as falhas ou lacunas de sentido que podem existir na passagem das ideias para seu corpo material, isto é, para as palavras.

Um exemplo do que estamos dizendo são as famosas brincadeiras verbais, muitas delas usadas como apelo de marketing, do tipo:

*Cachorro faz mal à moça!*
Na verdade, é um sanduíche cachorro-quente

*Vou mandar-lhe um porco pelo meu irmão, que está bem gordo.*
Presume-se que quem esteja gordo seja o porco

*Pedro e Paulo vão se separar.*
Eles não são casados entre si. Cada um vai separar-se de sua respectiva mulher

Todas essas frases possuem duplo sentido e são um problema à clareza. Muitos relatórios e ofícios também contêm construções semelhantes, além de frases intercaladas, parágrafos longos, orações excessivamente subordinadas, má colocação na ordem dos termos, excesso de concisão etc.

## Coerência

A coerência diz respeito à conexão entre as ideias apresentadas no texto. Sem ela, as frases ficam perdidas e sem lógica. Evidentemente, esta característica não é apenas do texto moderno, mas de toda e qualquer comunicação escrita ao longo dos tempos. A língua escrita exige um rigor e uma disciplina de expressão muito maiores do que a língua falada, obrigando o emissor a expressar-se com harmonia tanto na relação de sentido entre as palavras quanto no encadeamento de ideias dentro do texto.

Para se obter a adequada conexão de sentido na relação entre as palavras, é necessário ater-se à significação de cada uma delas. Por sua vez, o encadeamento lógico do texto se faz principalmente mediante relações de tempo, espaço, causa e consequência.

## Linguagem adequada

Para que a linguagem de qualquer documento empresarial seja adequada é preciso levar em conta quem será o destinatário da mensagem e o assunto a ser tratado.

Como hoje em dia utiliza-se o e-mail como canal privilegiado para a transmissão de vários tipos de informação, deve-se tomar muito cuidado para que a linguagem não seja influenciada por este tipo de canal, resultando em textos descuidados.

É necessário entender que o e-mail é um meio para que a organização agilize seu fluxo de informações. Entretanto, como toda mensagem transmitida constitui um documento empresarial, privilegia-se uma linguagem mais formal.

Obviamente, na circulação de informações entre colegas de departamento, a formalidade será substituída pela informalidade, ainda que com os devidos cuidados. Essas questões serão aprofundadas nos capítulos 2 e 10.

### Correção gramatical

Qual é a imagem transmitida pela pessoa que fala de maneira errada? E pela empresa que não cuida da linguagem de seus documentos?

Erros de concordância, verbos mal utilizados, problemas de acentuação, crases e vírgulas mal colocadas comprometem a imagem da empresa, uma vez que a linguagem funciona como um espelho da qualidade dos produtos ou serviços de uma empresa: o mesmo tratamento dado à linguagem é estendido ao produto ou serviço oferecido ao cliente.

## Aplicando as informações

Veja a seguir a diferença entre uma carta antiquada e sua versão modernizada:

REPROVADO ✕

CM Papelaria

439/79

Belo Horizonte, 16 de outubro de 1979.

Ilmos. Srs.
J.J. Martins
Caixa Postal, 974
Curitiba – PR

Prezados Senhores:

Desejamos acusar o recebimento do seu prezado favor datado de 12 de outubro próximo passado, junto ao qual V. Sas. tiveram a gentileza de nos encaminhar os documentos relativos às mercadorias por nós encomendadas.

Informamos, outrossim, que as mercadorias em referência chegaram em perfeitas condições, nada nos sendo lícito reclamar nesse sentido. Lamentamos, no entanto, ter que externar-lhes a nossa estranheza ante o fato de constar, na fatura que nos foi remetida por V. Sas., vencimento para 30 dias, quando o que havíamos combinado com o representante de sua conceituada empresa foi de 90 dias.

Solicitamos, pois, esclarecimentos a respeito, deixando claro que não poderemos aceitar a duplicata, caso não nos seja concedido o prazo previamente combinado.

Cientes de que esta nossa justa pretensão será acolhida por V. Sas., firmamo-nos, com estima e apreço.

Atenciosamente,
JOSÉ LINS
Diretor

CM Papelaria Ltda.
Rua da Alfândega, 66
Tel:3456-7890 Fax: 3456-7098
Cep: 22031-090

Agora, veja a carta corrigida e modernizada:

APROVADO ✓

CM PAPELARIA

RC-439

Belo Horizonte, 16 de outubro de 2009.

Prezados Senhores,

Informamos que recebemos as mercadorias encomendadas, assim como os documentos a elas relativos, anexos a sua carta de 12-10-09.

Contudo, estranhamos o fato de constar de sua fatura o vencimento para 30 dias, quando já havíamos combinado com seu representante um prazo de 90 dias.

Solicitamos, portanto, esclarecimentos, deixando claro que não poderemos aceitar a duplicata, caso não nos seja concedido o prazo previamente combinado.

Atenciosamente,

JOSÉ LINS
Diretor

CM Papelaria Ltda.
Rua da Alfândega, 66
Tel.: 3456-7890 Fax: 3456-7098
CEP: 22031-090

## Ampliando o conhecimento

Por que a linguagem usada nas empresas deve ser formal? Por que não *modernizá-la*, utilizando uma linguagem mais coloquial? Essas e outras questões suscitadas por muitas pessoas ao longo de anos de trabalho merecem uma resposta adequada.

As situações linguísticas são muito complexas. Em um panorama sucinto das duas principais variações, temos:

- as variações de uso regional, que se verificam na entonação, no vocabulário e em algumas estruturações sintáticas, caracterizando uma comunidade linguística em determinado espaço geográfico. Este tipo é denominado *dialeto*;
- as variações decorrentes de ajustes em função da situação contextual e do destinatário. Como consequência, podemos separar várias modalidades e níveis de língua: escrita, falada, do jurídico, dos economistas, dos internautas etc. A estas variações dá-se o nome de *registros*.

É importante ressaltar que as variações de dialeto e registro são usadas para distinção social, qualificando os usuários de acordo com seu lugar de origem, grau de escolaridade, grupo profissional etc.

Aqui já começamos a perceber a questão da formação da imagem ligada à utilização de uma das variantes.

Acompanhe no Quadro 1.3 uma esquematização ampla sobre as diferentes modalidades e níveis da língua, para que possamos operar com esses conceitos.

Como se pode verificar, há várias maneiras de expressar as ideias e seu uso depende da situação. Por que então o texto empresarial deve privilegiar a linguagem formal? Porque, ao contrário de todas as variantes, somente ela evitará:

- o uso de termos compreendidos apenas por uma das partes envolvidas na comunicação;
- o uso de expressões informais, pois, como tudo que nos é mais próximo tende a evocar mais intensamente nossas situações emocionais, estas expressões, por serem próprias a grupos de amigos ou familiares, determinariam a quebra de uma imparcialidade na transmissão da informação e, como consequência, a possibilidade de descrédito da mensagem.
- a ocorrência de quebra dos procedimentos gramaticais que constroem a imagem de letramento, isto é, de um grau de escolaridade propiciador de credibilidade.

QUADRO 1.3 Diferentes modalidades e níveis de língua

| LÍNGUA FALADA | LÍNGUA ESCRITA |
|---|---|
| *Vulgar*<br>não existe preocupação com a norma gramatical. É geralmente usada por pessoas iletradas, isto é, que não tiveram qualquer tipo de alfabetização. | *Vulgar*<br>é utilizada por pessoas sem escolaridade e apresenta vários erros. |
| *Coloquial despreocupada*<br>é a língua usada na conversação corrente, com algumas intromissões de gírias e expressões familiares, e tem um policiamento gramatical pequeno. | *Despreocupada*<br>tem um caráter híbrido, pois é utilizada por pessoas escolarizadas mas em situações que não exigem tanta atenção com relação à gramaticalidade, como bilhetes informais ou correspondência pessoal. |
| *Coloquial culta*<br>é uma linguagem fiscalizada gramaticalmente, utilizada em salas de aula, reuniões, palestras, e não foge a uma naturalidade de expressão. | *Formal*<br>tem a preocupação de seguir a norma gramatical vigente, sendo utilizada na correspondência empresarial e em apresentações e livros. |
| *Formal*<br>imita em tudo a escrita e, por isso mesmo, soa artificial. | *Literária*<br>embora respeite as normas gramaticais, procura quebrar determinadas padronizações para obter o efeito estilístico desejado, unindo o conteúdo a uma forma inovadora. |

## TESTES

1. A modernização de estilo e linguagem do texto empresarial ocorreu a partir da década de 1970. Por quê?
2. Cite pelo menos dois exemplos do que pode ocorrer em uma organização com a circulação de textos mal escritos.
3. Qual é a diferença fundamental entre o texto empresarial e o jornalístico?
4. Cite cinco características do moderno texto empresarial.
5. Cite duas características do moderno texto empresarial que também se referem ao estilo de linguagem utilizado antes de 1970.

## APLIQUE O QUE APRENDEU

**1.** Assinale a alternativa falsa:

**a.** ( ) As organizações devem modernizar o estilo de seus textos a fim de se tornarem mais competitivas.

**b.** ( ) As pessoas dentro das organizações estão desmotivadas para ler textos complexos.

**c.** ( ) Mensagens com falta de clareza produzem retrabalho para o emissor e para o destinatário.

**d.** ( ) Mensagens mal escritas são resultado exclusivo do predomínio da troca oral de informações.

**2.** Coloque C (certo) ou E (errado) para as afirmativas abaixo:

**a.** ( ) Pode-se afirmar que há relação entre a eficácia do moderno texto empresarial e a retórica.

**b.** ( ) O texto empresarial pode ser considerado instrumento de endomarketing.

**c.** ( ) Objetividade e frases rebuscadas não são características opostas.

**d.** ( ) A eficácia de um texto não depende da correção gramatical.

**e.** ( ) O vocabulário utilizado no texto empresarial depende do destinatário da mensagem e de seu assunto.

**3.** Relacione a característica da coluna A com seu conceito na coluna B.

| **Coluna A** | **Coluna B** |
|---|---|
| 1. concisão | ( ) Relaciona-se com a harmonia entre os termos |
| 2. objetividade | ( ) Relaciona-se com a organização mental |
| 3. clareza | ( ) Não perde o foco do assunto tratado |
| 4. coerência | ( ) Não há clichês e redundâncias |

**4.** Sobre a linguagem empregada no texto empresarial, é correto afirmar:

**a.** Em um relatório de diretoria, convém utilizar uma linguagem escrita mais culta, como a literária.

**b.** No e-mail entre colegas de setor ou departamento pode-se usar uma linguagem bem informal, abreviando as palavras conhecidas entre as partes.

c. Em uma carta de marketing é preciso se preocupar com a correção gramatical, mas ela não é tão importante quanto a mensagem.
d. Em qualquer texto empresarial, seja um relatório ou um e-mail interdepartamental, deve-se seguir a norma gramatical vigente.

5. Assinale o texto que apresenta todas as características de estilo e linguagem do texto empresarial moderno:
   a. Comunicamos, através deste, que clientes não gostam de esperar. Estão partindo em busca dos concorrentes. O país está passando por momento difícil e nós também. O almoço será às 11h e às 12h, pois estamos perdendo clientes. Uns irão às 11h, os outros às 12h. Isso começará no próximo mês. Frisamos: Não podemos continuar perdendo clientes.
   b. A fim de evitar que ocorra prejuízo no atendimento, comunicamos a todos os funcionários que, a partir do próximo dia 12, teremos apenas dois horários para almoço: o primeiro das 11h às 12h e o segundo das 12h às 13h. Os funcionários poderão escolher seu horário, mantendo-se o cuidado de não deixar o departamento desfalcado em horário de grande movimento.
   c. Comunicamos a todos os funcionários que, a partir do primeiro dia do próximo mês, por motivo de produtividade e obedecendo à nossa política de qualidade, teremos dois horários de almoço, não podendo mais os setores ficarem vazios, como vem ocorrendo, pois muitas vezes os clientes que chegam no horário do almoço não esperam, partindo em busca do serviço dos concorrentes. Assim, um grupo irá almoçar às 11h e o outro, às 12h.

CAPÍTULO 2

# PRINCIPAIS EMPECILHOS: OS VÍCIOS

## OS VÍCIOS E SUAS CONSEQUÊNCIAS

O que é um vício? Vício é um hábito que se tornou padrão, adquirindo caráter negativo. Na redação empresarial, por exemplo, determinados modos de escrita tornaram-se hábitos que, em vez de auxiliar na comunicação, fazem da correspondência um texto pesado e ultrapassado ou deselegante e que fere as normas da língua. Como a Figura 2.1 mostra, as principais causas desses efeitos negativos são: verbosidade, chavão, uso desnecessário de jargão técnico e excesso de coloquialismo.

Neste capítulo, vamos conhecer cada um desses vícios e a melhor maneira de evitá-los.

**FIGURA 2.1** Principais vícios do texto empresarial

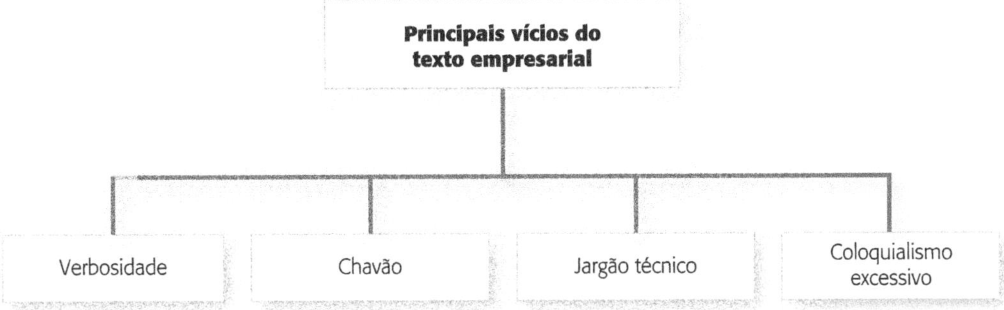

## Verbosidade

A verbosidade ocorre quando se diz de forma complexa o que pode ser dito de maneira mais simples. Você já deve ter lido várias vezes textos que apresentam informações simples escritas de modo rebuscado, dando a impressão de uma pretensa ostentação da linguagem culta.

Leia a seguir um e-mail bem rebuscado elaborado pelo setor de material de uma empresa.

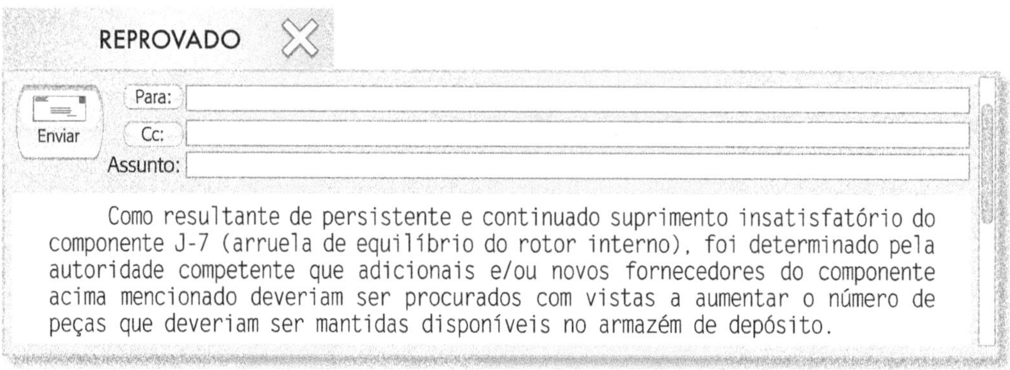


Como resultante de persistente e continuado suprimento insatisfatório do componente J-7 (arruela de equilíbrio do rotor interno), foi determinado pela autoridade competente que adicionais e/ou novos fornecedores do componente acima mencionado deveriam ser procurados com vistas a aumentar o número de peças que deveriam ser mantidas disponíveis no armazém de depósito.

Esse parágrafo é um exemplo típico do estilo floreado. Veja por quê:

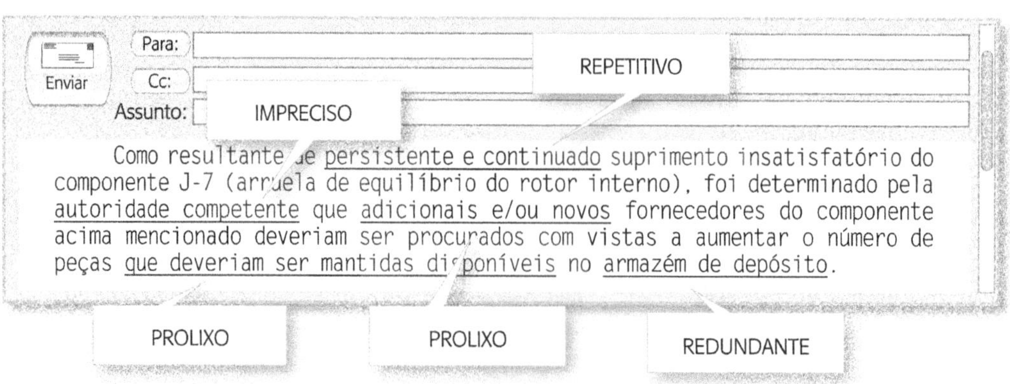


Como resultante de persistente e continuado suprimento insatisfatório do componente J-7 (arruela de equilíbrio do rotor interno), foi determinado pela autoridade competente que adicionais e/ou novos fornecedores do componente acima mencionado deveriam ser procurados com vistas a aumentar o número de peças que deveriam ser mantidas disponíveis no armazém de depósito.

Como já vimos no capítulo anterior, deve haver uma adequação da linguagem para cada situação. Certamente, uma forma rebuscada e artificial não atende à necessidade empresarial moderna de rapidez nas decisões.

Então, por que se valorizou esse tipo de linguagem por tanto tempo?

Em nossa sociedade, a linguagem excessivamente rebuscada foi valorizada devido a razões históricas e culturais. No início da colonização, as mensagens escritas entre Portugal e Brasil foram muito influenciadas pelo estilo literário denominado Barroco, caracterizado pelo rebuscamento do vocabulário e da sintaxe da frase.

Durante séculos, a utilização de um estilo semelhante vigorou em nossa cultura, servindo para demonstrar o *status* elevado de quem o utilizava. Contudo, na era da informática e da rapidez da informação, quando muitas vezes mal há tempo para se compreender as mensagens, tal o volume que nos chega, a verbosidade só funciona como obstáculo ao entendimento.

Portanto, o rebuscamento deve ser necessariamente suprimido, em razão de um contexto mercadológico que exige informação de rápido entendimento e maior agilidade de resposta. Pelo mesmo motivo, também não convém o uso do vocabulário tido como sofisticado, pretensamente culto, que cria uma linguagem artificial aos padrões do texto empresarial.

Reconheça a verbosidade em seus textos e saiba como evitá-la, tornando sua comunicação mais clara e eficiente.

## Verbosidade por vocabulário sofisticado

Observe o parágrafo de uma carta emitida por uma associação.

REPROVADO ✕

> Solicitamos o pagamento das mensalidades nas datas *aprazadas* no dito carnê, colaborando *destarte* para a manutenção *precípua* deste *sodalício* na orientação e assistência de seus associados.

Agora, pensemos juntos:

- Será que um órgão que tem por objetivo congregar colegas de uma mesma profissão deve se dirigir a seus pares com uma linguagem tão erudita?
- A reação imediata de quem recebe essa correspondência será positiva ou negativa?
- O objetivo da associação de classe — qual seja, o pagamento das mensalidades — será alcançado?

Para corrigir um texto desse tipo, há necessidade de expressar em vocabulário simples aquilo que se considera importante para o destinatário.

As respostas negativas a essas interrogações comprovam a ineficácia do uso de um vocabulário sofisticado nos textos empresariais modernos, quaisquer que sejam eles.

APROVADO ✓

Solicitamos o pagamento das mensalidades até as datas de vencimento indicadas no carnê.

## Verbosidade por frases e parágrafos longos

É óbvio que teoricamente não há limite de linhas para um parágrafo bem escrito. O que existe é o bom-senso na busca pela clareza. Se a frase for longa demais, a ideia principal submergirá entre as outras. Portanto, prefira sempre frases curtas a longas.

O fator mais importante para memorizar as frases é mantê-las simples.

Compare as duas construções a seguir, baseadas em um relatório.

REPROVADO ✗

A média de produção para o último ano fiscal é maior do que a do ano anterior porque aquele foi o ano em que se instalaram as novas prensas de estamparia, automáticas e hidráulicas, portanto aumentando o número de peças estampadas durante o período, assim como também foi o ano em que se introduziram novos métodos de economia de tempo e economia de mão de obra, e que também contribuíram para uma média maior de produção.

APROVADO ✓

A média de produção do último ano fiscal foi maior do que a do ano anterior. Foram instaladas novas máquinas hidráulicas para a estamparia, automáticas e de alta velocidade, aumentando o número de peças, e foi introduzida nova metodologia, a fim de gerar economia com tempo e mão de obra.

Segue outro exemplo típico de verbosidade. Veja por quê:

REPROVADO ✗ — VOCABULÁRIO INADEQUADO

Inolvidável consignar-se que o tema eleito para a disciplina legislativa também se apresenta insurgente ao interesse público, nos moldes em que foi vazada, eis que presentemente cometidas as atribuições de planejamento dos serviços de informática, e seus consectários mediatos e imediatos, ao Centro de Processamento de Dados do Rio de Janeiro (Proderj), circunstância esta que empresta ao projeto em pauta a nota de indesejável paralelismo organizacional.

ESTRUTURA LONGA, NÃO APRESENTA IDEIAS CLARAS

APROVADO ✓

Registre-se que o projeto em pauta sugere a criação de uma organização nos mesmos moldes do Centro de Processamento de dados do Rio de Janeiro (Proderj). Assim, ele propõe a duplicação de uma instituição que já existe e, por este motivo, não pode ser considerado de interesse público.

Se você verificar em seu texto a tendência a parágrafos longos, siga estas duas orientações:

- Escreva frases mais curtas, relacionando as ideias. Embora possam ser dadas explicações envolvendo vários argumentos, causas e consequências, jamais deixe as frases longas demais a ponto de prejudicarem a clareza.
- Escreva cada conjunto de ideias em parágrafos distintos. A restrição ou delimitação de cada parágrafo é fundamental para que haja clareza na informação transmitida. Você poderá desenvolver melhor esse estudo nos capítulos sobre a objetividade e a clareza.

## Verbosidade por construções intercaladas e/ou invertidas

É muito comum observarmos textos empresariais, principalmente relatórios, que transmitem informações como se fossem uma grande equação matemática:

$$a + e \div f\left[\left(\frac{3}{4}b \cdot c\right) - \frac{a+c}{d}\right] - e$$

Nesses textos, supõe-se que o leitor tenha uma capacidade inesgotável de destrinchar ideias, como se elas fizessem parte de uma equação. O grande problema, entretanto, é que a mente humana não interpreta com facilidade todos esses encaixes de ideias.

O exemplo que se segue foi retirado de uma carta comercial e ilustra a situação.

**REPROVADO** ✗

> Queremos, neste momento, observar que o aceite àquela condição não deve ser entendido como uma aprovação à mesma, não no que diz respeito ao valor, que, apesar de ter ultrapassado a importância de R$ 350,00 que achávamos justa, dela não se afastou em demasia, mas sim quanto ao prazo de reajuste, qual seja, semestral, contrariando o relacionamento comercial passado, calcado no prazo de um ano, não nos dando sequer a chance da contra-argumentação.

Observe a profusão de ideias diferentes, todas no mesmo parágrafo:

IDEIA 2 IDEIA 1

> Queremos, neste momento, observar que o aceite àquela condição não deve ser entendido como uma aprovação à mesma, não no que diz respeito ao valor, que, apesar de ter ultrapassado a importância de R$ 350,00 que achávamos justa, dela não se afastou em demasia, mas sim quanto ao prazo de reajuste, qual seja, semestral, contrariando o relacionamento comercial passado, calcado no prazo de um ano, não nos dando sequer a chance da contra-argumentação.

IDEIA 3 IDEIA 6 IDEIA 5 IDEIA 4

O acúmulo de ideias apresentadas simultaneamente — ou seja, a presença de várias frases intercaladas — determinou a má construção do parágrafo.

As diversas ideias de um mesmo assunto não podem ser expressas dessa forma imbricada, pois dificultam o entendimento da mensagem. É preciso catalogá-las e ordená-las para que formem um conjunto lógico e simples, a fim de que o leitor as compreenda com o mínimo desgaste mental possível.

**APROVADO** ✓

> **Gostaríamos, entretanto, de registrar nossa insatisfação com a mudança do prazo de reajuste que, ao se tornar semestral, sem a possibilidade de negociação, contraria nosso relacionamento comercial passado, calcado no prazo de um ano.**

QUADRO 2.1 Exemplos de verbosidades

| EXPRESSÕES EVITÁVEIS | SUBSTITUIR POR |
|---|---|
| supracitado | citado |
| acima citado | citado |
| encarecemos a V. Sa. | solicitamos |
| somos de opinião que | acreditamos, consideramos |
| temos em nosso poder | recebemos |
| temos a informar que | informamos |
| o assunto em epígrafe | o assunto citado |
| levamos a seu conhecimento | informamos |
| causou-nos espécie a decisão | causou-nos estranheza |
| consternou-nos profundamente | lamentamos profundamente |
| devido ao fato de que | devido a, por causa de |
| para dirimir dúvidas | para esclarecer dúvidas |
| precípua | principal |
| destarte | desta forma, desta maneira |
| aprazada | dentro do prazo, limite |
| desiderato colimado | objetivo |
| aproveitando o ensejo, anexamos | anexamos |
| via de regra, os procedimentos | geralmente, os procedimentos |
| antecipadamente somos gratos | agradecemos |

Concluindo: a verbosidade, antes considerada um valor positivo por demonstrar cultura e *status*, passa a desempenhar o papel de empecilho da comunicação.

Veja no Quadro 2.1 alguns exemplos de verbosidades que devem ser evitados.

## Chavão

Chavão é uma expressão antiquada, cujo significado foi desgastado pelo uso abusivo ao longo do tempo. Em muitos casos, trata-se de um vício de estilo já incorporado como linguagem do texto empresarial. Alguns chavões contêm erros gramaticais ou semânticos, outros se tornaram muletas que convêm evitar, uma vez que não conferem ao texto a necessária autenticidade. Você já imaginou receber um e-mail, um dos mais modernos canais de comunicação, contendo expressões da década de 1960? E uma exposição de motivos, defendendo a implantação de um novo sistema de informatização, que termine em "Renovando nossos votos de estima e consideração"?

A principal razão da eliminação dos chavões diz respeito à eficácia do texto. Estudos linguísticos comprovam que um texto deve conter apenas algum nível de redundância (repetições), como os pronomes e as palavras de um mesmo campo semântico, denominadas redundâncias positivas.

Não é adequado um texto conter redundâncias negativas como os chavões, pois isso fará o leitor supor uma familiaridade excessiva com o tom do texto, tendo como a consequência imediata, embora subliminar, uma menor consideração pela informação nova.

Assim, os chavões assumem papel negativo não só ao caracterizar o texto como antiquado, mas também ao reduzir o poder de mobilização no leitor.

## Exemplos de chavões

Os chavões podem constar de uma ou mais palavras e, dentre aquelas que devem ser evitadas, devemos ressaltar: *outrossim*, *debalde* e *destarte*.

Exemplos:

> Outrossim, *anexamos a este ofício a cópia do comprovante de vencimentos*.
>
> Debalde nossos esforços, *esclarecemos que não nos será possível efetuar a retificação nos relatórios já assinados*.

A palavra *outrossim*, embora seja de fato muito expressiva, já que pode ser empregada em vários sentidos, não deve mais ser usada nos textos empresariais, pois estes visam refletir uma imagem de modernidade da empresa. Seu uso, hoje em dia, é absolutamente inadequado por ser considerado um chavão. Como os textos são documentos que refletem uma imagem de modernidade da empresa, convém evitar expressões desse tipo.

Nesse contexto, incluem-se *debalde* e *destarte* entre outras que, embora expressivas, denotam o uso de um padrão de linguagem tão culto que chega a ser incoerente com uma qualidade bastante valorizada atualmente: a simplicidade.

Você pode identificar alguns chavões mais usados em introduções e conclusões de documentos e substituí-los em seu texto.

## Chavões em introduções

Vejamos a seguir alguns exemplos recorrentes de chavões na abertura de textos empresariais:

- *Vimos, através desta, solicitar...*

A palavra *através* significa *atravessar*, *fazer travessia*. Pode-se ver *através da vidraça*, pode-se enriquecer *através* dos anos, mas não se pode, por exemplo, "aprovar o aumento através do decreto n. 33", pois o decreto não é atravessado para que o aumento aconteça; pode-se somente "aprovar o aumento por meio do decreto".

- *Venho, pela presente, solicitar...*

Uma vez que *pela ausente* não se solicita nada, a expressão *pela presente* torna-se redundante e absolutamente dispensável. Observa-se que, se o texto começar apenas com o verbo *solicitar*, não há nenhuma perda ao entendimento da mensagem.

- *Solicitamos a V. Sa. a inclusão de...*

O pronome de tratamento *V. Sa.* deve ser utilizado apenas quando o destinatário exigir tal formalidade, quando ele for de hierarquia superior dentro da empresa e houver tal orientação, ou quando for um destinatário externo com o qual se deseja manter formalidade.

No caso de colegas do mesmo nível hierárquico, este pronome pode ser suprimido, resultando em um texto com maior empatia e, consequentemente, com maior eficácia simbólica.

- *Acusamos o recebimento de...*

Hoje em dia não se utiliza mais o verbo *acusar* nos textos empresariais. Além de ser antiquada, essa expressão confere ao texto um tom muito pesado. Em casos como esse, o melhor é utilizar verbos como *informar* ou *comunicar*, para manter o texto simples e leve.

## Chavões em conclusões

Agora, vejamos alguns chavões frequentemente empregados nos fechamentos dos textos empresariais:

- *Reiteramos os protestos de elevada estima e consideração.*

Esta conclusão, exemplo clássico de chavão utilizado em ofícios e insistentemente utilizado por setores do judiciário, passou a ser considerada anacrônica em

1982, quando a Instrução Normativa n. 133 do Departamento de Administração do Serviço Público recomendou sua substituição por outras mais simples. (A IN 133/82 foi a primeira, depois de muitos anos, a demonstrar uma preocupação com a modernização das correspondências públicas. Depois dela, tivemos a IN n. 4/92 da Presidência da República, que regulamenta as conclusões das correspondências.)

- *Sem mais para o momento.*

Ora, quando se analisa o significado dessa frase, percebe-se que ela indica com rudeza que não se tem mais nada a acrescentar. Portanto, só deve ser usada em comunicações em que *não* se pretenda encerrar de forma polida, como em cartas de cobrança ou similares.

## Tautologias ou repetições viciadas

A tautologia é uma espécie de chavão. Consiste em repetir uma ideia, de forma viciada, usando palavras diferentes que, entretanto, têm o mesmo sentido. O exemplo clássico é o famoso *subir para cima* ou *descer para baixo*. Mas há outros, como demonstra o Quadro 2.2.

**QUADRO 2.2** Tautologias

| | |
|---|---|
| 1- elo de ligação | 21- fato real |
| 2- acabamento final | 22- encarar de frente |
| 3- certeza absoluta | 23- multidão de pessoas |
| 4- quantia exata | 24- amanhecer o dia |
| 5- nos dias 8, 9 e 10, inclusive | 25- criação nova |
| 6- como prêmio extra | 26- retornar de novo |
| 7- juntamente com | 27- empréstimo temporário |
| 8- expressamente proibido | 28- surpresa inesperada |
| 9- em duas metades iguais | 29- escolha opcional |
| 10- sintomas indicativos | 30- planejar antecipadamente |
| 11- há anos atrás | 31- abertura inaugural |
| 12- vereador da cidade | 32- continua a permanecer |
| 13- outra alternativa | 33- a última versão definitiva |
| 14- detalhes minuciosos | 34- possivelmente poderá ocorrer |
| 15- a razão é porque | 35- comparecer em pessoa |
| 16- anexo junto à carta | 36- gritar bem alto |
| 17- de sua livre escolha | 37- propriedade característica |
| 18- superávit positivo | 38- demasiadamente excessivo |
| 19- todos foram unânimes | 39- a seu critério pessoal |
| 20- conviver junto | 40- exceder em muito |

## Jargão técnico

Dá-se o nome de jargão à maneira característica e específica de determinado grupo se comunicar. Os advogados, por exemplo, têm uma linguagem própria, assim como os economistas, os analistas de sistema, os membros da Academia Brasileira de Letras, os engenheiros e vários outros grupos sociais ou profissionais.

Essa linguagem específica do grupo deve, entretanto, sofrer modificações quando o número de destinatários se amplia, uma vez que as informações precisam ser entendidas por todos.

Um exemplo bem interessante é o do setor de informática de uma empresa de grande porte que precisava elaborar um manual para a utilização de um novo programa. Como esse manual seria utilizado pelos demais setores da empresa, as instruções foram expressas de maneira que pudessem ser entendidas até mesmo por quem não era especialista no uso do sistema.

É importante ressaltar que um relatório enviado apenas para sua chefia imediata pode ser redigido com uma linguagem comum ao setor; porém, se o destinatário for múltiplo, ou seja, se o relatório participar de um fluxo de informação mais amplo, a linguagem empregada será outra.

Outros exemplos se sucedem no campo empresarial. Vamos analisar o caso de um memorando enviado do setor jurídico de uma empresa a diversos chefes de setores.

**REPROVADO** ✕

Visando ajudar os órgãos no entendimento da circular 4.522/95, esclarecemos que, no âmbito interno, há uma delegação subentendida da direção da Companhia aos superintendentes de órgãos e chefes de serviço, pela tabela de limite de competência, para definirem que contratos devem ter prosseguimento nas bases pactuadas e quais deverão ser objeto de reavaliação.

Ora, está claro que o objetivo pretendido — esclarecer a circular citada — não foi conseguido. E por quê? Porque o emissor, habituado ao jargão jurídico, não transmitiu as informações na ordem direta e utilizou vocabulário muito abstrato.

Observe como as ideias são apresentadas de maneira entrecortada:

IDEIA 1 IDEIA 2

Visando ajudar os órgãos no entendimento da circular 4.522/95, esclarecemos que, no âmbito interno, há uma delegação subentendida da direção da Companhia aos superintendentes de órgãos e chefes de serviço, pela tabela de limite de competência, para definirem que contratos devem ter prosseguimento nas bases pactuadas e quais deverão ser objeto de reavaliação.

IDEIA 4 IDEIA 3

Observe a seguir as mesmas ideias construídas de outra forma.

APROVADO ✓

**Visando ajudar os órgãos no entendimento da circular 4.522/95, informamos que a Tabela de Limite de Competência em vigor na Companhia é válida para estabelecer quais contratos devem prosseguir nas bases pactuadas e quais deverão ser objeto de reavaliação.**

O hábito de uso da linguagem específica ao grupo prejudica quando as informações devem servir a outra finalidade. Toda linguagem de um grupo fechado precisa sofrer adequação quando os destinatários se ampliam, pois a informação deve estar acessível a todos.

Evite, portanto, os jargões técnicos, buscando a maior clareza possível. A linguagem técnica e os jargões devem ser usados apenas em situações específicas.

## Coloquialismo excessivo

Coloquialismo é o nome dado à maneira informal de nos comunicarmos. É a linguagem que usamos em família.

Como cada padrão de linguagem deve atender à finalidade pela qual é empregado, podemos concluir que o coloquialismo não é a forma adequada para a comunicação empresarial escrita — mesmo que esta seja feita por meio de e-mail —, porque o excesso de informalidade pode implicar vários ruídos de comunicação, como veremos adiante.

A informatização dos escritórios e a troca de informações por meio do computador trouxeram uma mudança significativa em relação à linguagem empregada no dia a dia das empresas. O padrão formal da linguagem empresarial cedeu lugar a uma linguagem mais ágil, próxima do coloquialismo.

Não somos contrários ao dinamismo da linguagem coloquial, em que muitas vezes um simples *OK* demonstra a leitura e o conhecimento do teor da informação transmitida pelo e-mail. Devemos, entretanto, chamar a atenção para o fato de que estas mesmas informações constituem-se em documentos empresariais, servindo como respaldo a ações e decisões relativas ao mundo corporativo.

Podemos concluir então que, na tramitação das informações empresariais internas por e-mail, é válida a simplicidade na linguagem; e não o excesso de informalidade.

Entre alguns problemas gerados pela utilização de coloquialismo excessivo na redação empresarial, podemos citar como os mais significativos:

- falta de credibilidade da informação;

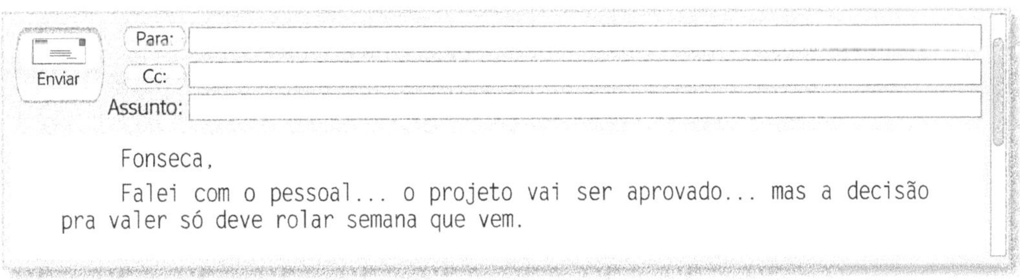


- ruído quanto à responsabilidade das ações;

- criação de imagem negativa em relação ao emissor da mensagem e à empresa.

Enviar
Para:
Cc:
Assunto:

André,
Qdo vc terminar a programação, me fale. Tô aguardando pra fazer o teste.

## APLICANDO AS INFORMAÇÕES

Veja a seguir como podem ser construídos os textos da moderna comunicação empresarial, ao eliminarmos os vícios de estilo e linguagem.

- Texto com verbosidade, ultrapassado:

REPROVADO ✗

Senhores,
Apraz-nos imensamente vir por meio desta apresentar nossas felicitações pelo transcurso do trigésimo aniversário desta conceituada empresa e agradecer o envio de seus maravilhosos e bem conceituados produtos promocionais.

- Texto correto e elegante:

APROVADO ✓

Prezados senhores,
Vimos apresentar nossas felicitações pelo transcurso do trigésimo aniversário de sua empresa, desejando pleno sucesso nos anos vindouros.
Aproveitamos para agradecer o envio de seus produtos promocionais.

- Texto inadequado com excesso de jargão técnico:

REPROVADO ✗

Joana,
Belmiro entrou em contato informando que na rotina PLOB1 tinha ocorrido um abend 0C7, step PGT 2552.

- Texto com uso correto de jargão técnico:

APROVADO ✓

Joana,
Belmiro entrou em contato informando que ocorreu uma falha, código 0C7, no momento PGT 2552 da rotina PLOB1.

- Texto inadequado com excesso de coloquialismo:

REPROVADO ✗

Enviar
Para:
Cc:
Assunto:

Luís,
É que sempre que um programa é alterado em produção, na primeira vez que ele é acessado no sistema infelizmente aparece essa tela.

- Texto adequado:

APROVADO ✓

Enviar
Para:
Cc:
Assunto:

Luís,
Sempre que um programa em produção é alterado, aparece essa tela quando ele é acessado novamente pela primeira vez.

---

## AMPLIANDO O CONHECIMENTO

A gramática de uma língua é formada por um sistema de regras pelo qual os falantes identificam um sentido ao relacionar um conjunto de sons a seus significados.

De acordo com Ronald Langacker (1972), "A estrutura de uma língua não é afetada quando seus falantes fazem erros ao falar, assim como uma sinfonia não é afetada quando não é bem executada". Ao que acrescentamos: o que pode ocorrer é um estranhamento aos ouvidos por parte dos que conhecem as notas musicais daquela sinfonia.

Na perspectiva linguística, todo texto deve ser entendido como um contrato de comunicabilidade, ou seja, todo texto é uma situação de interação comunicativa entre o emissor e o destinatário. Nesse sentido, não há problema algum na utilização de uma linguagem mais coloquial nos e-mails, em função do dinamismo presente nas organizações.

Não se pode, entretanto, confundir a gramática da língua escrita com a *gramática* da língua falada, pois esta apresenta características próprias: retomadas, cortes, pausas, retificações, hesitações e reforços.

Observe agora algumas características da língua oral e tome cuidado para que elas não ocorram em seus e-mails.

- Na língua falada, é abundante a repetição de palavras.
- Na língua falada, é grande a ocorrência de anacolutos ou rupturas de construção: a frase desvia-se de sua trajetória, o complemento esperado não aparece, a frase parte em outra direção.
- Na língua falada, são muitas as frases inacabadas.
- A língua falada emprega formas contraídas ou omite termos no interior das frases, porque o receptor poderá deduzir seu conteúdo.

## TESTES

**1.** Os textos empresariais apresentam quatro tipos principais de vícios. Quais são eles?

**2.** Complete as frases a seguir com o nome do vício mais apropriado:

**a.** Na era da rapidez da informação, quando muitas vezes não há tempo para se compreender as mensagens, o(a) ____________________ só funciona como obstáculo ao entendimento.

**b.** O hábito de uso da linguagem específica ao grupo, ou seja, de ____________, prejudica quando as informações devem servir a vários destinatários.

**c.** "Vimos, através desta," e "Sem mais para o momento" são exemplos de ____________________.

**3.** Com a informatização dos escritórios, a comunicação por computadores tornou-se fato corriqueiro. Qual é o vício que mais ocorre com a linguagem dos e-mails?

**4.** Tautologias são repetições viciadas. Cite três exemplos de tautologias que devem ser evitadas no texto empresarial.

## APLIQUE O QUE APRENDEU

**1.** Assinale a única afirmativa incorreta:

a. Na comunicação empresarial, a linguagem rebuscada e artificial não atende à necessidade moderna de rapidez nas decisões.

b. Deve haver uma adequação da linguagem empregada em cada situação, por isso a verbosidade é válida nos relatórios empresariais, pois eles fornecem subsídios para a tomada de decisão.

c. Estudos comprovam que quando um texto tem algum nível de redundância, por meio de pronomes e palavras do mesmo campo semântico, ele é mais facilmente compreendido.

d. Mensagens que contenham muitos chavões levam o leitor a desprezar a informação nova.

**2.** Assinale a opção correta sobre as afirmações abaixo:

1. A palavra *outrossim* pode ser usada ocasionalmente.
2. A palavra *supracitado* significa *citado acima* e é uma redundância.
3. A expressão *reunião inaugural* é redundância.

a. A afirmativa 1 é a única correta.
b. A afirmativa 3 é a única errada.
c. As afirmativas 2 e 3 estão corretas.
d. As afirmativas 1 e 3 estão erradas.

**3.** Relacione a característica da coluna A com a coluna B.

| Coluna A | | Coluna B |
|---|---|---|
| **1.** Frase com intercalações e verbosidade | ( ) | Ela trouxe a documentação, mas não deu pra fazer a carteirinha porque a impressora estragou. |
| **2.** Frase adequada para um relatório | ( ) | A liderança nacional em nosso setor, para a qual estamos nos preparando, certamente depende de nova estratégia, a partir de onde poder-se-á vislumbrar crescimentos. |
| **3.** Frase com coloquialismo excessivo | ( ) | Fui pra lá treinar oito colegas, chegando lá tinha quatro micros e não deu pra fazer o trabalho e marcamos pra outra semana. |
| **4.** Frase com coloquialismo adequado para e-mail interdepartamental | ( ) | Vamos apresentar a seguir a nova posição estratégica da empresa, com a qual pretendemos ocupar a liderança nacional em nosso setor. |

**4.** Sobre o texto a seguir, coloque V (verdadeiro) ou F (falso) para as afirmativas: "O objetivo da minha ida a Salvador era treinar 11 colaboradores. Das 16 horas que eu fiquei no local para cumprir a minha obrigação, lógico que era uma obrigação, treinei somente três colegas, lá o sistema é deficiente para a procura."

**a.** ( ) Falta necessariamente um elemento de ligação entre "...três colegas," e "lá o sistema é deficiente... "

**b.** ( ) A palavra "obrigação" não deveria constar no texto.

**c.** ( ) O texto apresenta como vício predominante o jargão técnico.

**d.** ( ) A oração "lógico que era uma obrigação" deveria estar iniciando a frase.

**5.** Assinale o texto que não apresenta nenhum vício:

**a.** Solicitamos efetuar o pagamento programado para a data de 24/7/2009 no banco, enviando-nos o comprovante.

**b.** A subserviência observada quando da prescrição da conduta agrega-se positivamente ao comportamento posterior.

**c.** Ficou combinado que a gente ia fazer a nova prog. a partir do próximo mês.

**d.** A fim de agilizar as decisões, pedimos diferenciar três cenários.

CAPÍTULO 3

# TRABALHANDO AS IDEIAS

## PENSAMENTOS E IDEIAS

O que desenvolveremos neste capítulo importa a todos os que escrevem: de folhetos a monografias, de memorandos a relatórios, de cartas a contratos (Figura 3.1).

**FIGURA 3.1** Características dos instrumentos de informação

Todos estes instrumentos de informação têm em comum a relação entre o pensamento e as ideias. Por isso, centraremos nossa atenção no estudo da expressão adequada desses elementos, verificando como encontrar as ideias nucleares, encadeá-las e elaborá-las de maneira eficaz.

Veja se consegue responder à seguinte questão:

> Será que podemos encontrar técnicas para redigir e expressar as ideias ou isto é uma arte, e poucos nascem com esse dom?

A resposta é que realmente podemos seguir determinadas técnicas para expressar com clareza nossos pensamentos. Entretanto, deve-se ressaltar que é necessária disciplina para uma apresentação eficiente das ideias.

## Técnicas para ordenação do pensamento

A elaboração de um texto que exponha de maneira clara e coerente aquilo que queremos dizer pode ser feita por meio de três técnicas básicas: fixação do objetivo, exposição de uma ideia-núcleo e escolha vocabular.

### Primeira técnica: fixação do objetivo

Fixar o objetivo para orientar o que se vai escrever sobre determinado assunto nada mais é que selecionar a linha de pensamento que estará presente em todo o texto. Esse procedimento será fundamental para selecionar — consciente ou inconscientemente — as ideias que serão apresentadas.

Simulando uma situação, vamos imaginar que se tenha de escrever um texto sobre a preservação ambiental e a Floresta Amazônica. As possibilidades para a elaboração desse texto são várias. Porém, a construção de um texto claro exige que se estabeleça um objetivo, sem o qual as ideias serão apresentadas de maneira dispersa. Portanto, podemos estabelecer, por exemplo, três possíveis delimitações de objetivo:

- a importância de instrumentos legais para o controle ambiental;
- as reservas extrativistas e a preservação ambiental; ou
- as empresas e a preservação ambiental.

Veja na Figura 3.2 exemplos para as possibilidades em cada linha de pensamento.

**FIGURA 3.2** A Floresta Amazônica e a questão ambiental

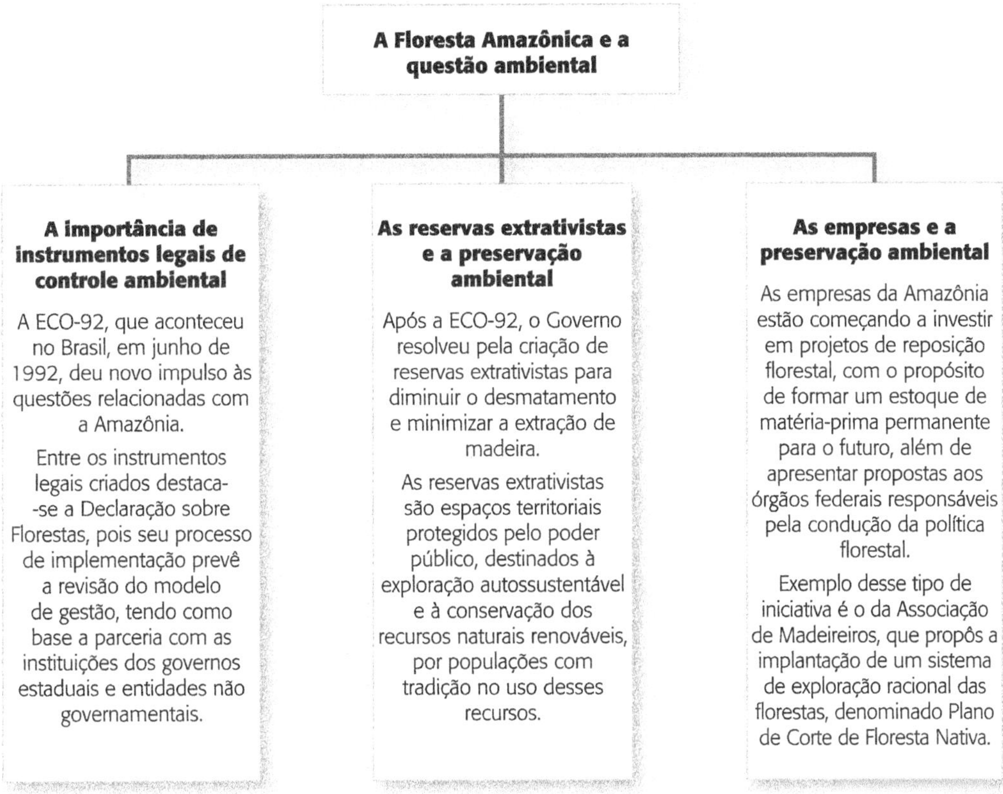


Observe que, para cada um dos objetivos fixados, haverá um texto completamente diferente, uma vez que as ideias serão selecionadas com base na delimitação do assunto. Por isso, embora o tema geral seja o mesmo, podemos desenvolver várias linhas de raciocínio. O encadeamento das informações, no entanto, deverá sempre convergir para o objetivo delimitado.

Essa convergência pode ser simples na teoria, mas não é tão fácil de ser aplicada na prática, pois nosso pensamento segue caminhos variados e, por vezes, divergentes. Caberá à disciplina mental e à lógica de encadeamento entre as ideias o resultado de coerência esperado.

A fixação do objetivo auxilia na seleção de ideias afins, assim como se encarrega de exercer um controle do pensamento, mantendo sua exploração dentro dos limites da linha escolhida.

Observe outro exemplo, na Figura 3.3, de como a fixação do objetivo orienta a redação do texto.

Observe que em nenhum dos dois textos tratou-se de caracterizar os lugares em que se brinca no carnaval, descrever os bailes do Rio de Janeiro ou, ainda, analisar o carnaval sob uma ótica moral. Com base em objetivos bem definidos, os parágrafos têm sua construção e linguagem compatíveis com o que se propôs.

Na elaboração de um texto empresarial, o mesmo procedimento será necessário: selecionar a linha de pensamento a seguir no tema que se deseja apresentar.

Na Figura 3.4, vamos considerar uma situação na qual o gestor informe sobre novas orientações com relação a um projeto em andamento. Em um dos e-mails o objetivo é o prazo de entrega, que se mantém o mesmo, embora haja mais dados a compilar. No outro, vemos o gestor esclarecer a necessidade de inclusão dos dados de mais duas áreas.

**FIGURA 3.3** Fixação do objetivo para orientação da redação do texto

**Carnaval no Rio de Janeiro**

**O carnaval: alegria sobretudo**

O carnaval, na cidade do Rio de Janeiro, parece que obedece a uma voz de comando: esqueça-se dos problemas e divirta-se. Seja nos clubes mais sofisticados, seja na rua, extravasar a alegria é um imperativo. E não é raro acontecerem problemas, como o empurra-empurra, a paquera da "mulher do próximo" e até furtos.

Mas nada disso altera o sentimento de euforia que toma conta da cidade, fazendo que o carnaval do Rio seja divulgado internacionalmente como um dos melhores atrativos do Brasil.

**O carnaval e as fantasias**

Antigamente, momentos marcantes do carnaval do Rio de Janeiro eram registrados pelas fantasias. Havia brocados, pedrarias, plumas e paetês concorrendo a prêmios de luxo e originalidade em desfiles de clubes. Além disso, os foliões comuns vestiam-se de toureiros, piratas, pierrôs, bailarinas, odaliscas, colombinas e o que mais a imaginação criasse para a diversão carnavalesca ser completa.

Mas isso mudou. Hoje as fantasias são vistas somente nos desfiles das escolas de samba, enquanto aos foliões importa somente extravasar sua alegria.

**FIGURA 3.4** Exemplos de orientação para projeto em andamento

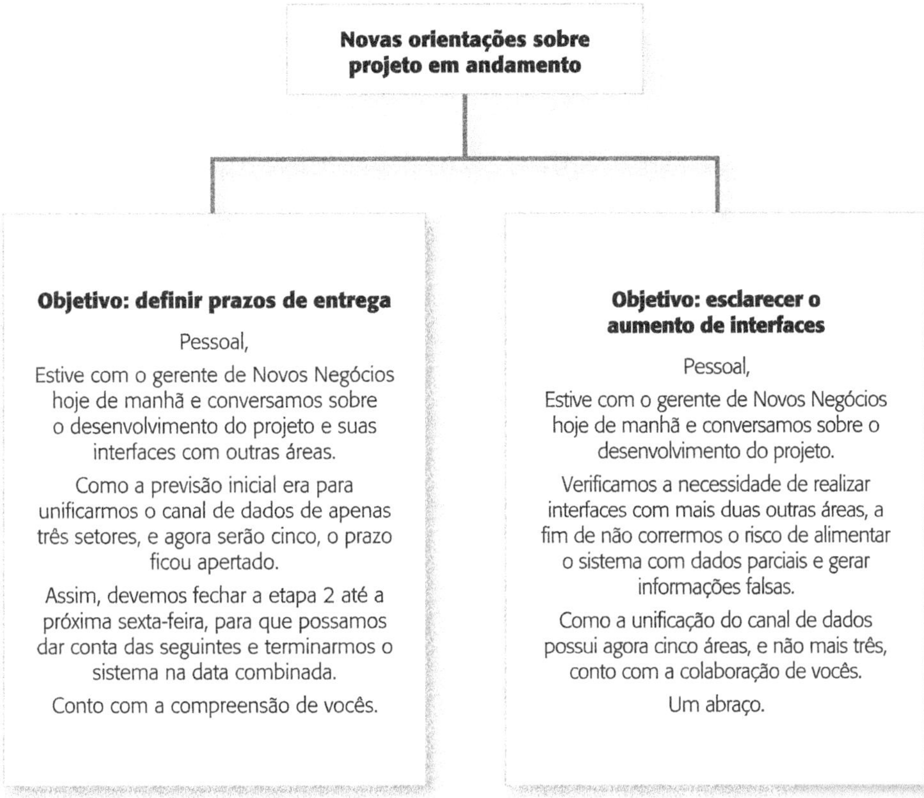


Como pode ser observado, a fixação do objetivo orienta a construção de dois textos diferentes.

Agora que já vimos a importância da determinação de um objetivo, vamos à segunda técnica.

## Segunda técnica: identificação da ideia-núcleo

Para escrever bem qualquer tipo de texto é preciso definir com muita precisão as ideias que constarão nele. A mistura de ideias diversas, e muitas vezes desnecessárias, causa a falta de eficácia de muitos textos. A utilização de uma ideia-núcleo — encarregada de organizar e orientar o desenvolvimento do parágrafo — é a solução para esse tipo de problema. Observe os textos a seguir:

APROVADO ✓

Ensino primário eficiente e abrangente é fator decisivo do progresso na Tailândia. Apesar das deficiências na infraestrutura básica, como as carências em saneamento e transporte, as autoridades que ocuparam o poder nos últimos anos não descuidaram da educação. Os gastos com ensino somam 19 por cento do orçamento do governo. A taxa de alfabetização é de 91 por cento, uma das mais altas entre países em desenvolvimento.

REPROVADO ✗

O carro, violento e poluidor, capaz de conduzir a sentimentos baixos como o egoísmo, quando não a pecados capitais, como a soberba, apresenta não só ao Brasil, mas às sociedades contemporâneas, em geral, um desafio tão grande quanto o desemprego, tão complexo quanto o comércio internacional.

No primeiro texto todas as ideias apresentam uma relação, capitaneadas pela primeira frase. No segundo texto, ao contrário, o entendimento fica prejudicado pela intercalação de várias ideias que prejudicam a clareza da ideia-núcleo.

Em um parágrafo no qual a ideia-núcleo não esteja clara, sua mensagem será entendida com maior dificuldade. Nesses casos, o que ocorre com maior frequência é que o leitor *imagina* uma ideia a ser entendida, a partir das próprias convicções e parâmetros.

Observe a seguir o trecho de um parecer.

REPROVADO ✗

A Lei n. 5.772/71, que instituiu o Código de Propriedade Industrial, trata do assunto ora discutido, dando nova redação ao já aludido art. 454 da CLT (revogado), ressaltando que a invenção pertence exclusivamente ao empregado, pois foi este que forneceu o equipamento e deu condições à descoberta, ainda que esta esteja prevista na atuação profissional, na atividade de rotina poderá ocorrer uma descoberta ou invenção patenteável.

Provavelmente, você não conseguiu entender com clareza o que determinava a Lei n. 5.772/71, tampouco o que se relaciona à descoberta ou invenção patenteável. A partir desse caso, podemos dizer que a falta de identificação da ideia-núcleo é a razão fundamental de mal-entendidos, desperdício de tempo e retrabalho. Inúmeros relatórios são feitos com dezenas de parágrafos que circundam a ideia principal antes de expressá-la. Da mesma maneira, muitas cartas vêm com ideias desnecessárias a seu propósito entremeadas à ideia-núcleo. Todos esses excessos causam prejuízos à inteligibilidade do texto.

Portanto, para que o parágrafo esteja bem escrito é necessário que ele transmita claramente sua ideia-núcleo.

Observe as ideias-núcleo de dois tipos diferentes de texto:

Não precisamos saber tudo sobre uma coisa para entendê-la; muitas vezes o excesso de fatos representa para o entendimento um obstáculo tão árduo quanto a escassez deles. Em certo sentido, nós estamos abarrotados de fatos em prejuízo do entendimento.

APROVADO ✓

De acordo com o projeto apresentado pela Associação, a empresa financiará 50 por cento dos custos da impressão do jornal. Os 50 por cento restantes serão cobertos por anunciantes e pela receita obtida com a venda.

Como você pôde observar, o parágrafo tenderá a ficar mais claro, objetivo e bem escrito se a ideia geral do que se pretende desenvolver for expressa de maneira direta em uma frase.

Uma vez que a ideia-núcleo de cada parágrafo esteja bem definida, será mais fácil conferir se as demais informações que você deseja acrescentar a ele estão presentes. Dessa forma, procure evitar, em qualquer tipo de texto, a mistura de ideias muito alheias uma às outras. Busque também estabelecer a ideia-núcleo do parágrafo, que pode assumir diversas formas: uma afirmação genérica, uma pergunta, uma citação etc. O fundamental é que seu conteúdo venha desenvolvido no mesmo parágrafo, sem que haja intercalações de outras ideias.

## Terceira técnica: escolha do vocabulário

Mesmo o texto teoricamente mais neutro, com propósito de somente informar algo ao destinatário, tem um segundo plano de informação, pautado pela escolha vocabular. Lendo os trechos a seguir de um relatório financeiro, você poderá verificar que, embora a informação relativa aos números de produção e faturamento sejam exatamente iguais, a escolha vocabular gera uma significativa diferença entre ambos.

> A Companhia, esforçando-se por corresponder às demandas para os investimentos programados pelo Plano Nacional de Saneamento, produziu e expediu neste ano 88.947 toneladas, significando um acréscimo de 19 por cento sobre o ano anterior, deixando de alcançar a meta de 20 por cento por apenas um ponto percentual. O faturamento líquido foi de R$ 564.987,00.
>
> Para o ano de 2010 está previsto um aumento na produção e nas vendas de aproximadamente sete por cento, na expectativa de que o mercado permita atingir este objetivo. Estima-se que o faturamento líquido projetado possa atingir aproximadamente R$ 680.000,00.

> A Companhia, correspondendo às demandas para os investimentos programados pelo Plano Nacional de Saneamento, produziu e expediu neste ano 88.947 toneladas, refletindo um acréscimo de 19 por cento sobre o ano anterior, sem aumento do contingente de trabalho. O faturamento líquido foi de R$ 564.987,00.
>
> Para o ano de 2010 está previsto um aumento na produção e nas vendas de aproximadamente sete por cento, em caso de manutenção do cenário. Estima-se que o faturamento líquido projetado possa atingir aproximadamente R$ 680.000,00.

Embora contenham informações estritamente financeiras, observa-se que o primeiro texto traz uma abordagem negativa, revelando o não cumprimento de metas e uma visão pessimista em relação ao futuro. O segundo texto, ao contrário, procura impressionar de maneira positiva os acionistas, informando que houve crescimento sem aumento de contingente e trazendo uma projeção positiva para o ano seguinte.

## Aplicando as informações

Compare os dois textos a seguir e verifique a importância de se destacar a ideia-núcleo.

- Texto sem destaque da ideia-núcleo:

REPROVADO

Enviar | Para: | Cc: | Assunto:

A extensiva e cuidadosa leitura empreendida pelo comitê, em relação aos fatores envolvidos no precipitado aumento de autodemissões, revela que a preponderância de demissões possivelmente seja atribuída à insatisfação com a escala de salários, que é 13 por cento menor que a média paga por outras empresas congêneres, e, de modo semelhante, é 19 por cento menor que a de nosso principal competidor local. É nossa recomendação que as escalas de salários sejam revistas, aumentadas e realinhadas verticalmente a um nível de no mínimo 13 por cento acima da que está em vigor, de preferência em 19 por cento ou mais.

- Texto correto e elegante:

APROVADO

Enviar | Para: | Cc: | Assunto:

O comitê investigou o recente e vertiginoso aumento no número de empregados que se demitiram da companhia. Concluiu-se que a principal razão é o fato de a escala de salário ser muito baixa. Nossa firma paga, em média, 13 por cento menos que as indústrias congêneres e 19 por cento menos que o nosso competidor local. A fim de melhorar a situação, recomendamos um aumento mínimo de 13 por cento. Se for possível chegar a 19 por cento, temos a certeza de que a situação se reverterá.

## Ampliando o conhecimento

Muitas vezes pessoas objetivas, confiantes, boas gestoras e com ótimo relacionamento interpessoal transformam-se ao escrever. Seus textos não expressam o que elas são no cotidiano profissional: elas perdem a confiança em suas ideias, buscam sinônimos e explicações desnecessárias, tentando abrilhantá-las um pouco mais. Surge, assim, o efeito denominado compensação.

Compensação é a relação profusa de ideias que gera uma mensagem pouco clara. Explica-se: na língua falada, contamos com uma série de reforços que não temos na escrita, como os gestos, as expressões fisionômicas, a maneira de olhar, a entonação, além de um sem-número de outros sinais que cooperam para gerar facilidade na compreensão do significado.

Na escrita, por outro lado, dispomos apenas das palavras, e achamos natural agarrarmo-nos a elas, com a esperança de sermos mais bem compreendidos. Muitas vezes não confiamos na expressividade de um único vocábulo e acabamos criando uma rede de palavras que repetem o mesmo sentido — tornando a leitura cansativa ou mesmo obscurecendo a mensagem.

Para evitar esses transtornos, basta uma regra simples: dizer uma coisa de cada vez. Chegamos assim ao conceito de ideia-núcleo, ou seja, aquela ideia essencial a partir da qual as outras advirão. A ideia-núcleo pode vir expressa no início do parágrafo, no meio ou no final. O fundamental é que a pessoa escreva as informações destacando o que pretende informar. Quanto mais nitidamente alguém souber o que deseja transmitir, mais eficiente será a linguagem.

Outro fator vital em qualquer tipo de texto é o modo de organização e desenvolvimento das ideias. Muitos textos são considerados mal escritos por não apresentarem um sequenciamento adequado. Como resultado, o leitor passa de uma frase a outra como se estivesse saltando obstáculos.

A disposição coerente das ideias é fator indispensável para que o texto possa ser entendido com facilidade. Assim, o melhor, quando o assunto é mais complexo ou delicado do que as comunicações rotineiras, é traçar previamente um plano ou um roteiro, redigindo as várias ideias que se deseja transmitir e depois relacioná-las por afinidade em pequenos grupos.

## TESTES

1. Pode-se afirmar que a disciplina é necessária para ordenar os pensamentos e expressar adequadamente as ideias em vários tipos de texto. Cite pelo menos três tipos de comunicação escrita em que essa disciplina seja necessária.

**2.** Complete as frases a seguir:

**a.** Para que a expressão da ideia ocorra com clareza, duas técnicas são fundamentais: a fixação do _______________ e a identificação da _______________.

**b.** Até mesmo um texto meramente técnico pode ser prejudicado pelas palavras. A _______________ pode gerar interpretações positivas ou negativas.

**c.** Para escrever bem qualquer tipo de texto é preciso saber definir com muita precisão as ideias. A _______________ de ideias tem sido a causa da falta de eficácia de muitos textos.

**d.** Fixar o objetivo para orientar o que se vai escrever sobre um assunto é selecionar a _______________ que estará presente em todo o texto.

**e.** A convergência de ideias não é fácil de ser obtida, pois nosso pensamento segue às vezes por caminhos _______________.

**3.** Assinale qual dos dois parágrafos abaixo apresenta a ideia-núcleo de forma clara:

**a.** Estivemos considerando, embora ainda sem a preocupação de sistematizar as ideias para apresentá-las ao comitê, e de acordo com as auditorias realizadas no segundo trimestre, que para evitar ruído nas orientações emitidas pelo pessoal da Central de Atendimento deverão ser realizadas reuniões quinzenais com apresentações de casos a serem debatidos.

**b.** Estivemos considerando a possibilidade de realizar, a cada quinze dias, reuniões com a equipe da Central de Atendimento para apresentações de casos e alinhamento das orientações. Embora esta ideia ainda seja embrionária, o intuito é diminuir os ruídos de comunicação constatados na auditoria realizada no segundo trimestre.

## Aplique o que aprendeu

**1.** Assinale a única afirmativa incorreta:

**a.** Na comunicação empresarial, a linguagem objetiva pode ser conseguida por meio da definição do objetivo e da clareza da ideia-núcleo.

**b.** Na comunicação empresarial, deve-se cuidar para que os relatórios não tenham um vocabulário que dê margem a interpretações inesperadas.

c. Nos e-mails do dia a dia, mesmo quando os assuntos já estão contextualizados, é preciso se preocupar com a ideia-núcleo.

d. Tanto nos relatórios empresariais quanto nos e-mails, pode-se afirmar que o cuidado com o vocabulário é o principal meio para que a linguagem objetiva possa ser atingida.

**2.** Assinale a única opção correta sobre os textos a seguir:

1. Por orientação do gerente de Novos Negócios, até 31/3/2009, as contas criadas no final do ano de 2008 poderão ter, caso sejam ratificadas, um desconto de 20 por cento a partir da mensalidade de abril.
2. Devemos esclarecer que, por orientação do gerente de Novos Negócios, as contas criadas no final do ano de 2008 poderão ter, caso sejam ratificadas até 31/3/2009, um desconto de 20 por cento a partir da mensalidade de abril.
3. Devemos esclarecer que as contas criadas em dezembro de 2008 poderão ter, caso sejam ratificadas até 31/3/2009, um desconto de 20 por cento a partir da mensalidade de abril.

a. O texto 1 tem a ideia-núcleo definida claramente.
b. Os textos 1 e 3 não têm a ideia-núcleo definida claramente.
c. O texto 3 é o único adequado.
d. O texto 2 não está correto, pois não tem vocabulário adequado.

**3.** Sobre o texto a seguir, analise as afirmativas e depois assinale a opção correta:

"Em atenção à sua correspondência supracitada, vimos pela presente informar que foi providenciado o parcelamento na forma acordada, ou seja, em oito parcelas de R$ 20,14 sem juros que totalizam R$ 161,12, sendo que a primeira parcela foi devidamente quitada, restando ainda sete parcelas a vencer."

1. O texto não tem uma fixação de objetivo, refletindo a falta de clareza na forma de expressão da linguagem.
2. O texto apresenta indícios de verbosidade.
3. A ideia-núcleo do texto é a informação do parcelamento.

a. A afirmativa 1 está correta.
b. A afirmativa 3 está correta.
c. As afirmativas 1 e 3 estão corretas.
d. As afirmativas 2 e 3 estão corretas.

**4.** Assinale o único texto correto, tendo em vista a expressão adequada da linguagem em função da fixação do objetivo:

**a.** Esclarecemos, ainda, que uma nova fatura no valor de R$ 48,00 foi enviada apresentando a data de 29/8/2009.

**b.** Esclarecemos, ainda, que foi enviada uma nova fatura, no valor de R$ 48,00, com data de vencimento para 29/8/2009.

**c.** Na oportunidade, aproveitamos para esclarecer que a nova fatura avulsa enviada para 29/8/2009 deverá ser paga em qualquer banco.

**d.** Esclarecemos, ainda, que uma nova fatura avulsa, emitida no dia 20/8/2009, com uma nova data de vencimento para 29/8/2009, foi enviada com o valor de R$ 48,00.

**5.** Coloque C (certo) ou E (errado) para as ideias-núcleo definidas em cada parágrafo:

( ) Os gerentes de venda informaram que o cliente está com a mensalidade em dia e, por isso, participa dos sorteios. → explicação do porquê de o cliente participar dos sorteios.

( ) Os gerentes de venda questionaram por que o cliente estava participando dos sorteios se sua mensalidade não estava em dia. → questionamento do porquê de o cliente participar dos sorteios.

( ) Os gerentes de venda explicaram que o cliente não poderia participar do sorteio por não estar com a mensalidade em dia. → explicação do porquê de o cliente participar dos sorteios.

( ) Os gerentes de venda questionaram por que o cliente, que não estava com a mensalidade em dia, participava dos sorteios. → questionamento do porquê de o cliente participar dos sorteios.

CAPÍTULO 4

# A OBJETIVIDADE

## A OBJETIVIDADE E O TEXTO EMPRESARIAL

Neste capítulo, veremos quais procedimentos devemos seguir para tornar o texto empresarial mais direto e objetivo. Antes disso, no entanto, vamos conhecer a mudança pela qual esse tipo de texto começou a passar na década de 1980.

## O texto empresarial até 1980

Na cultura brasileira, até meados da década de 1980, o texto empresarial sofria influência do discurso político, valorizando as construções mais prolixas, com vocabulário sofisticado e frases rebuscadas.

Observe o texto antiquado abaixo:

REPROVADO ✕

Prezados senhores,

Pedimos gentilmente, por meio desta, a fineza de nos fornecer informações relativas à idoneidade moral e capacidade profissional do sr. Péricles Gordinho, candidato a fazer parte do nosso quadro de empregados e que forneceu sua empresa como fonte de referências, por já haver sido funcionário dessa tradicional organização.

Sendo só o que se apresenta para o momento, renovamos nossos votos de estima e consideração.

Este modo de comunicação oferece a imagem de uma empresa antiquada, que não modernizou seus serviços ou produtos e cuja tendência não é sobreviver, uma vez que a linguagem empregada é mero reflexo de procedimentos administrativos também ultrapassados e incapazes de encontrar espaço em um mercado tão competitivo como o atual.

Imagine a divulgação de um serviço ou de um produto nas páginas da Internet com esse tipo de mensagem! Seria como ressuscitar o uso dos bondes nos grandes centros urbanos!

## O texto empresarial depois de 1980

A partir de 1985, já com os ventos da globalização de mercado soprando, os textos sofreram influência do estilo norte-americano, com sua praticidade expressa por vocabulário simples e pela preferência por frases curtas e diretas. A objetividade passa a ser, então, valorizada por um contexto histórico que privilegia a rapidez de decisões, a dinamicidade, a ação, como a Figura 4.1 resume. Assim, o texto anterior seria redigido no seguinte estilo:

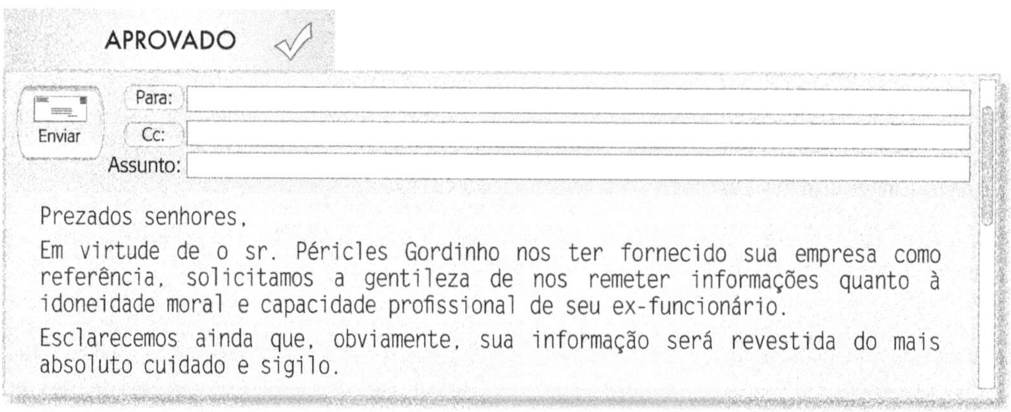


Prezados senhores,

Em virtude de o sr. Péricles Gordinho nos ter fornecido sua empresa como referência, solicitamos a gentileza de nos remeter informações quanto à idoneidade moral e capacidade profissional de seu ex-funcionário.

Esclarecemos ainda que, obviamente, sua informação será revestida do mais absoluto cuidado e sigilo.

**FIGURA 4.1** Dinâmica do texto empresarial moderno

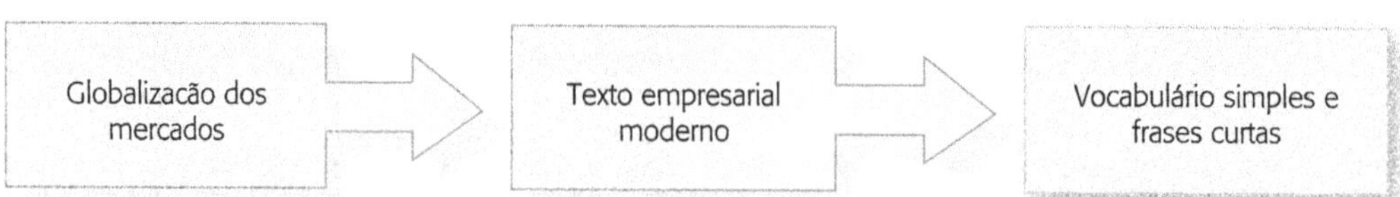

## A diretriz contemporânea

Para fazermos justiça, devemos admitir que, embora inadequados para os tempos modernos, muitos daqueles textos antigos eram extremamente bem construídos, sendo peças exemplares de organização lógica e riqueza vocabular. Outros, porém, poderiam ser considerados verdadeiros dinossauros linguísticos, por não resistirem à menor análise lógica.

Ainda hoje, é muito fácil encontrarmos exemplos de mensagens prolixas em que a forma esconde o que realmente importa — o conteúdo. Com muita frequência, observamos textos em que assuntos diversos vão e vêm, revelando a dificuldade do emissor em focalizar a informação principal. É como se ele não conseguisse encontrar o rumo a ser trilhado e, dessa maneira, ficasse andando em círculos.

De qualquer maneira, mesmo no caso de textos prolixos bem construídos, a diretriz contemporânea é a simplicidade. Mas atenção! A simplicidade textual moderna não é pobreza de vocabulário nem supressão de informações que auxiliem análises complexas. Neste caso, a simplicidade é uma maneira de fazer a informação emergir sem dificuldades para o destinatário.

## Conceituando *objetividade*

Na objetividade, o texto se articula em função das informações apresentadas sem acréscimo de elementos que distraiam o leitor daquilo que se deseja transmitir. Você percebeu, no exemplo que demos anteriormente, que ela conduz o leitor a um contato mais direto com o assunto. Ela é, então, atingida com um texto sem subterfúgios, sem excesso de palavras ou de ideias.

Confira a análise dos elementos objetivos no e-mail anterior.

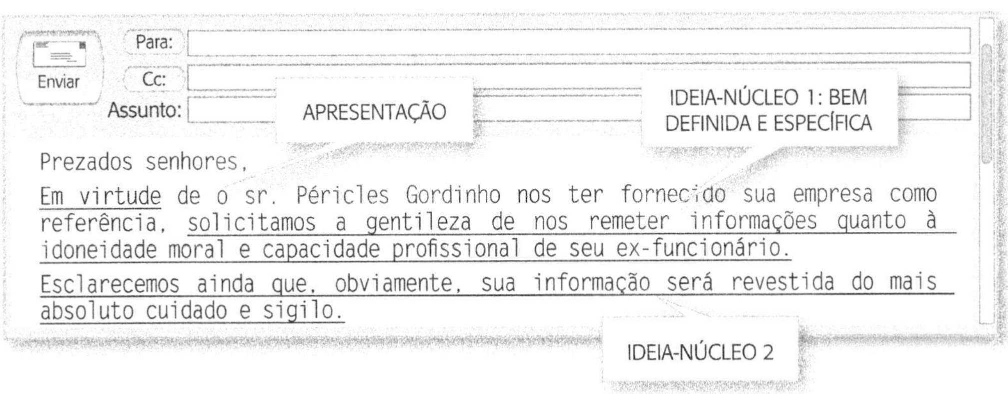

## Técnicas para obtenção da objetividade

Veja na Figura 4.2 algumas técnicas simples para a construção de um texto objetivo sem que fique grosseiro e indelicado.

A *fórmula mágica* para adquirir objetividade é nunca se esquecer de que o texto empresarial tem um destinatário. Isto significa afirmar que a mensagem nunca deve ser uma informação ou solicitação sem função específica.

Temos, portanto, as seguintes etapas para redigir com objetividade o texto empresarial:

- *Primeira etapa*: identificar a ideia-núcleo.

A ideia-núcleo precisa estar muito bem definida para que o texto possa expressar sua mensagem. Por isso, ela não pode deixar de ser transmitida, sob pena de não conduzir à resposta esperada.

Mas como identificamos a ideia-núcleo? Para identificar uma ou várias ideias-núcleos da mensagem que se deseja transmitir, formule a seguinte pergunta:

O que eu preciso dizer ao destinatário?

A resposta a esta pergunta indicará a ideia principal da mensagem.

Esta primeira orientação é fundamental para que o texto seja redigido com objetividade e atenda tanto ao destinatário quanto à necessidade de eficácia das empresas. Na verdade, ela é a bússola que norteará todo o desenrolar da mensagem.

- *Segunda etapa:* identificar as ideias secundárias.

Ideia secundária é aquela que auxilia no entendimento da mensagem, explicando o motivo do comunicado ou, ainda, conferindo delicadeza a ela.

Vale ressaltar que, caso a ideia secundária não esteja presente, o entendimento e a eficácia da mensagem não ficam comprometidos.

**FIGURA 4.2** Técnicas para construir um texto objetivo

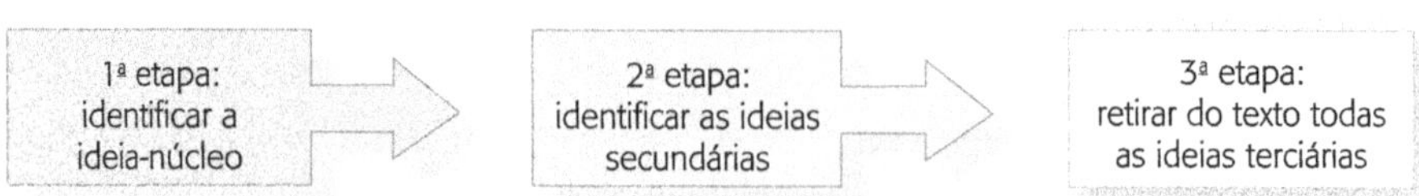

Para identificar quais ideias podem ajudar o leitor na assimilação da mensagem, formule a seguinte pergunta:

> Quais informações podem ajudar o destinatário na boa assimilação de minha mensagem?

Repare que, ao utilizar as respostas a essa pergunta, você trará elementos de persuasão para obter eficácia em sua mensagem.

- *Terceira etapa*: retirar do texto todas as ideias terciárias.

Ideia terciária é aquela que atrapalha a assimilação das ideias-núcleos,.

Muitas vezes, por estarmos envolvidos pelo contexto, somos contaminados por várias ideias-satélites que julgamos interessantes. Entretanto, elas podem atrapalhar o leitor na assimilação da ideia-núcleos, em vez de auxiliá-lo.

Você verá a seguir a aplicação das três etapas, o que auxiliará a esclarecer os conceitos abordados.

## APLICANDO AS INFORMAÇÕES

A carta que se segue foi enviada a clínicas e médicos conveniados a uma grande empresa.

REPROVADO ✕

Sr. credenciado,

Foi elaborado Convênio entre o Ciefas e a Associação Médica Brasileira, em 23/6/2003, objetivando a implantação de nova Tabela de Honorários Médicos consensual, para remuneração de serviços médicos prestados em regime conveniado, comportando inúmeras alterações nas Instruções Gerais e nos quantitativos de Coeficiente de Honorários (CH) dos procedimentos médicos constantes da THM/ AMB - 02.

O referido Convênio representa marco histórico nas relações entre tomadores e prestadores de serviços de assistência à saúde, sendo resultado de longo processo de negociação entre as partes convenentes, transcorrido no período de outubro de 2002 a junho de 2003.

Concluídas as medidas necessárias à operacionalização do Convênio, estamos encaminhando, em anexo, a V. Sa., o Comunicado Ciefas n. 7/03, que contém a nova Tabela de Honorários Médicos decorrente da celebração do Convênio Ciefas/ AMB.

A Companhia implantou a nova tabela em 1/8/2003, cumprindo o prazo fixado no Convênio Ciefas/AMB.

Vamos, então, reelaborar o texto em função de nossas técnicas.

Acompanhe a análise, etapa por etapa.

## Primeira etapa

Para identificar a ideia-núcleo, perguntamos: o que *eu* (ou seja, o emissor) preciso informar ao destinatário?

Temos duas possíveis respostas:

a) o convênio é um importante marco histórico; ou

b) a nova tabela de honorários médicos.

Pode-se perceber aqui como a definição da ideia-núcleo orientará toda a construção do texto.

Ao analisar as ideias do texto, percebemos que a informação principal a ser transmitida refere-se à tabela e não ao convênio.

O convênio é uma ideia secundária que auxiliará na compreensão global da mensagem, mas não uma ideia imprescindível, pois poderia nem ser mencionada.

Neste momento, a ideia que importa operacionalmente à empresa transmitir é: *existe uma nova tabela de honorários médicos*. Esta é a ideia-núcleo. A partir dela, haverá outras, necessárias à eficácia da mensagem.

Também será imprescindível informar a *data de entrada em vigor* da tabela, para que não haja dúvidas. Lembre-se que, se estas existirem, o telefone tocará solicitando informações, o que representa desperdício de tempo.

Analisando com mais cuidado a situação expressa no texto e seus desdobramentos práticos, ou seja, sua eficácia, percebe-se, aplicando a pergunta-chave ("O que eu quero dizer ao destinatário?"), que é preciso também informar outra ideia: a de que *houve várias alterações nas Instruções Gerais*.

Sem essa última informação, as clínicas e os médicos credenciados continuariam funcionando como antes, porque evidentemente nem leriam de novo as Instruções Gerais, provocando desgastes operacionais, financeiros e motivacionais para todos os envolvidos.

Então, nossa identificação de ideias-núcleos, ficou assim:

- nova tabela de honorários médicos;
- alterações nas Instruções Gerais;
- data da entrada em vigor da nova tabela.

## Segunda etapa

Para identificar a ideia secundária, perguntamos: quais informações podem ajudar o destinatário na boa assimilação de minha mensagem?

No texto analisado, a única ideia que acrescenta valor à mensagem, auxiliando a compreensão, é: "O convênio firmado entre o Ciefas (órgão associativo das empresas que prestam assistência à saúde) e a AMB".

Agora, só falta a última etapa.

## Terceira etapa

Nesta fase é fundamental perceber que tudo o que for expresso no texto deverá ter uma função. Nada poderá estar escrito só pela sonoridade ou porque parece bom.

Na análise das ideias do texto, temos o convênio como a única ideia agregadora de valor, com a função de esclarecimento adicional ao leitor. Como consequência, concluímos que todas as outras ideias trarão excesso de informação e poderão comprometer o impulso à ação desejada.

No texto, as ideias terciárias são:

- data do convênio;
- longo processo de negociação, transcorrido entre out./2002 e jun./2003.

Assim, veja o esquema completo mostrado no Quadro 4.1.

Veja como fica fácil redigir dessa maneira. Dificilmente você terá excessos, deixará a ideia-núcleo submergir entre as secundárias ou deixará de focar uma informação relevante.

QUADRO 4.1 Esquema para obtenção da objetividade

| IDEIAS-NÚCLEOS | IDEIAS SECUNDÁRIAS | IDEIAS TERCIÁRIAS |
|---|---|---|
| Nova tabela de honorários médicos<br>Alterações nas Instruções Gerais<br>Data da entrada em vigor da nova tabela | Convênio firmado entre o Ciefas e a AMB | Data do convênio<br>Longo processo de negociação, transcorrido entre out./2002 e jun./2003 |

Depois de seguir esse esquema e reescrever o texto, vejamos algumas possibilidades de como ele pode ser estruturado.

APROVADO ✓

> Sr. credenciado,
>
> Estamos enviando anexo o Comunicado Ciefas n. 7/03, que contém alterações nas Instruções Gerais e a nova Tabela de Honorários Médicos, decorrente do convênio Ciefas/AMB.
>
> Informamos, ainda, que os novos procedimentos, assim como a nova tabela, estão em vigor em nossa empresa desde 1/3/2003.
>
> Atenciosamente,

ou

APROVADO ✓

> Sr. credenciado,
>
> Em decorrência do convênio firmado entre o Ciefas e a AMB, estamos encaminhando anexo o Comunicado Ciefas n. 7/03, com a nova Tabela de Honorários Médicos implantada em nossa empresa em 1/3/2003.
>
> Esclarecemos ainda que resultaram do convênio inúmeras alterações nas Instruções Gerais, assinaladas nas páginas anexas, que deverão ser cuidadosamente lidas e observadas.
>
> Atenciosamente,

## Ampliando o conhecimento

Vamos verificar a aplicação da técnica de objetividade na carta enviada por um Conselho Regional a seus associados. Apresentaremos, primeiro, a carta inadequada, onde não há objetividade na informação, depois o esquema de ideias e, por fim, a carta objetiva.

REPROVADO ✕

Prezado colega,

Como é de seu conhecimento, esta instituição existe e atua para preservar o interesse de seus profissionais, pela defesa do espaço profissional, pela ampliação do mercado de trabalho e pelo zelo em relação à imagem pública da profissão e dos que a exercem.

Como o Conselho efetua o registro daqueles que estão habilitados ao exercício da profissão, precisamos manter os respectivos dados cadastrais sempre atualizados.

Examinando o nosso cadastro, verificamos que o prazo de validade de sua carteira está para expirar (observe a data de validade dela).

Sendo obrigatória a transformação de Registro Provisório em Registro Definitivo dentro dos prazos estabelecidos, orientamos V.Sa. no sentido de envidar os esforços necessários para a obtenção do diploma na Faculdade o mais breve possível, caso ainda não o tenha feito, encaminhando a esta instituição o comprovante dessa providência e uma foto 2 x 2 para renovação de sua Carteira Provisória.

Entretanto, se já estiver de posse do diploma, solicitamos seu comparecimento ao Setor de Registro, munido do original e uma cópia desse documento e de uma foto 2 x 2 para expedição da Carteira Definitiva de seu registro profissional.

Os registros que forem transformados até o prazo de validade que consta na carteira estão isentos de pagamento da taxa de transformação, pagando somente a taxa relativa à nova carteira.

Gratos pela atenção, subscrevemo-nos.

Veja, agora, o esquema das ideias do texto.

- Ideias-núcleos:
  - solicitar o comparecimento do associado para transformação da Carteira Provisória em Definitiva, munido dos seguintes documentos: diploma e cópia, uma foto 2 × 2;
  - a transformação deve ser efetuada dentro do prazo;
  - pagamento da taxa relativa à nova carteira;
  - se o associado não estiver de posse do diploma, mesmo assim deve comparecer para prorrogar sua Carteira Provisória, munido de protocolo de solicitação do diploma e de uma foto 2 × 2.

- Ideia secundária:
  - isenção da taxa de transformação, quando dentro do prazo.
- Ideias terciárias:
  - a instituição como espaço de defesa profissional;
  - atualização de dados cadastrais.

Dentre as ideias secundárias e terciárias, a única que deve vir no texto é a isenção da taxa de transformação, pois as outras dispersam o leitor e funcionarão como um antimarketing.

APROVADO ✓

Prezado colega,

Examinando nosso cadastro, verificamos, pela data de validade de sua carteira, a necessidade de atualizar seu Registro Provisório. Ele deverá ser transformado em Definitivo, caso você já esteja de posse do diploma, ou prorrogado por meio de nova Carteira Provisória.

Para realizar a transformação em Registro Definitivo, compareça ao nosso Conselho munido dos seguintes documentos:

— Diploma (o original e uma cópia);

— 1 foto 2 × 2.

Lembramos que será cobrada uma taxa referente à Carteira Definitiva e você poderá estar isento da taxa de transformação caso esta se realize até a data de validade da Carteira Provisória.

Se você ainda não estiver com seu diploma, compareça ao Conselho para solicitar a prorrogação por mais um ano de sua Carteira Provisória. São necessários os seguintes documentos:

— Declaração atualizada sobre o andamento do Diploma;

— 1 foto 2 × 2.

Lembramos a todos que esses procedimentos são obrigatórios, e devem ser realizados dentro dos prazos legais estabelecidos.

Aguardamos sua presença.

Atenciosamente,

## TESTES

1. Os textos empresariais contemporâneos devem sua diferença à globalização dos mercados. Cite duas características na elaboração da linguagem que auxiliam a objetividade.
2. Por meio da objetividade, torna-se mais fácil a tomada de decisão. Certo ou errado?
3. A construção de mensagens prolixas revela que o emissor não domina adequadamente a língua portuguesa. Certo ou errado?
4. Um texto objetivo contém necessariamente uma ideia-núcleo. Certo ou errado?
5. No texto objetivo, começa-se o assunto pela ideia-núcleo. Certo ou errado?

## APLIQUE O QUE APRENDEU

1. Assinale a única afirmativa correta:
   a. As ideias-núcleos de uma comunicação empresarial são aquelas consideradas importantes para o emissor e o receptor.
   b. As ideias-núcleos de uma comunicação empresarial são obtidas por meio da resposta à pergunta "o que eu preciso dizer ao destinatário?".
   c. Em uma comunicação empresarial, todas as ideias que forem secundárias deverão ser eliminadas.
   d. As ideias terciárias não acrescentam valor à informação, mas podem facilitar a leitura da mensagem.
2. Com base na análise do texto a seguir, assinale a única opção incorreta:
   "Após concluídas as negociações, foi decidido, por maioria absoluta dos votos, que o aumento a ser concedido será de dois por cento, percentual que vigorará a partir do mês de abril."
   a. Ideia-núcleo: "Após concluídas as negociações".
   b. Ideia-núcleo: "foi decidido, por maioria absoluta dos votos, que o aumento a ser concedido será de dois por cento".
   c. Ideia secundária: "percentual que vigorará a partir do mês de abril".
   d. Ideia-núcleo: "foi decidido que o aumento a ser concedido será de dois por cento".

**3.** Sobre o texto a seguir, coloque V (verdadeiro) ou F (falso) para as afirmativas:

"O treinamento visa proporcionar aos profissionais da área de vendas informações e conhecimentos das melhores técnicas de comunicação, de forma a poderem vender melhor a imagem da empresa no mercado e a própria imagem, tornando-se mais competentes, corteses e autoconfiantes.

Os interessados devem procurar Vanessa, Setor de Treinamento e Desenvolvimento, pelo telefone 2254-3344.

Não serão aceitas solicitações de inscrição por e-mail."

**a.** ( ) No texto acima só há informações principais.

**b.** ( ) Há informações excessivas no texto acima, que poderiam ser descartadas.

**c.** ( ) A frase "não serão aceitas solicitações de inscrição por e-mail" é uma ideia secundária.

**d.** ( ) O texto está com as ideias secundárias intercaladas com as principais.

**4.** Relacione a informação da coluna A com a mensagem da coluna B.

| Coluna A | | Coluna B |
|---|---|---|
| **1.** Texto com informações principais e secundárias. | ( ) | Informamos que não será mais permitido o ingresso de mais de um acompanhante para cada funcionário. |
| **2.** Texto com excesso de informações, prejudicando a objetividade da mensagem. | ( ) | O excesso de pessoas na sala tem prejudicado o atendimento. Assim, seguindo orientações superiores e visando à melhoria de nossos serviços, esclarecemos que, em conformidade com a prerrogativa citada no artigo 8, não será permitido o ingresso de mais de um acompanhante para cada funcionário. |
| **3.** Texto só com informações principais. | ( ) | Seguindo orientações superiores, informamos que não será mais permitido o ingresso de mais de um acompanhante para cada funcionário, uma vez que o excesso de pessoas na sala tem prejudicado o atendimento. |

**5.** Assinale a opção correta sobre os textos abaixo:

**Texto 1:** É com grata satisfação que informamos o início das atividades de nossa nova unidade de negócio, localizada na cidade de Sorocaba, São Paulo.

**Texto 2:** Informamos o início das atividades de nossa nova unidade de negócio, localizada em Sorocaba, São Paulo.

**Texto 3:** Informamos, com grata satisfação, o início das atividades de nossa nova unidade de negócio, localizada em Sorocaba, São Paulo.

**a.** Somente o texto 1 é objetivo, embora seu início seja constituído de uma ideia secundária.

**b.** Somente o texto 2 é objetivo.

**c.** Os textos 1, 2 e 3 são objetivos, embora tenham construções distintas.

**d.** O texto 3 é objetivo, mas a ideia secundária "com grata satisfação" deveria vir no início da frase.

CAPÍTULO 5

# A CONCISÃO

## A CONCISÃO COMO VALOR

A concisão é uma característica imprescindível nos textos de comunicação empresarial contemporâneos. Nela, há redução na quantidade do texto com a finalidade de valorizar e destacar as informações de fato relevantes para o destinatário.

### O texto conciso em tempos modernos

Como mostra a Figura 5.1, ao sentirem os efeitos das modificações sociais, econômicas e políticas, as organizações tiveram que optar por um modo de transmissão de informações mais ágil. Foi a partir dessa concepção que os textos reduziram seu tamanho e passaram a ser mais concisos.

Apesar de o conceito de concisão se relacionar com uma ideia utilitarista da mensagem, ele não deve significar um empobrecimento da linguagem, apenas uma forma mais enxuta e condensada de apresentação, em que cada informação é valorizada.

**FIGURA 5.1** Fatores que levam à concisão do texto

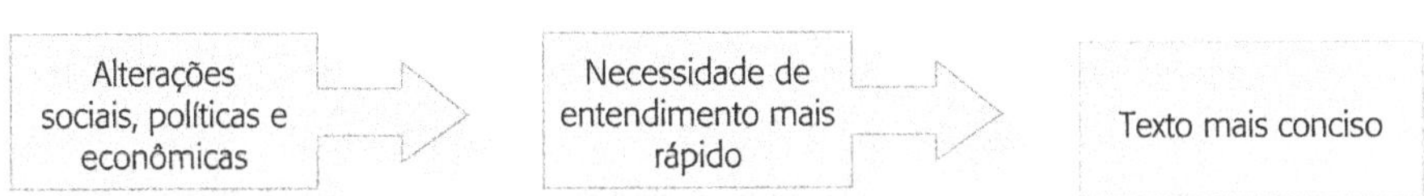

Veja a seguir um exemplo dessa diferença: apresentamos inicialmente um parágrafo não conciso extraído de um ofício e, depois, as possíveis variáveis já corrigidas em função da concisão.

REPROVADO

> Em razão do questionamento da Presidência quanto à inclusão ou não de despesas empenhadas e não pagas no exercício na Conta Restos a Pagar, solicitamos melhores esclarecimentos sobre o assunto, considerando os termos do art. 38 da Lei 4.320, que determina a reversão das despesas anuladas à dotação orçamentária do próximo exercício.

APROVADO

> Solicito a V. Sa. orientação sobre a classificação de Restos a Pagar cancelados fora do exercício de emissão.

APROVADO

> Solicito a orientação de V. Sa. quanto à classificação dos Restos a Pagar cancelados dentro do exercício que não aquele da emissão do empenho.

Você observou como a concisão fez a mensagem conduzir o leitor para a informação mais relevante?

## Características da concisão

A concisão recomenda a expressão do pensamento em poucas palavras para evitar um acúmulo que, muitas vezes, visa apenas impressionar o leitor com a sabedoria que se pretende expressar com vocabulário prolixo.

No tempo dos e-mails e da Internet, em que uma enorme quantidade de informações nos sobrecarrega, é desejado que o texto empresarial permita ao seu leitor uma rápida compreensão quanto ao teor da informação, fazendo com que se sinta motivado pelas palavras, e não o contrário: enfadado e desmotivado com o desperdício de tempo.

Você pode observar na Figura 5.2 que as características da concisão são obtidas com a elaboração de ideia-núcleo e a eliminação de redundâncias, clichês e ideias excessivas, como já estudamos nos capítulos anteriores.

Assim, na retórica moderna, são características da concisão:

- Maximizar a informação com o mínimo de palavras.

  Exemplo:

  *Esta tem o objetivo de comunicar* → Comunicamos

- Eliminar os clichês.

  Exemplo:

  *Nada mais havendo a declarar, subscrevemo-nos* → Atenciosamente

- Eliminar as redundâncias e ideias excessivas.

  Exemplos:

  *Em resposta ao ofício enviado por V. Sa.* → Em resposta a seu ofício

  *Informamos que a entrada, a frequência e a permanência nas dependências deste clube são terminantemente proibidas, seja qual for o pretexto, a pessoas que não fazem parte do quadro de sócios.* → É proibida a entrada de não sócios.

**FIGURA 5.2** Características da concisão

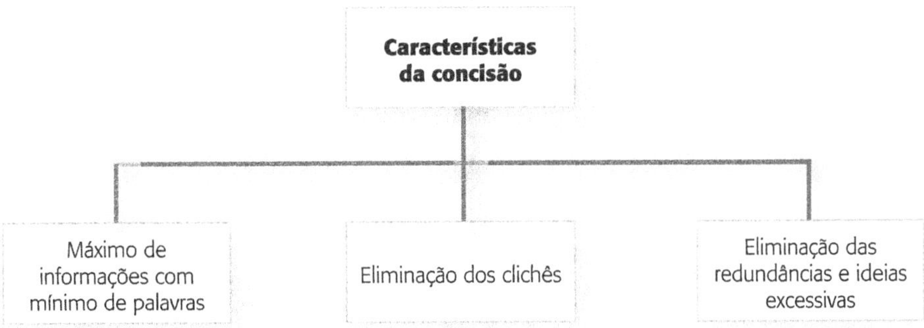


## A concisão e o foco da informação

Algumas vezes, os textos não concisos são provenientes do hábito — já interiorizado — da linguagem prolixa; em outras, decorre do sentimento de ser necessário sempre um reforço para tornar a ideia mais eficaz.

Ambas as situações são de grande engano, pois os excessos, em vez de se tornarem reforços esclarecedores positivos, prejudicam a concentração na mensagem que realmente interessa.

A atenção do leitor a uma mensagem depende da maneira como ela é redigida. Ao utilizar recursos inexpressivos de linguagem, como se fazia quando vigorava o estilo prolixo, tende-se a desviar o foco da atenção, passando da chamada *atenção dirigida* à *atenção periférica*, que nada mais é do que a desconexão de um foco principal para a conexão em outro completamente secundário.

Situação semelhante ocorre quando a pessoa está lendo algo e, de repente, percebe que está tocando aquela música de que tanto gosta, mas não é capaz de dizer quando ela começou, por estar com sua atenção principal dirigida ao livro.

Verifique você mesmo como os excessos prejudicam a mensagem de um e-mail de uma grande empresa, em que se faz uma solicitação ao setor jurídico. Os termos e as expressões sublinhados correspondem à falta de concisão, seja por clichês, ideias excessivas, redundâncias ou por não refletir a ideia-núcleo.

**REPROVADO** ✕

Enviar

Para:

Cc:

Assunto: Poluição – Amapá

Em atenção ao assunto citado, encaminhamos a V. Sas., em anexo, fax SETJUR – BA, datado de hoje, solicitando a esta Divisão um preposto para a audiência de conciliação designada para o dia 24/9/1996, às 15 horas, na 7ª Vara da Fazenda Pública de Salvador.

Mediante o exposto, solicitamos a gentileza de seu pronunciamento a respeito desta solicitação, uma vez que estamos entendendo ser o preposto alguém que tenha poderes para representar a Empresa, respondendo pelos fatos apresentados, ou seja, um assistente técnico.

Desde já agradecemos a atenção dispensada e aguardamos seu pronunciamento.

Atenciosamente,

Comentários sobre as expressões supérfluas e mal formuladas:

1. *assunto citado:* a referência está vaga e imprecisa;
2. *a esta Divisão:* dispensável, pois é óbvio;
3. *mediante o exposto*: não se expôs nenhum assunto, apenas relatou-se o que vinha no fax;
4. *a gentileza*: não é o caso, pois o setor tem o dever de pronunciar-se;

5. *estamos entendendo*: entendemos;
6. *respondendo pelos fatos apresentados, ou seja, um assistente técnico*: respondendo tecnicamente pelos fatos apresentados;
7. *Desde já agradecemos a atenção dispensada*: dispensável, pois, se a atribuição do destinatário é pronunciar-se sobre este tipo de assunto, ele está cumprindo seu papel profissional.

Ao reaprendermos a pensar sem os excessos, daremos o primeiro passo em direção a um texto mais objetivo, que enfatize as ideias relevantes, organize com mais concatenação o texto e faça o leitor se sentir comprometido. A concisão, portanto, implica o uso de palavras e termos relacionados com o foco da informação.

Como a mensagem é composta por palavras que irão formar uma imagem mental, evocando na mente do destinatário a proposta do emissor, é necessário ter à nossa disposição um amplo acervo vocabular. Esse vocabulário será conseguido mediante leituras atentas tanto a palavras quanto a formas diversas de construção de ideias, presentes em diferentes meios de expressão. Ler em voz alta é sempre um excelente recurso para a assimilação de bagagem relacionada à comunicação verbal.

Sem dúvida, quanto maior o vocabulário de uma pessoa, mais ela será capaz de lidar com os vocábulos e seus significados.

## Dicas para um texto com força persuasiva

É possível conciliar a concisão requerida pelo texto empresarial moderno com o poder de persuasão que certas palavras oferecem. Embora a intenção de persuadir o destinatário tenha resultado em textos com imagens e vocabulário excessivos em tempos não tão distantes, a retórica empresarial moderna não desconsidera técnicas de valorização da força da mensagem.

Assim, ao mesmo tempo que são privilegiadas formas de expressão que estimulem a compreensão imediata da mensagem — apresentando as informações de modo que façam sentido na mente do destinatário —, a apresentação das ideias pode ser valorizada por recursos de persuasão.

Veja a seguir algumas dicas:

### Dica 1: não faça um texto excessivamente direto

Em nome da objetividade e da concisão, não se deve esquecer que o texto empresarial precisa ter elegância e cordialidade de expressão para o destinatário. Portanto, não condense demais as informações, redigindo um texto denso e duro. Além disso, um texto excessivamente direto não contribui para solidificar os vínculos com o cliente.

Veja o exemplo de um e-mail divulgado por uma agência bancária, instalada na sede de uma empresa de grande porte, em que é informado um novo procedimento.

**REPROVADO**

Enviar

Para:

Cc:

Assunto:

Prezados clientes,

Comunicamos que, a partir de 10/10/1995, o funcionário deste Banco não mais passará nesta sala, recolhendo/entregando envelopes do Serviço de Atendimento Operacional.

Entretanto, continuaremos a processar tais documentos desde que o envelope seja entregue em nossa Agência, no 2º andar deste prédio, até as 14 horas.

Atenciosamente,

Esse é um exemplo típico de falta de elegância na mensagem, pois a mudança, do ponto de vista do cliente, trará prejuízos. Tal mensagem traz uma reação negativa justamente por ser concisa demais.

Neste caso, a inclusão de uma justificativa pode melhorar a imagem da empresa que está sendo obrigada a mudar um procedimento instituído.

**APROVADO**

Enviar

Para:

Cc:

Assunto:

Prezados clientes,

Informamos que, em virtude de reestruturação da área de Atendimento Operacional, não disporemos mais, a partir de 10/10/1995, de funcionário responsável pelo recolhimento e entrega de correspondência.

Entretanto, todos os demais serviços continuarão inalterados. Desta forma, todos os documentos entregues em nossa Agência, no 2º andar deste prédio, até as 14 horas, serão processados normalmente.

Atenciosamente,

Observe agora uma carta inadequada, também por ser excessivamente direta, emitida por uma administradora de imóveis.

REPROVADO ☒

Prezado cliente,

Informamos que seu pedido para execução de reparos, feito em 25/9/2006 e cadastrado sob o n. 327/06, não será atendido, uma vez que o prazo de garantia encontra-se esgotado desde 10/7/2006.

Atenciosamente

APROVADO ✓

Prezado cliente,

Recebemos seu pedido para execução de reparo, cadastrado sob o n. 327/2006. Lamentamos, porém, informar que, como o pedido foi feito em 25/9/2006 e seu prazo de garantia esgotou-se em 10/7/2006, não poderemos atendê-lo.

Atenciosamente,

## Dica 2: não elimine os elementos de realce

A concisão não significa excluir do texto seus elementos de realce. Muitas vezes, você poderá usar uma palavra só para dar ênfase ou explicitar a articulação das ideias. Deixe que seu texto contenha expressividade. Por exemplo, na oração "como já é de seu conhecimento", a palavra *já* poderia não ter sido usada. Porém, sua presença indica que a informação não era novidade.

Assim, você pode concluir que nem tudo que é dispensável torna-se excesso. Certas palavras servem para dar ao texto mais leveza, força ou persuasão.

## Dica 3: não cometa agressões contra a língua

A condensação excessiva da informação ocorre muitas vezes pela suposição de que o destinatário já é conhecedor do assunto. Daí suprimem-se palavras, preposições e conjunções, prejudicando a clareza das ideias.

Devemos nos lembrar de que a língua escrita difere da língua falada, e não temos a presença do receptor para eliminar as dúvidas. Assim, preocupe-se em expressar adequadamente o pensamento, de maneira a transmitir com clareza a mensagem.

Veja a seguir um exemplo de condensação excessiva de informações, que resulta em texto mal escrito.

REPROVADO

> Ao preencher uma Requisição de Transporte, há necessidade da colocação correta do CBI, do Centro de Custo e, quando houver, da Unidade de Investimento e mais dados se for o caso.

Você pode observar que a concisão excessiva prejudicou a correta estruturação da mensagem, seja por falta de precisão no vocabulário ("colocação correta do CBI"), seja por má formulação da ideia ("e, quando houver, da Unidade de Investimento e mais dados se for o caso").

APROVADO

> Ao preencher uma Requisição de Transporte, há necessidade de preenchimento dos campos CBI, Centro de Custo e Unidade de Investimento, quando houver.
>
> Caso haja mais dados a destacar, explicite-os no campo Observação.

Com relação ao vocabulário, o linguista Othon M. Garcia (1976, p. 143) afirma, a propósito da conclusão de uma pesquisa feita com executivos nos Estados Unidos:

> Mas parece não restar dúvida de que, dispondo de palavras suficientes e adequadas à expressão do pensamento de maneira clara, fiel e precisa, estamos em melhores condições de assimilar conceitos, de refletir, de escolher, de julgar, do que outros cujo acervo léxico seja insuficiente ou medíocre para a tarefa vital da comunicação.

## Reduzindo o excesso de *ques*

Um dos mais comuns empecilhos sintáticos à concisão é o excesso de *ques*. Ele é ocasionado pela transposição para a escrita de um fluxo ininterrupto do pensamento, sem que haja o devido cuidado com a estrutura frasal daquilo que é transmitido.

Esse excesso causa péssimo efeito expressivo, transmitindo a imagem de pobreza vocabular e de falta de organização sintática. Contudo, ele pode ser facilmente corrigido com algumas substituições, de uso comum na língua. Observe os exemplos:

### Exemplo 1

REPROVADO ✗

Espero *que me respondas* a fim de *que se esclareçam* as dúvidas *que dizem respeito* ao assunto *que foi discutido.*

APROVADO ✓

Espero sua *resposta* a fim de *esclarecer* as dúvidas *a respeito do* assunto *tratado.*

Observe que, em geral, podem-se usar substantivos abstratos, verbos no infinitivo, particípios e outras formas para substituir a oração introduzida pelo *que*, conforme mostra o Quadro 5.1.

### Exemplo 2

REPROVADO ✗

Quando chegaram, pediram-me *que devolvesse* o livro *que me fora emprestado* por ocasião dos exames *que se realizaram* no fim do ano que passou.

QUADRO 5.1 Exemplos de substituição do *que*

| ORAÇÃO COM *QUE* | FORMA REDUZIDA | CLASSE GRAMATICAL |
|---|---|---|
| *que me respondas* | resposta | (substantivo abstrato) |
| *que se esclareçam* | esclarecer | (verbo no infinitivo) |
| *que dizem respeito* | a respeito de | (locução prepositiva) |
| | sobre | (preposição) |
| *que foi discutido* | discutido | (particípio passado) |

APROVADO ✓

Quando chegaram, pediram-me *para devolver* (ou *a devolução do*) o livro *emprestado* (ou *a mim emprestado*) por ocasião dos exames *realizados* no fim do ano *passado*.

Você pode observar que as orações introduzidas pelo *que* foram substituídas por várias categorias gramaticais, que serão explicitadas abaixo:

1. Substituição da oração adjetiva por uma palavra equivalente.
   Exemplo:

   *Jacaré* que não se cuida *vira bolsa de madame*.
   *Jacaré* descuidado *vira bolsa de madame*.

2. Substituição da oração adjetiva por um substantivo seguido de complemento.
   Exemplo:

   *Um banqueiro*, que detinha *grande fortuna, foi preso*.
   *Um banqueiro*, detentor *de grande fortuna, foi preso*.

3. Substituição da oração desenvolvida por substantivo abstrato ou verbo no infinitivo.
   Exemplos:

   *Quero que saibam* que chegarei *dia 10*.
   *Quero que saibam* da minha chegada *dia 10*.
   *É necessário* que se obedeça *às leis*.
   *É necessário* obedecer *às leis*.

4. Substituição da forma composta com o auxiliar ser pelo verbo no particípio.
   Exemplo:

   *Aguardo seu pronunciamento sobre o material* que foi remetido *para análise*.

   *Aguardo seu pronunciamento sobre o material* remetido *para análise*.

É importante ressaltar que a substituição do pronome relativo ou da conjunção integrante *que* não é sempre necessária, cabendo ao emissor da mensagem avaliar quando será melhor efetuá-la ou não.

## Aplicando as informações

Vamos aplicar o que estudamos neste capítulo em dois casos. No primeiro, vamos reescrever um memorando de uma grande empresa, em que se responde a um pedido de indenização. No segundo, vamos aplicar sintetizar uma carta empresarial.

### Caso 1

Neste caso, eliminaremos as ideias redundantes e retiraremos todos os *quês*, reescrevendo o que for necessário.

REPROVADO ✗

Em resposta ao documento enviado por V. Sa. a esta Superintendência reivindicando pagamento de indenização por perdas materiais, informamos que, após detida análise de seu processo, concluímos que não há qualquer aspecto que possibilite à Companhia proceder ao pagamento solicitado.

APROVADO ✓

**Em resposta ao documento reivindicando indenização por perdas materiais, concluímos, após análise de seu processo, não haver qualquer possibilidade de a Companhia proceder ao pagamento.**

### Caso 2

O parágrafo abaixo, constante de uma carta de 1999, é um exemplo de texto não conciso. Nós iremos substituir as expressões mais extensas e fora de uso por outras concisas e modernas.

REPROVADO ✗

Temos a satisfação de levar ao conhecimento de V. Sa. que, nesta data, pela Transportadora Transnorte, e em atendimento ao seu prezado pedido n. 432/99, de 18 de setembro de 1999, demos encaminhamento, pela nota fiscal n. 167, às mercadorias solicitadas pelo Departamento de Compras de sua conceituada empresa.

Observe as transformações possíveis, ao aplicarmos os princípios da concisão:

1. Temos a satisfação de levar ao conhecimento de V. Sa. que = Informamos que
2. seu prezado pedido n. 432/99, de 18 de setembro de 1999 = seu pedido n. 432/99
3. demos encaminhamento, pela nota fiscal n. 167, às mercadorias solicitadas pelo Departamento de Compras =as mercadorias constantes de seu pedido n. 432/99 foram encaminhadas
4. de sua conceituada empresa = exclusão dos termos

Reescrevendo o texto, teremos:

APROVADO ✓

Informamos que as mercadorias constantes de seu pedido n. 432/99 foram encaminhadas na data de hoje, pela Transportadora Transnorte, com a nota fiscal n. 167.

## Ampliando o conhecimento

Existem duas outras situações sintáticas em que podem ser empregadas técnicas de redução, tornando as frases mais concisas: as orações na voz passiva e o uso de locuções adjetivas.

O uso excessivo de orações na voz passiva é um problema recorrente em relatórios e atas de reunião. Elas são criadas pela necessidade de expressar acontecimentos sem que fique estabelecido seu autor.

Exemplo:

*A Constituição foi aprovada pelo Congresso.* → voz passiva

*O Congresso aprovou a Constituição.* → voz ativa

Gramaticalmente, essas frases são tidas como equivalentes, porém em termos expressivos elas contêm nuances diferentes de sentido, pois a primeira enfoca "a

Constituição" de forma passiva, ao passo que na voz ativa foca "o Congresso" como autor da ação. Então, quando não houver necessidade de ênfase em um dos termos, pode-se optar pela redução, transformando a voz passiva em ativa.

Exemplos:

*O processo foi devolvido pela Diretoria.* → A Diretoria devolveu o processo.

*Todos serão beneficiados pela antecipação do 13º salário.* → A antecipação do 13º salário beneficiará a todos.

*A notícia não foi publicada pelos jornais de grande circulação.* → Os jornais de grande circulação não publicaram a notícia.

Deve-se observar que nem sempre convém substituir a voz passiva pela voz ativa, pois, como já afirmamos, há uma diferença sutil de significado. Trata-se somente de saber como evitar seu uso abusivo.

Com relação às locuções adjetivas, elas poderão ser transformadas em adjetivos, a fim de tornar as frases mais concisas. Embora o texto empresarial deva conter poucas expressões adjetivas, pois traduzem opinião e valor, em muitos relatórios e exposições de motivos notaremos sua presença como necessária à fundamentação da sugestão ou argumentação.

Exemplos:

*As regiões das cidades já estão superpopulosas.* → locução adjetiva

*As regiões urbanas já estão superpopulosas.* → adjetivo

Uma das possibilidades de reduzir a extensão de um texto é substituir as locuções adjetivas por adjetivos.

Exemplos:

*As grandes corporações fizeram uma jogada de mestre.* → As grandes corporações fizeram uma jogada magistral.

*Esse período de ouro do desenvolvimento gerou bons frutos.* → Esse período áureo do desenvolvimento gerou bons frutos.

*Demonstraram uma vontade de ferro de vencer os desafios.* → Demonstraram uma vontade férrea de vencer os desafios.

## TESTES

1. Complete as frases a seguir com as palavras ou expressões adequadas:
   a. O conceito de concisão relaciona-se a uma ideia _______________ da mensagem. (utilitarista — persuasiva)
   b. O texto conciso valoriza a _______________ das informações. (quantidade — qualidade)
   c. A concisão valoriza uma forma mais ___________ das informações. (detalhada — enxuta).
2. O texto mais conciso é consequência de alterações sociais, políticas e econômicas. Essa afirmativa está certa ou errada? Justifique.
3. A concisão significa, de certa forma, um empobrecimento da mensagem. Certo ou errado? Justifique.
4. Quais são as três características da concisão?

## APLIQUE O QUE APRENDEU

1. Assinale qual dos parágrafos abaixo pode ser considerado mais conciso e adequado:
   a. Informamos que o Eng. Paulo Garcia Júnior não poderá estar presente à reunião de 22 de abril do corrente, pois estará acompanhando a comitiva do Governo do Estado ao Chile. Assim, enviaremos dois representantes: Carlos da Silva e Jurandir de Souza.
   b. Informamos que, por motivo de viagem ao Chile, acompanhando a comitiva do Governo do Estado na viagem de prospecção de negócios à América Latina, o Eng. Paulo Garcia Júnior não poderá estar presente à próxima reunião, razão pela qual serão enviados dois representantes: os senhores Carlos da Silva e Jurandir de Souza.
2. Tendo em vista a importância de manter o foco da informação, assinale qual dos parágrafos abaixo cumpre a missão de ser conciso e não conter ideias excessivas:
   a. Como nosso objetivo maior é sua completa satisfação, temos uma equipe especializada em distinguir as melhores tecnologias de ponta. Buscamos apri-

morar nossos serviços, oferecendo sempre as melhores opções em termos de alta qualidade médica. Para que possamos ampliar ainda mais o número dessas opções, solicitamos sua gentileza e colaboração no sentido de responder ao questionário abaixo.

**b.** Nosso objetivo maior é sua completa satisfação. Por isso, temos investido em tecnologia de ponta, oferecendo serviços de alta qualidade médica. Assim, solicitamos a gentileza de responder ao questionário abaixo, para que possamos ampliar ainda mais o número de suas opções.

**3.** Reescreva os parágrafos abaixo retirando todos os quês:

**a.** Ele disse que poderia comparecer à reunião que se realizaria no próximo sábado e que, na última hora, foi transferida para terça-feira.

**b.** Aguardo que vocês me contatem para que possamos resolver a situação que se encontra pendente.

**c.** Espero que me auxiliem a elaborar a proposta que devemos entregar até segunda-feira a fim de que possamos defender o aumento do *budget* do próximo semestre.

**4.** Assinale a afirmativa errada:

**a.** Na concisão é preciso cuidado para não atentar contra a língua, retirando conjunções, preposições, artigos e outros elementos indispensáveis à correta estruturação das frases.

**b.** É preciso retirar os excessos na concisão, tais como artigos, pronomes e preposições desnecessárias.

**c.** Na concisão, deve-se cuidar para que o texto não fique deselegante e rude.

**d.** Um texto excessivamente conciso elimina elementos de realce, mas nem sempre esse procedimento valoriza a informação.

**5.** Assinale a opção em que o texto está demasiadamente conciso, prejudicando a clareza.

**a.** Nossa reunião está agendada para terça-feira e todos deverão trazer suas planilhas com a previsão dos treinamentos para o próximo ano.

**b.** Esclareço que, de acordo com a programação constante em nossa agenda, está marcada para terça-feira nossa reunião em que todos deverão apresentar suas planilhas com a previsão dos treinamentos para o próximo ano.

c. Conforme agenda anteriormente acordada, nossa reunião será terça-feira e todos devem trazer as planilhas com os treinamentos previstos.

d. Informo que, conforme agenda acordada, nossa reunião em que todos apresentarão suas planilhas com a previsão dos treinamentos para o próximo ano está agendada para terça-feira.

CAPÍTULO 6

# A CLAREZA

## ENTENDENDO A CLAREZA TEXTUAL

Neste capítulo, estudaremos uma qualidade fundamental aos textos empresariais modernos, que precisam ser compreendidos facilmente: a clareza.

### Conceituação

Encontramos no dicionário *Aurélio* a seguinte definição para o termo:

> **Clareza** (ê) *s.f.* **1** qualidade do que é claro ou inteligível: *a clareza de uma frase.*

Essa definição, embora pareça óbvia, contém uma palavra-chave ao texto empresarial moderno: *inteligível*, que significa aquilo que é entendido com facilidade.

Portanto, o texto claro é aquele facilmente compreendido pelo destinatário, tanto no que se refere à organização das ideias quanto à prática do material linguístico.

A clareza necessária à comunicação escrita do mundo globalizado assemelha-se às recomendações de um excelente orador e comunicador do século XVII. Leia o que escreveu o padre Antônio Vieira, que viveu entre os anos de 1608 e 1697:

*Aprendamos no céu o estilo da disposição, e também o das palavras.*

*As estrelas são muito distintas e muito claras. Assim há de ser o estilo (...); muito distinto e muito claro.*

*E nem por isso temais que pareça o estilo baixo; as estrelas são muito distintas e muito claras, e altíssimas.*

*O estilo pode ser muito claro e muito alto; tão claro que o entendam os que não sabem e tão alto que tenham muito que entender os que sabem.*

## A dinâmica da clareza

O conceito de clareza é muito bem proposto pelo professor Rocha Lima. Segundo ele, para nos expressar com clareza devemos seguir dois objetivos:

- educar nossa capacidade de organização mental;
- aprender a pôr em execução convenientemente o material idiomático.

A dinâmica da clareza em uma comunicação ocorre em três passos, como pode-se ver na Figura 6.1.

**FIGURA 6.1** Dinâmica da clareza

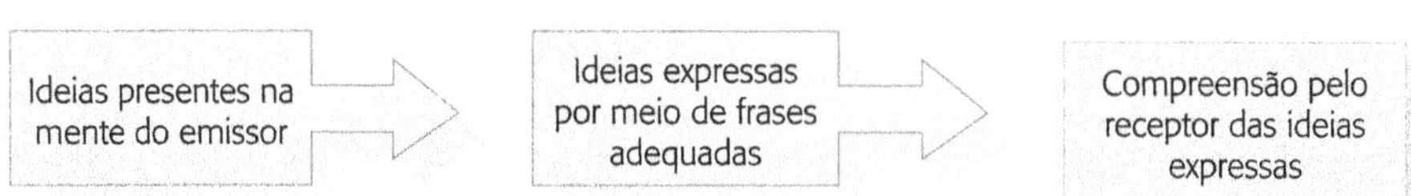


## O ruído na dinâmica da clareza

O maior problema com relação à clareza do texto é que o emissor da mensagem nem sempre tem a noção de quanto seu texto está inteligível para o destinatário. E por quê? Porque para ele a mensagem está clara. Ele tem as ideias em sua mente e julga que todos as terão também, por isso não se preocupa com a possibilidade de equívoco.

Palavras são, na verdade, símbolos que significam alguma coisa — e não a própria coisa. Logo, uma mesma palavra pode corresponder a diferentes sentidos, dependendo de como o receptor da mensagem a compreenderá.

Para mais informações a respeito do caráter simbólico da linguagem humana e sua relação com a clareza, leia adiante a seção *Ampliando o conhecimento*.

## Clareza textual e contexto

É importante ressaltar aqui que não se trata de compreender o texto por seus elementos extratextuais, ou seja, por um contexto já conhecido. Muito pelo contrário, trata-se de estruturar o texto de tal maneira que até um leitor não familiarizado com o assunto compreenda as ideias sem problemas.

Quanto mais nítida a transmissão da mensagem, mais eficiente será o intercâmbio das ideias.

Leia a seguinte circular emitida pela administradora de um prédio e observe como o entendimento é orientado pelo contexto e não pela clareza da expressão.

REPROVADO

Informamos que as portas do hall social de cada andar deverão permanecer fechadas à chave, conforme ficou estabelecido em reunião do Conselho Consultivo, síndica e subsíndico, realizada em 27/11/2005. Solicitamos ao condômino que possua chave de seu hall informar à portaria urgente, pois o condomínio providenciará chave para todos os apartamentos.

Para maior segurança para todos os moradores.

Informamos também que os 3 (três) elevadores ficarão ligados.

Como você pode observar, o texto segue em uma direção, volta, se retorce sobre si mesmo, mas a mensagem tem grandes chances de ser compreendida pelos moradores.

Entretanto, não podemos afirmar que o texto está bem escrito. Pelo contrário, as ideias expressas estão mal articuladas, contrariando as normas da comunicação escrita.

Agora veja como fica a mesma circular, reelaborada pelas regras da adequada expressão escrita das ideias.

APROVADO

> Informamos que as portas do hall social de cada andar deverão permanecer fechadas à chave, para maior segurança de todos os moradores, conforme estabelecido em reunião do Conselho Consultivo com a síndica e o subsíndico, realizada em 27/11/2005.
>
> Esclarecemos também que todos os 3 (três) elevadores ficarão ligados, para atender a esta medida.
>
> Solicitamos ao condômino que já possua chave de seu hall informar à portaria com urgência, pois o condomínio irá providenciar chave para todos os apartamentos.

## Características da clareza

Para maior clareza, é imprescindível o uso de vocabulário simples, embora formal, como vimos nos capítulos anteriores. Não são adequadas as palavras sofisticadas, nem o uso de jargão técnico, apenas inteligível por pessoas da mesma área profissional. Também é fundamental o uso de parágrafos menores, com divisão mais explícita de ideias principais e secundárias, conforme apresentado na Figura 6.2.

**FIGURA 6.2** Características da clareza

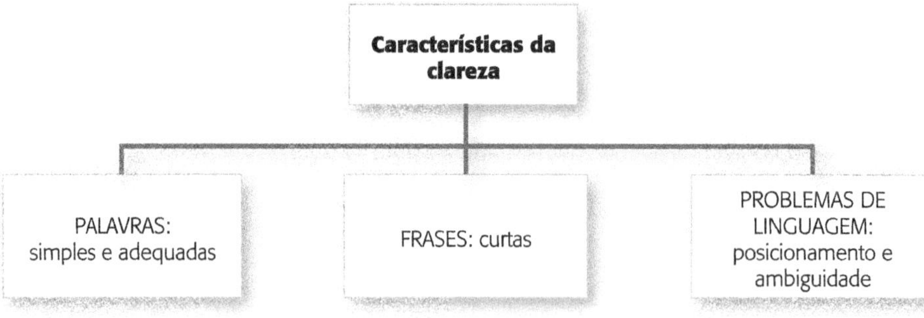


## Técnicas para obtenção da clareza

Há algumas técnicas desenvolvidas para se obter a clareza. Iremos utilizá-las a seguir para trabalhar tanto a palavra quanto a frase como um todo, além de os problemas gerais que encontramos ao lidar com a linguagem.

## Palavras

- Evite a linguagem técnica

O excesso de linguagem técnica, em vez de afirmar competência, revela superficialidade. Prefira sempre palavras de um repertório culto, porém simples, pois o uso de vocabulário prolixo é inconveniente.

REPROVADO ✕

> Inolvidável consignar-se que o tema eleito para disciplina legislativa também se apresenta insurgente ao interesse público, nos moldes em que foi vazada.

- Evite o uso excessivo de substantivos abstratos

Os substantivos abstratos criam a ilusão de profundidade das ideias e contribuem para a obscuridade do texto. Não exija que seu destinatário mantenha um dicionário ao lado para decodificar suas palavras. Lembre-se de que isto significa, além do desperdício de tempo, um fator de desmotivação à leitura.

REPROVADO ✕

Enviar
Para:
Cc:
Assunto:

> A necessidade emergente prefigura uma correta relação entre a estrutura e a superestrutura.

REPROVADO ✕

Enviar
Para:
Cc:
Assunto:

> O modelo de desenvolvimento privilegia a incorporação das funções e a descentralização da decisão, em uma visão orgânica e não totalizante.

## Frases

- Evite parágrafos longos

Para corrigir a tendência ao parágrafo longo e sem clareza, defina as ideias principais e as secundárias antes de começar a redigir.

Veja abaixo o memorando sem clareza emitido pelo setor jurídico de uma grande empresa.

REPROVADO ✗

> Visando ajudar os órgãos no entendimento da circular 4.522/95, esclarecemos que no âmbito interno vamos entender que há uma delegação subentendida da direção da Companhia aos superintendentes de órgãos e chefes de serviço, por tabela de limite de competência, para definirem que contratos devem ter prosseguimento nas bases pactuadas e quais deverão ser objeto de reavaliação.

O documento, que se propunha a esclarecer, não cumpriu seu intento, pois faltou clareza à mensagem que se desejava transmitir.

Leia novamente o memorando, agora com clareza de expressão.

APROVADO ✓

> **Visando ajudar os órgãos no entendimento da circular 4.522/95, esclarecemos que a própria Tabela de Limite de Competência já estabelece a quem compete definir sobre os contratos que devem prosseguir nas bases pactuadas e sobre aqueles que devem ser reavaliados.**

- Evite a frase centopeica

A frase desdobrada ou centopeica sobrecarrega de informações o período, dando a impressão de que ele nunca irá terminar e exigindo do receptor um grande esforço para decifrá-la.

O exemplo a seguir foi extraído de uma carta comercial.

**REPROVADO** ✗

> Comunicamos a V. Sa. que, embora nossas transações comerciais tenham se constituído em uma grande satisfação, tanto pela alta qualidade de seus produtos como pela cordialidade que sempre caracterizou nosso relacionamento, o crescente desdobramento de nossa atividade no Nordeste nos obriga, a partir desta data, a abrir mão da representação dos produtos de sua conceituada firma.

Como a conclusão da oração principal está muito distante de seu início, a frase pode ficar obscura e até mesmo incompreensível. Esse tipo de construção desnorteia o leitor e não destaca a ideia-núcleo, prejudicando o sentido da frase.

A solução é retirar as ideias secundárias e manter apenas a principal. Se achar necessário, construa, depois, um novo parágrafo com a ideia secundária.

**APROVADO** ✓

> Comunicamos a V. Sa. que o crescente desdobramento de nossa atividade no Nordeste nos obriga, a partir desta data, a abrir mão da representação dos produtos de sua firma.
>
> Entretanto, queremos deixar registrada nossa satisfação pela cordialidade que sempre caracterizou nosso relacionamento, bem como pela alta qualidade de seus produtos.

- Evite a frase labiríntica

A frase de labirinto constitui-se em um número excessivo de subdivisões de ideias, tornando o trabalho de interpretação altamente complexo.

Veja o exemplo retirado de um e-mail corporativo:

**REPROVADO** ✗

> Enviar
> Para:
> Cc:
> Assunto:
>
> Queremos, neste momento, observar que o nosso aceite àquela condição não deve ser entendido como uma aprovação à mesma, não no que diz respeito ao valor que, apesar de ter ultrapassado a importância de R$ 350,00 que achávamos justa, dela não se afastou em demasia, mas sim quanto ao prazo de reajuste, qual seja, semestral, contrariando o relacionamento comercial passado, calcado no prazo de um ano, não nos dando sequer a chance da contra-argumentação.

Veja, agora, como solucionar esses problemas:

1. Discrimine as ideias principais.
2. Identifique as secundárias.
3. Organize todas as ideias por ordem de importância.
4. Redija frases curtas sobre as ideias.
5. Elimine as frases dispensáveis.
6. Redija o parágrafo.

APROVADO ✓

Enviar | Para: | Cc: | Assunto:

```
Gostaríamos de registrar nossa insatisfação com a mudança do prazo de reajuste
que, ao se tornar semestral, sem a possibilidade de negociação, contraria nosso
relacionamento comercial passado, calcado no prazo de um ano.
```

## Problemas de linguagem

- Cuidado com o posicionamento correto

A posição dos termos na frase é de suma importância para a clareza. Portanto, cuide que cada termo determinante esteja vinculado a seu respectivo termo determinado.

Veja um exemplo em que o posicionamento incorreto produz mal-entendido:

REPROVADO ✗

```
Encaminhamos os documentos a V. Sa. anexos.
```

Na frase, parece que V. Sa. é que foi encaminhada em anexo.

APROVADO ✓

**Encaminhamos a V. Sa. os documentos anexos.**

A seguir, no exemplo de falta de clareza em um ofício, observe como é importante atentar para o posicionamento das palavras quando redigimos textos maiores.

REPROVADO ✗

> Senhora Procuradora,
>
> Tenho a honra de convidar V. Exa. a participar da homenagem ao eminente Juiz Federal, Dr. João da Silva, que se despede desta Seção Judiciária, em virtude de sua nomeação para o Egrégio Tribunal Regional Federal da 2ª Região, a ser realizada às 17h30, do dia 3 de abril de 1991, no 15º andar da Av. Rio Branco, 123.

Você entendeu que, de acordo com o posicionamento das palavras, o que ocorrerá no dia 3 de abril será a nomeação e não a homenagem?

Para obter clareza na expressão de uma ideia, perceba sempre quais são os vínculos entre os termos. Se o texto for muito longo, com várias informações, a solução é dividir a ideia em unidades menores, evitando-se a interpolação e a falta de clareza.

Veja outro exemplo, extraído da carta de uma administradora de imóveis.

REPROVADO ✗

> Atualmente, o saldo credor em poder da administradora não sofre correções em favor do condomínio, assim, entende que a previsão mensal deverá manter-se o mais próximo possível do real.

Pode-se perceber que há duas falhas na clareza. Uma advém da falta do sujeito (gramatical) para o verbo entender: quem entende que a previsão deverá manter-se próxima dos gastos reais?

A outra falha, decorrente da primeira, refere-se à falta de clareza no vínculo entre a primeira ideia (o saldo credor não sofre correções em favor do condomínio) e a segunda (a previsão deverá manter-se o mais próximo possível do real).

Uma possível reescrita (dependendo da intenção do texto) poderia ser a que se segue.

APROVADO ✓

> **Atualmente, o saldo credor em poder da administradora não sofre correções em favor do condomínio, pois entendemos que a previsão mensal deverá manter-se o mais próximo possível do real.**

- Cuidado com a ambiguidade

Há palavras e construções na língua portuguesa que podem causar duplo sentido, dependendo da organização da frase. Por exemplo, quando se diz: "Vi uma mulher saindo daquela casa que estava muito suja". Quem estava muito suja: a mulher ou a casa? E nesta frase: "Vou te mandar um porco pelo meu irmão, que está bem gordo". Será que é o irmão que está gordo ou o porco?

Em geral, devemos nos atentar para evitar duas falhas: a ambiguidade provocada pelo pronome relativo *que* e a provocada pelo pronome possessivo.

### *Ambiguidade provocada pelo pronome relativo* **que**

Em muitos casos, o emprego do pronome relativo *que* pode gerar uma frase ambígua. Por exemplo:

*Havia um* homem *em meio à* multidão que *dava gritos histéricos*.

Quem dava gritos histéricos: o homem ou a multidão?

Para eliminar a ambiguidade do pronome relativo *que*, evite-o na referência a dois substantivos. Para isso, podemos utilizar dois tipos de técnica: a do deslocamento e a da substituição do pronome relativo.

- Técnica do deslocamento: consiste em reagrupar os termos de maneira que a ambiguidade seja desfeita. Por exemplo:

  *Havia um* homem que *dava gritos histéricos em meio à multidão*.

  *Em meio à* multidão que *dava gritos histéricos havia um homem*.

- Técnica da substituição do pronome relativo: consiste em substituir o pronome relativo *que* por outro pronome relativo (*o qual*, *a qual*, *os quais*, *as quais*). Por exemplo:

  *Havia um homem em meio à* multidão, a *qual (= a multidão) dava gritos histéricos*.

  *Havia um* homem *em meio à multidão*, o *qual (= o homem) dava gritos histéricos*.

### *Ambiguidade provocada pelo pronome possessivo*

Os pronomes possessivos (meu/minha; teu/tua; seu/sua; nosso/nossa; vosso/vossa; seus/suas) também costumam gerar frases ambíguas.

Exemplo:

*O professor falou com o diretor em sua sala.*

De quem era a sala: do professor ou do diretor?

Evite o emprego ambíguo do possessivo, reconstruindo a frase.

Exemplo:

*O professor falou, em sua sala, com o diretor.*

*O professor falou com o diretor na sala deste.*

## APLICANDO AS INFORMAÇÕES

O memorando que você lerá a seguir provocou uma série de respostas equivocadas.

REPROVADO ✕

Prezado senhor,

Os empregados lotados nessa divisão já foram convocados pelo respectivo Agente de Pessoal. Contudo, rogamos a colaboração de V. Sa. no sentido de recomendá-los a comparecerem, nesta Divisão de Pessoal, até o dia 21 do corrente mês, a fim de tomarem conhecimento de como devem preencher a ficha da declaração de família; impresso da declaração de bens; fornecer comprovante de escolaridade e providenciar a atualização da carteira de saúde (requisito essencial para a posse), tudo exigindo medidas que demandam tempo.

Chefe da Divisão de Pessoal

Veja o que aconteceu:

- algumas pessoas compareceram à Divisão de Pessoal para aprender como preencher as fichas citadas, mas sem levarem documentação nenhuma;
- outras levaram a carteira de saúde para ser atualizada lá, função que deveria ter sido realizada antes, no posto de saúde;
- outros, ainda, por acharem que já sabiam como preencher as fichas, nem compareceram.

Ao analisarmos a apresentação das informações, temos:

IDEIA 1 IDEIA 2 IDEIA 3

Prezado senhor,

Os empregados lotados nessa divisão já foram convocados pelo respectivo Agente de Pessoal. Contudo, rogamos a colaboração de V. Sa. no sentido de recomendá-los a comparecerem, nesta Divisão de Pessoal, até o dia 21 do corrente mês, a fim de tomarem conhecimento de como devem preencher a ficha da declaração de família; impresso da declaração de bens; fornecer comprovante de escolaridade e providenciar a atualização da carteira de saúde (requisito essencial para a posse), tudo exigindo medidas que demandam tempo.

Chefe da Divisão de Pessoal

IDEIA 5 IDEIA 4 IDEIA 6

- *Ideia 1:* ideia secundária mal explicada com relação ao conteúdo posterior.
- *Ideia 2:* ideia principal com palavras mal empregadas: *recomendar* é diferente de *ordenar*.
- *Ideia 3:* ideia principal com palavra mal empregada: *tomar conhecimento* é diferente de *preencher*.
- *Ideia 4:* ideia principal sem conteúdo explicitado.
- *Ideia 5:* ideia principal mal explicada em relação ao conteúdo.
- *Ideia 6:* ideia sem clareza.

A fim de adequar o texto, aplicaremos as técnicas de organização da frase centopeica, do cuidado com o posicionamento correto dos termos e da utilização de palavras simples e adequadas às ações comunicadas.

APROVADO ✓

Prezado senhor,

Solicitamos ratificar para seus empregados a necessidade de comparecimento à Divisão de Pessoal até o dia 21 do corrente mês, munidos dos seguintes documentos:

- Comprovante de escolaridade;
- Carteira de saúde atualizada.

Esclarecemos que na ocasião serão preenchidas as fichas de declaração de família e de bens.

Lembramos ainda que estes procedimentos são essenciais para a posse.

Chefe da Divisão de Pessoal

## AMPLIANDO O CONHECIMENTO

Os estudiosos do processo de comunicação concluíram que a clareza será sempre um grande suporte para a compreensão da mensagem. Quando duas pessoas interagem, seja pela fala, seja pela escrita, a comunicação só ocorre porque ambos se envolvem em um esforço cooperativo.

Explicamos: entendemos, erroneamente, que as palavras têm um sentido unívoco e que, utilizando as palavras certas teremos 100% de compreensão em nossa mensagem. Entretanto, desde 1940, com os estudos de linguagem de Ferdinand de Saussure, o conceito de palavra, até então aglutinado com seu significado, deu lugar à noção de signo, composta pelo significante e pelo significado.

Acompanhemos as palavras de Francis Vanoye (1996, p. 29-30):

> A noção de signo é básica na linguística. Signo é a menor unidade dotada de sentido em um código dado. Decompõe-se em um elemento material, perceptível, o significante, e em um elemento conceptual, não perceptível, o significado (por exemplo, a palavra mesa pode ser ouvida ao ser pronunciada ou vista ao ser escrita: o som mesa e a forma gráfica mesa são significantes que remetem ao mesmo significado, o conceito de mesa, "objeto constituído por uma superfície plana sustentada por um ou mais pés"). O objeto é o referente real ao qual remete o signo...
>
> O signo é convencional. Entre o significante e o significado não há outro liame senão o proveniente de um acordo implícito ou explícito entre os usuários de uma mesma língua.

Os linguistas esclarecem, por meio de seu *triângulo dos significados*, como ocorre a relação entre a palavra e sua significação, conforme Figura 6.3.

**FIGURA 6.3** Triângulo dos significados

Como a relação entre o significante e o significado é arbitrária, o som ou a grafia da palavra só estão associados a seu significado por meio da cultura.

Tomemos por exemplo o signo cadeira. Ao pensarmos na palavra cadeira, a imagem mental (significado) no século XV será diferente da do século XXI.

Agora que já demonstramos que os significados são construções sociais, podemos ir além e afirmar que cada indivíduo cria a própria imagem mental (significado) de um significante, de acordo com sua vivência e seus valores.

No início deste texto, afirmamos que só pode haver comunicação quando há um acordo de cooperação. Ou seja, como os elementos da linguagem não têm sentido em si mesmos, é necessário que as pessoas envolvidas no ato de comunicação busquem semelhança em suas significações.

Ao se compreender que as palavras são apenas símbolos a que as pessoas atribuem um significado arbitrado culturalmente, a comunicação tenderá a orientar-se por uma maior clareza.

## TESTES

**1.** A clareza relaciona-se com a inteligibilidade de um texto. Diga o que você entende por um texto inteligível.

**2.** Complete o fluxograma da clareza com as palavras adequadas:

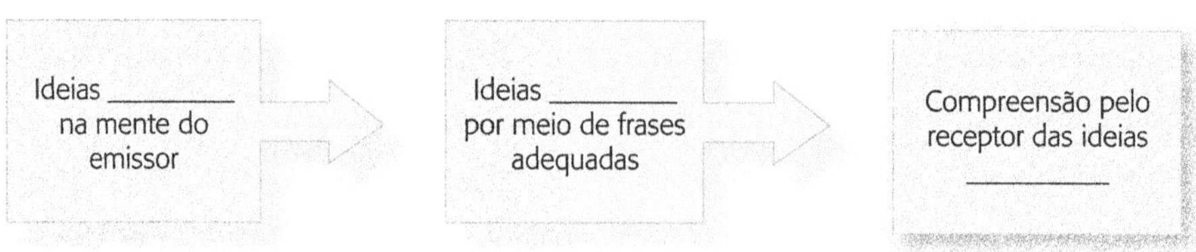


**3.** Cite quatro características da clareza.

**4.** Complete as frases escolhendo abaixo o termo mais adequado: *substantivos abstratos* ou *linguagem técnica*

a. O excesso de ________________, em vez de afirmar competência, revela superficialidade.

b. O excesso de ________________ cria a ilusão de profundidade das ideias e contribui para a obscuridade do texto.

5. A posição de uma simples palavra na frase pode alterar o sentido desejado. Esta afirmação é verdadeira ou falsa?
6. Complete: A ambiguidade pode ser causada pelo pronome relativo ______ e pelos ________________.

## Aplique o que aprendeu

1. Assinale, entre as opções abaixo, aquela que expressa as ideias com clareza no vocabulário:
   a. Deve-se registrar que o tema eleito também se insurge contra o interesse público.
   b. Registre-se que o tema escolhido é também contrário ao interesse público.
   c. Inolvidável registrar que o tema escolhido apresenta-se ainda contrário ao interesse público.
   d. Consigne-se que o tema eleito insurge-se ao mesmo tempo contra o interesse público.
2. Assinale a frase em que o pronome *que* está provocando ambiguidade:
   a. Ele disse que talvez saísse um pouco mais tarde.
   b. Ela argumentou dizendo que o cachorro do vizinho incomodava todos os moradores.
   c. Na reunião, estiveram presentes a nova gerente e o diretor que sugeriu a solução do problema.
   d. Havia dois consultores insatisfeitos entre os colegas que aprovaram o documento.
3. Sobre o texto abaixo, pode-se afirmar:

   "Tendo em vista as atribuições determinadas ao DGA, em especial aquelas elencadas no art. 25 do 'Manual para a Conferência do Rio' (documento em anexo), solicito a V. Sa. que promova, coordene e dirija, no âmbito deste DGA, a adoção das medidas tendentes ao fiel desempenho das atribuições em tela, para o que igualmente determino às Chefias das unidades subordinadas, desde já, todo o apoio que se fizer necessário à obtenção do desiderato colimado."

1. O texto não é claro por utilizar expressões abstratas, como *fiel desempenho*, e vocabulário sofisticado, como *desiderato colimado*.
2. O texto não apresenta clareza por trazer várias ideias principais e secundárias em um único parágrafo.
3. O texto não é claro porque apresenta inicialmente uma ideia secundária.

**a.** Todas as opções são verdadeiras.
**b.** As únicas opções verdadeiras são a 2 e a 3.
**c.** A única opção incorreta é a 3.
**d.** As únicas opções verdadeiras são a 1 e a 2.

**4.** Assinale a opção que apresenta com clareza a mensagem emitida pelo parágrafo da questão anterior:

**a.** Solicito a V. Sa. que promova, coordene e dirija, no âmbito deste DGA, a adoção das medidas que encaminho anexo listadas no art. 25 do *Manual para a Conferência do Rio*.
Neste sentido, determino, desde já, às unidades subordinadas todo o apoio que se fizer necessário.

**b.** Solicito a V. Sa. que promova, coordene e dirija, no âmbito deste DGA, a adoção das medidas listadas no art. 25 do *Manual para a Conferência do Rio*, que encaminho anexo.
Neste sentido, determino, desde já, às unidades subordinadas todo o apoio que se fizer necessário.

**c.** Determino às unidades subordinadas todo o apoio que se fizer necessário para que V. Sa. promova, coordene e dirija, no âmbito deste DGA, a adoção das medidas listadas no art. 25 do *Manual para a Conferência do Rio*, que encaminho anexo.

**d.** Solicito a V. Sa. que, no âmbito deste DGA, com todo o apoio que se fizer necessário das unidades subordinadas, promova, coordene e dirija a adoção das medidas listadas no art. 25 do *Manual para a Conferência do Rio*, que encaminho anexo.

**5.** Assinale a opção que apresenta maior clareza de expressão, evitando o excesso de substantivos abstratos e pronomes que provocam ambiguidade:

**a.** Conduzimos os trabalhos de auditoria, atentando para um adequado planejamento, bem como organizando e delegando as tarefas de forma a aproveitar os talentos da equipe, o que gerou maior agilidade no processo de revisão.

**b.** Conduzimos os trabalhos de auditoria, atentando para um adequado planejamento, organizando e delegando as complexas tarefas de forma a aproveitar os recursos humanos que possuía dentro da equipe de auditores liderada por nós, o que facilitou a revisão do diretor responsável pelo cliente.

**c.** Conduzimos a auditoria dos trabalhos de nossa equipe, coordenando e atentando para planejamento, organizando e delegando as suas tarefas de forma a aproveitar a equipe e os recursos humanos que possuíamos dentro da equipe de auditores liderada por nós, sendo facilitada a revisão do diretor responsável pelo cliente.

**d.** Conduzimos e coordenamos os complexos trabalhos de auditoria, planejando, organizando e delegando as suas tarefas de forma a aproveitar o que possuíamos de talentos de recursos humanos dentro da equipe de auditores por nós liderada, o que facilitou a revisão do diretor responsável pelo cliente.

CAPÍTULO 7

# COERÊNCIA E UNIDADE

## A RELAÇÃO ENTRE COERÊNCIA E SENTIDO

Neste capítulo, aprenderemos sobre coerência e sentido. Nele, vamos entender melhor como expressar nossas ideias de modo harmônico, escolhendo as melhores palavras para isso e mantendo, assim, o sentido original que desejamos comunicar.

## Conceituação

Coerência é a harmonia entre uma série de situações ou ideias. Tomemos como exemplo duas situações distintas: um dia de sol e um dia de chuva torrencial. Pelo conceito de coerência, usaremos uma sandália no dia de sol e um calçado fechado no dia de chuva; nunca o contrário.

Um texto é coerente quando existe harmonia entre as palavras, isto é, quando elas apresentam vínculos adequados de sentido, e quando a mensagem organiza-se de forma sequenciada, com início, meio e fim.

## A dinâmica da coerência

As ideias expressas devem corresponder às ideias pensadas. Entretanto, para que haja essa conexão entre as palavras, é necessário conhecer bem o significado delas, assim como possuir um amplo repertório de vocábulos para que se possa encontrar o mais exato para exprimir aquilo que se deseja.

O melhor meio de adquirir conhecimento dos significados das palavras é a leitura. Quanto mais se lê com atenção, mais as palavras passam a fazer parte de nosso repertório de linguagem, evitando que sejam cometidos erros na relação de significado.

## Coerência e significado

Os problemas de incoerência entre as palavras são, muitas vezes, causados pela confusão entre aquilo que se quis dizer e o que realmente se diz. Observe este exemplo, ocorrido em um memorando:

REPROVADO ✗

Informamos que deixamos de analisar a empresa Transbraçal Prestação de Serviços Industrial e Comércio Ltda., enviada através do memorando da referência, pois a mesma já foi avaliada com base nas Demonstrações Contábeis de 31/12/2003 e estas mesmas demonstrações, atualizadas pelos índices oficiais, não alteram a sua avaliação.

Razões da incoerência:

- Como se pode concluir que não foi alterada uma avaliação anterior se nada foi analisado?
- Ninguém analisa uma empresa, mas sim os dados que ela emite.
- Uma empresa não pode ser enviada através (= atravessando) de um memorando, a não ser que a tecnologia já tenha desenvolvido uma máquina de teletransporte de matéria.

APROVADO ✓

Informamos que a empresa Transbraçal Prestação de Serviços Industrial e Comércio Ltda. já foi analisada com base nas Demonstrações Contábeis de 31/12/2003 e estas, atualizadas pelos índices oficiais, não alteram a sua avaliação.

Você pode observar como é necessário todo um cuidado para que seja expresso aquilo que realmente se deseja. Aprimorar a coerência é ater-se à significação das palavras e das ideias que, no texto empresarial, devem primar por seu significado preciso.

Deve-se sempre atentar para o que as palavras empregadas estão realmente transmitindo a fim de não se deixar levar por uma ideia mentalizada que não está expressa como deveria.

## Características da coerência

Todas as relações de nexo expostas na Figura 7.1 são fundamentais para a expressão correta da mensagem e harmonização das ideias no texto.

### Conexão entre as palavras

Como já vimos, a coerência é estabelecida pela significação dos elementos constituintes da frase. Nos vínculos semânticos entre as palavras, há elementos que são harmônicos entre si e outros, desarmônicos. Na verdade, apenas um convívio intenso com as palavras poderá apontar esses nexos. Portanto, mais uma vez, recomenda--se ler muito.

Observe, no exemplo abaixo, o erro cometido em um e-mail enviado pelo setor de atendimento de uma empresa de engenharia.

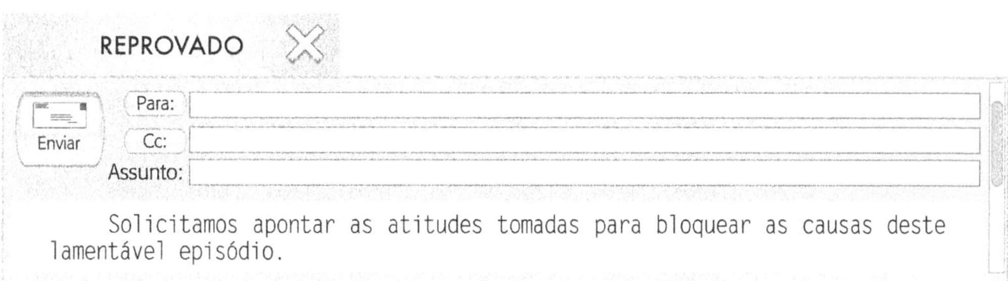


**FIGURA 7.1** Características da coerência

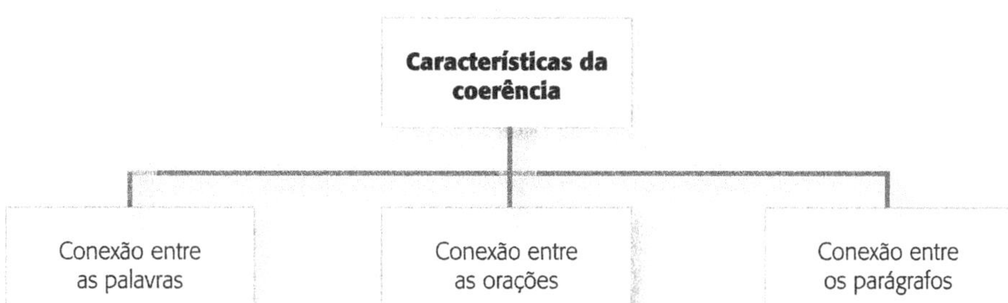

Razão da incoerência:

- Bloquear causas de um episódio que já ocorreu só faria sentido se fosse possível voltar no tempo. O que se pretendia era *identificar* as causas, a fim de *bloquear* outros incidentes.

O cuidado com as palavras pode evitar também erros como os expostos a seguir.

REPROVADO

Ressaltamos a responsabilidade que envolve o relacionamento entre profissional e paciente, já fragilizados pela própria natureza do atendimento.

Razões da incoerência:

- O relacionamento entre profissional e paciente é delicado, e não responsável; responsável é o atendimento do profissional.
- Quem está fragilizado é o paciente, pois está doente; não é o atendimento que é frágil, embora um mau atendimento possa fragilizar ainda mais um paciente.

APROVADO

**Ressaltamos a delicadeza que envolve o relacionamento entre profissional e paciente, pois este já vem fragilizado pela própria condição.**

REPROVADO

Enviar
Para:
Cc:
Assunto:

Agradecemos seu convite de patrocínio para o programa *Estação Livre* e nos sentimos muito honrados, porém, nossa cota de doações para este ano está bastante ampla.

Razão da incoerência:

- Se a cota de doações está *ampla*, ela poderá abarcar mais este patrocínio.

APROVADO ✓

Para:
Cc:
Assunto:
Enviar

Agradecemos seu convite de patrocínio para o programa *Estação Livre*, porém lamentamos informar que nossa cota de doações para este ano já está esgotada.

## Conexão entre as orações

A coerência é importante também na construção das frases e nos elos de significado entre uma oração e outra.

REPROVADO ✗

Na verdade, a televisão é um passatempo mortificante, pois, *além* de proporcionar às famílias alguns momentos de distração, reduz-lhes o tempo que poderiam dedicar à conversa.

Observe como a ideia destacada não está adequada à mensagem principal, pois a partícula de ligação — além — não confere o significado correto à relação de sentido, que deveria ser de ideia contrária, e não de complemento.

APROVADO ✓

**Na verdade, a televisão é um passatempo mortificante, pois, *embora* proporcione às famílias alguns momentos de distração, reduz-lhes o tempo que poderiam dedicar à conversa.**

Há várias palavras que podem ser usadas para enriquecer seu texto, estabelecendo uma relação mais evidente entre as orações. Denominadas *conectivos*, essas palavras contribuem também para a força persuasiva da mensagem, clarificando os vínculos de sentido.

Veja como é importante aplicar os conectivos adequados:

REPROVADO ✗

A companhia era *tão* chata, *embora* a viagem se tornasse aborrecida.

APROVADO ✓

A companhia era *tão* chata *que* a viagem tornou-se aborrecida.

Os conectivos são os responsáveis por estabelecer relações de sentido entre as ideias. Por isso são tão importantes. Veja a construção de várias possibilidades de sentido com base em duas ideias simples.

Exemplo:

*Ele escreve de forma clara e precisa. Todos gostam de seus relatórios.*

- *Causa*: Como ele escreve de forma clara e precisa, todos gostam de seus relatórios.
- *Consequência*: Ele escreve de forma tão clara e precisa que todos gostam de seus relatórios.
- *Conclusão*: Ele escreve de forma clara e precisa; todos gostam, portanto, de seus relatórios.

Apresentamos, na Quadro 7.1, os principais conectivos e suas relações de sentido.

QUADRO 7.1 Os principais conectivos e seus significados

| IDEIAS | CONECTIVOS SIMPLES | CONECTIVOS COMPOSTOS |
|---|---|---|
| **causa** | porque, pois, por, porquanto, dado, visto, como | por causa de, devido a, em vista de, em virtude de, em face de, em razão de, já que, visto que, uma vez que, dado que |
| **consequência imprevista** | tão, tal, tamanho, tanto... que | de modo que, de forma que, de maneira que, de sorte que, tanto que |
| **consequência lógica** | logo, portanto, pois, assim | assim sendo, por conseguinte |

(*continua*)

(*continuação*)

| | | |
|---|---|---|
| **finalidade** | para, porque | para que, a fim de que, a fim de, com o propósito de, com a intenção de, com o fito de, com o intuito de |
| **condição** | se, caso, mediante, sem, salvo | contanto que, a não ser que, a menos que, exceto se |
| **oposição branda** | mas, porém, contudo, todavia, entretanto | no entanto |
| **oposição** | embora, conquanto, muito embora | apesar de, a despeito de, não obstante, malgrado a, sem embargo de, se bem que, mesmo que, ainda que, em que pese, posto que, por mais que, por muito que |
| **comparação** | como, qual | do mesmo modo que, como se, assim como, tal como |
| **tempo** | quando, enquanto, apenas, ao, mal | logo que, antes que, depois que, desde que, cada vez que, todas as vezes que, sempre que, assim que |
| **proporção** | | à proporção que, à medida que |
| **conformidade** | conforme, segundo, consoante, como | de acordo com, em conformidade com |
| **alternância** | ou | nem... nem, ou... ou, ora... ora, quer... quer, seja... seja |
| **adição** | e, nem | não só... mas também, tanto... como, não apenas... como |
| **restrição** | que | |

## Conexão entre os parágrafos

Outra noção igualmente importante para a coerência é a sequência das ideias na organização do texto como um todo. As partes de um texto, para estarem em coerência, precisam se ajustar umas às outras e não apresentar contradição. Portanto, deve-se tomar o cuidado de trabalhar uma ideia até o final para então iniciar outra.

Observe a sequência lógica dos vários parágrafos do e-mail enviado por uma seguradora de saúde ao seu cliente.

APROVADO ✓

Enviar

Para:

Cc:

Assunto:

(1) Prezado cliente,

(2) Nosso objetivo maior é sua completa satisfação. Atingimos essa meta com o oferecimento de serviços de alta qualidade e com a busca constante de aperfeiçoamentos.

(3) Assim, temos investido em tecnologia de ponta na área médica, no credenciamento de profissionais de competência inquestionável e na ampliação do número de opções em termos de plano e seguros-saúde.

(4) Outra medida que contribui para a prestação de um atendimento cada vez melhor é ouvir sua opinião sobre nossos serviços. Nesse sentido, a partir deste mês, você receberá a cada bimestre um Demonstrativo de Atendimentos, relacionando os procedimentos realizados durante os últimos dois meses.

(5) Junto com o demonstrativo, segue um breve questionário visando verificar seu nível de satisfação. Responda, destaque o cartão-resposta e coloque-o em uma caixa dos correios – não é preciso selar.

(6) Suas respostas servirão para o aprimoramento de nossos sistemas, revertendo em um atendimento ainda melhor para você e sua família.

Contamos com sua ajuda.

Atenciosamente,

Análise da sequência lógica:

1. Vocativo inicial.
2. No parágrafo inicial do texto, a primeira frase é de impacto e captura o leitor. A segunda aponta para o efeito. Este parágrafo faz uma introdução.
3. O segundo parágrafo começa com a conjunção *assim*, demarcando bem a ideia de sequência.
4. O terceiro parágrafo, ao iniciar com a expressão *outra medida*, deixa bem claro sua correlação com a ideia do parágrafo anterior, marcando também uma sequência.
5. No quarto parágrafo aproveita-se explicitamente algo já citado para lançar a nova ideia. Observe que os verbos empregados na segunda frase estão todos no imperativo, impulsionando o leitor para a ação.
6. O último parágrafo justifica a nova ideia e retoma a ideia-núcleo do primeiro parágrafo, finalizando o texto.

Como você pode verificar, a coerência está estritamente associada ao sentido. O planejamento de uma mensagem é necessário para qualquer texto com mais de dois parágrafos. Organize-os em função da ideia principal e das ideias secundárias (como vimos no Capítulo 4), nunca se esquecendo de levar em consideração o efeito da mensagem sobre o destinatário.

## Aplicando as informações

O texto a seguir é um trecho de um e-mail mal escrito, em que o emissor é uma empresa de grande porte, e o destinatário, uma clínica credenciada que prestou um mau atendimento a um empregado da empresa. A carta apresenta uma série de problemas com relação ao vocabulário e à construção das frases. Depois de lê-la, verifique o texto reescrito de forma correta e elegante.

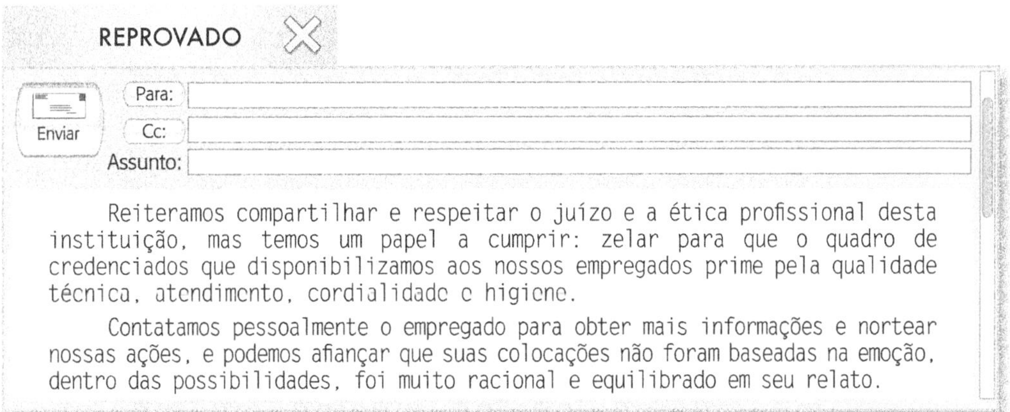

REPROVADO

Enviar

Para:

Cc:

Assunto:

Reiteramos compartilhar e respeitar o juízo e a ética profissional desta instituição, mas temos um papel a cumprir: zelar para que o quadro de credenciados que disponibilizamos aos nossos empregados prime pela qualidade técnica, atendimento, cordialidade e higiene.

Contatamos pessoalmente o empregado para obter mais informações e nortear nossas ações, e podemos afiançar que suas colocações não foram baseadas na emoção, dentro das possibilidades, foi muito racional e equilibrado em seu relato.

Ao analisarmos a apresentação das informações, temos:

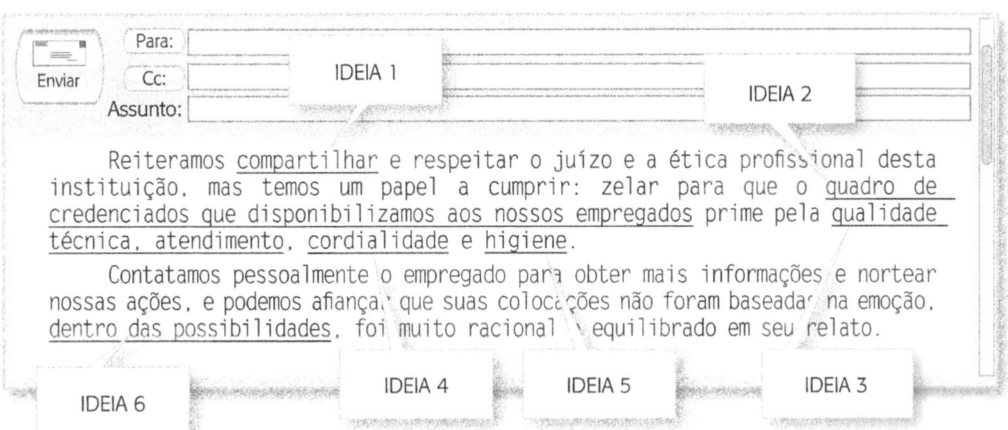

Enviar

Para:

Cc:

Assunto:

Reiteramos compartilhar e respeitar o juízo e a ética profissional desta instituição, mas temos um papel a cumprir: zelar para que o quadro de credenciados que disponibilizamos aos nossos empregados prime pela qualidade técnica, atendimento, cordialidade e higiene.

Contatamos pessoalmente o empregado para obter mais informações e nortear nossas ações, e podemos afiançar que suas colocações não foram baseadas na emoção, dentro das possibilidades, foi muito racional e equilibrado em seu relato.

- *Ideia 1*: incoerência de sentido — não se pode compartilhar o juízo de algo ou de alguém. Pode-se, sim, compartilhar o juízo que uma pessoa faz de outra.
- *Ideia 2*: informação desnecessária — com excesso: se o quadro é de credenciados, ele fica automaticamente disponível aos empregados da instituição.
- *Ideia 3*: a expressão incorreta provoca falta de clareza e incoerência. O correto seria: *prime pela qualidade na técnica e no atendimento*.
- *Ideia 4*: falta de clareza no sentido — a cordialidade deve ser do atendimento, do médico ou de todos?
- *Ideia 5*: incoerência de sentido — a questão da higiene dos credenciados está fora do conjunto de ideias do texto.
- *Ideia 6*: incoerência de sentido — a ideia secundária *dentro das possibilidades* não está relacionada com nenhuma outra presente no texto.

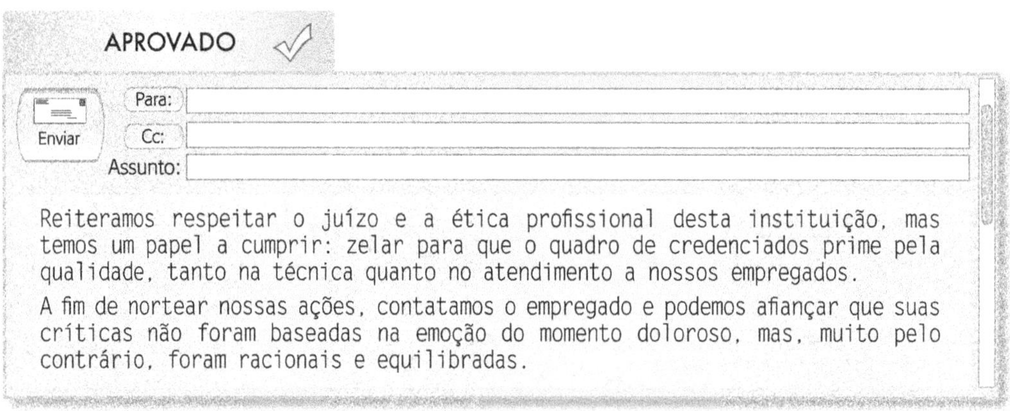


Reiteramos respeitar o juízo e a ética profissional desta instituição, mas temos um papel a cumprir: zelar para que o quadro de credenciados prime pela qualidade, tanto na técnica quanto no atendimento a nossos empregados.

A fim de nortear nossas ações, contatamos o empregado e podemos afiançar que suas críticas não foram baseadas na emoção do momento doloroso, mas, muito pelo contrário, foram racionais e equilibradas.

## Ampliando o conhecimento

O processo de coerência está intimamente ligado ao da unidade textual, pois, para que um texto seja considerado coerente, é necessário que haja vínculos conceituais entre as partes. As palavras de um texto não surgem de um passe de mágica; muito pelo contrário, cada uma mantém relações de interdependência com outras, convergindo para o sentido do todo.

Tomemos, por exemplo, a palavra *paixão*. Com base nela, pode-se pensar em vida, morte, emoção, vermelho, sangue etc. Mas dificilmente alguém a associaria à monotonia, ao silêncio, à reflexão, só para citar alguns exemplos.

Podemos estabelecer os vínculos de sentido por meio de três mecanismos básicos: a associação, a identidade e a oposição.

- *Associação*: refere-se às possibilidades de correlação entre as palavras estabelecidas no texto, sendo unicamente possível se o leitor detiver o mesmo conhecimento de mundo que o redator.

Na frase: "O crepúsculo é o momento do dia mais propício à reflexão" há associação coerente de ideias, mas caso a palavra *crepúsculo* não seja do repertório do leitor, haverá falha na associação com a palavra *reflexão*.

No entanto, na frase "a escola é um espaço de reflexão não só para os alunos mas também para os professores dispostos a aprender com fatos e realidades novos", temos um processo de associação, demonstrado pela Figura 7.2:

- *Identidade*: refere-se aos níveis de equivalência das palavras em determinado contexto.

**FIGURA 7.2** Processo de associação

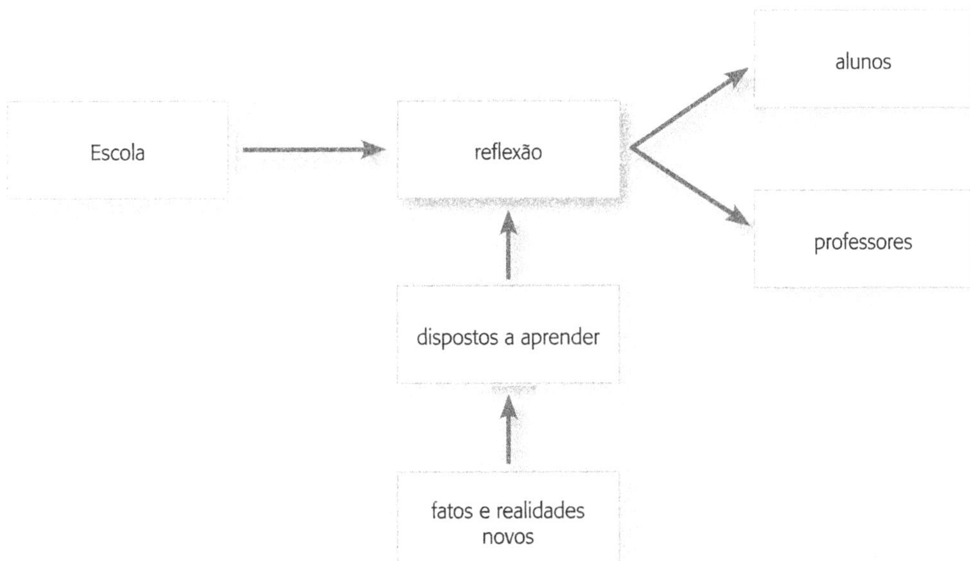

Se, com base na palavra-chave *escola*, for redigida a frase "a escola é um espaço de reflexão não só para os astronautas mas também para os leiloeiros de tapete persa", teremos rupturas no processo de identidade esperado, ao contrário de quando formulamos a frase substituindo *astronautas* por *alunos* e *leiloeiros de tapete persa* por *professores*.

No processo de identidade não é necessário que as palavras sejam sinônimas, mas é fundamental que elas estejam inseridas no mesmo conjunto de significação.

- *Oposição*: mecanismo pelo qual os termos se relacionam pela diferença, sem necessariamente serem antônimos.

Ainda na frase "a escola é um espaço de reflexão não só para os alunos, mas também para os professores dispostos a aprender com fatos e realidades novos", a estrutura da frase (*não só*) já faz prever um vocábulo ou expressão oposto a *alunos*.

## TESTES

**1.** Marque V (verdadeiro) ou F (falso) para as afirmações abaixo.

**a.** ( ) Podemos dizer que um texto é coerente quando existe harmonia entre as palavras.

**b.** ( ) Um texto coerente não necessita obrigatoriamente seguir uma sequência de início, meio e fim.

**c.** ( ) As palavras que estabelecem relação entre as orações são denominadas conectivos.

**2.** Relacione a coluna A com a coluna B identificando a frase com sua respectiva ideia:

| Coluna A | | Coluna B |
|---|---|---|
| 1. Causa | ( ) | Eles se reuniram a fim de alinhar as ideias. |
| 2. Explicação | ( ) | Não escrevi o e-mail, portanto, o pessoal ainda não sabe das novidades. |
| 3. Conclusão | ( ) | O relatório recomendava a compra, mas ela não optou por essa solução. |
| 4. Finalidade | ( ) | Ela saiu mais cedo porque estava chovendo. |
| 5. Oposição | ( ) | Eles digitaram tão rápido que o texto ficou com muitos erros. |
| 6. Consequência | ( ) | Você deve cuidar das cartas, pois foi contratada para isso. |

**3.** Complete as frases com a palavra adequada.

**a.** As partes de um texto, para estarem em coerência, precisam estar ajustadas umas às outras e não apresentar ______________. (contra-argumentos — contradição)

**b.** Os conectivos são responsáveis por estabelecerem relações de ___________ entre as ideias. (sentido — sentimento)

**4.** Como vimos, há palavras que se harmonizam com a frase e outras que entram em desacordo. Complete as frases abaixo levando em conta a coerência da palavra escolhida.

**a.** Ela cozinha mal e ______________. (porcamente — parcamente)

**b.** Ele vai dar uma ______________ de tinta na porta. (mão — demão)

**c.** O ladrão levou uma quantia ___________. (vultuosa — vultosa)

**d.** O erro passou ______________. (desapercebido — despercebido)

---

## Aplique o que aprendeu

1. Assinale a única afirmativa incorreta:

**a.** Na frase "Os funcionários decidiram entrar em greve, embora o governo tenha concedido aumento" encontramos uma ideia de oposição.

**b.** Na frase "Os funcionários decidiram entrar em greve, ainda que o governo tenha concedido aumento" encontramos uma ideia de oposição.

**c.** Na frase "Os funcionários decidiram entrar em greve, até o governo conceder aumento" encontramos uma ideia de tempo.

**d.** Na frase "Os funcionários decidiram entrar em greve, para que o governo conceda aumento" encontramos uma ideia de consequência.

2. A frase "Como ele saiu cedo, chegou a tempo da reunião" tem significado semelhante a "Ele chegou a tempo da reunião porque saiu cedo", embora elas sejam construídas de forma diferente.

Assinale a opção que expressa a relação de sentido que ocorre em ambas:

**a.** Finalidade

**b.** Causa

**c.** Explicação

**d.** Oposição

**3.** Você está escrevendo um texto contra a pena de morte. Indique qual das frases abaixo não é coerente com seu objetivo.

**a.** Ninguém tem o direito de tirar a vida de um homem.

**b.** Não se deve castigar um crime com outro crime.

**c.** Só o temor da morte poderá afastar certos homens do crime.

**d.** A ameaça de castigo nunca evitou que erros fossem cometidos.

**4.** Você já sabe que quanto mais se lê com atenção, mais as palavras passam a fazer parte de nosso repertório de linguagem. Assim, substitua o verbo *fazer* nas frases a seguir por outros de significado mais específico.

**a.** Ontem o gerente financeiro fez dez anos de empresa.

**b.** A empresa vai fazer os centros técnicos prometidos.

**c.** O diretor fez o relatório em pedaços.

**5.** Sabendo que as orações subordinadas adverbiais trazem muito valor expressivo e que a norma culta gramatical da língua portuguesa as classifica em nove tipos, relacione as ideias com os conectivos.

| **Coluna A** | | **Coluna B** |
|---|---|---|
| 1. Causal | ( ) | que (depois de *tal*, *tão*, *tanto*, *tamanho*) |
| 2. Conformativa | ( ) | à proporção que, à medida que |
| 3. Concessiva | ( ) | quando, enquanto, logo que |
| 4. Condicional | ( ) | a fim de que, para que |
| 5. Comparativa | ( ) | como, de que, que, assim como |
| 6. Final | ( ) | caso, se, contanto que, desde que |
| 7. Temporal | ( ) | embora, se bem que, ainda que, conquanto |
| 8. Proporcional | ( ) | conforme, como, segundo, consoante |
| 9. Consecutiva | ( ) | porque, já que, visto que, como |

**6.** Numere os parágrafos a fim de obter coerência e unidade no texto abaixo:

(Texto original escrito por Oreste Preti e retirado da *Revista Brasileira de Estudos Pedagógicos*. Brasília, v. 82, n. 200/201/202, p. 26-39, jan./dez. 2001. Disponível em: http://www.dominiopublico.gov.br/download/texto/me004486.pdf)

( ) Para Contreras Domingo (1999), são slogans que provocam atração emocional, são palavras que parecem positivas e ao redor das quais criam-se consenso e identificação, escondendo diferentes pretensões e significados. Trata-se de um recurso de poder por parte de quem detém o controle da *palavra pública*.

( ) Quando as palavras se desgastam ou há uma exacerbação de imagens e símbolos, elas perdem sua capacidade produtora de significados. Outras aparecem com poder explicativo e simbólico. Novas categorias de análise e de sustentação teórico-metodológica aparecem: mediação pedagógica, interação e interatividade, conhecimento compartido, educar pela pesquisa.

( ) Têm em comum, porém, a ênfase e a preocupação com a formação do professor.

( ) A discussão sobre a formação do professor não é tão recente, mas ganha novos contornos (conjunturais, políticos, ideológicos e pedagógicos) ao ser associada à modalidade a distância. Por quê?

( ) Educadores nacionais têm se debruçado sobre ele, e autores estrangeiros, sobretudo de Portugal, Espanha, França, Canadá e Estados Unidos, têm chegado até nós trazendo as experiências de seus países, os caminhos trilhados e as discussões suscitadas a partir daí. Fala-se em professor crítico, construtivista, reflexivo, investigador, mediador de aprendizagem, orientador, facilitador, parceiro etc.

( ) Há mais de duas décadas o tema da formação do professor vem sendo colocado na pauta de encontros, congressos, simpósios educacionais e nas diretrizes da política nacional e de organismos internacionais — nunca se produziu tanto sobre o tema.

CAPÍTULO 8

# COMO ESCREVER RELATÓRIOS E MONOGRAFIAS

## RELATÓRIOS E MONOGRAFIAS: CONJUGANDO IDEIAS À ELABORAÇÃO TEXTUAL

Este capítulo traz um passo a passo para auxílio na composição de textos para relatórios. Um relatório bem escrito e estruturado pode representar, sem dúvida, uma melhora na imagem do profissional na empresa. Se mal-escrito, porém, ainda que o profissional apresente boa atuação, sua imagem pode ser bastante prejudicada.

Abordaremos também a redação de monografias, uma vez que atualmente as empresas incentivam cada vez mais seus funcionários a se aperfeiçoarem constantemente, frequentando pós-graduações e MBAs.

## Semelhanças entre relatórios e monografias

Embora se dirijam a públicos diferentes, relatórios e monografias podem se agrupar em uma mesma abordagem já que apresentam estrutura e encaminhamentos lógicos semelhantes.

Na Figura 8.1, relacionamos as etapas em comum para elaboração de textos tanto de relatórios como de monografias.

## Primeiro momento: por onde começar

Nesta primeira etapa, devemos nos concentrar em três pontos: fixação do objetivo, escolha do caminho redacional e planejamento do texto.

**FIGURA 8.1** Etapas para elaboração de relatórios e monografias

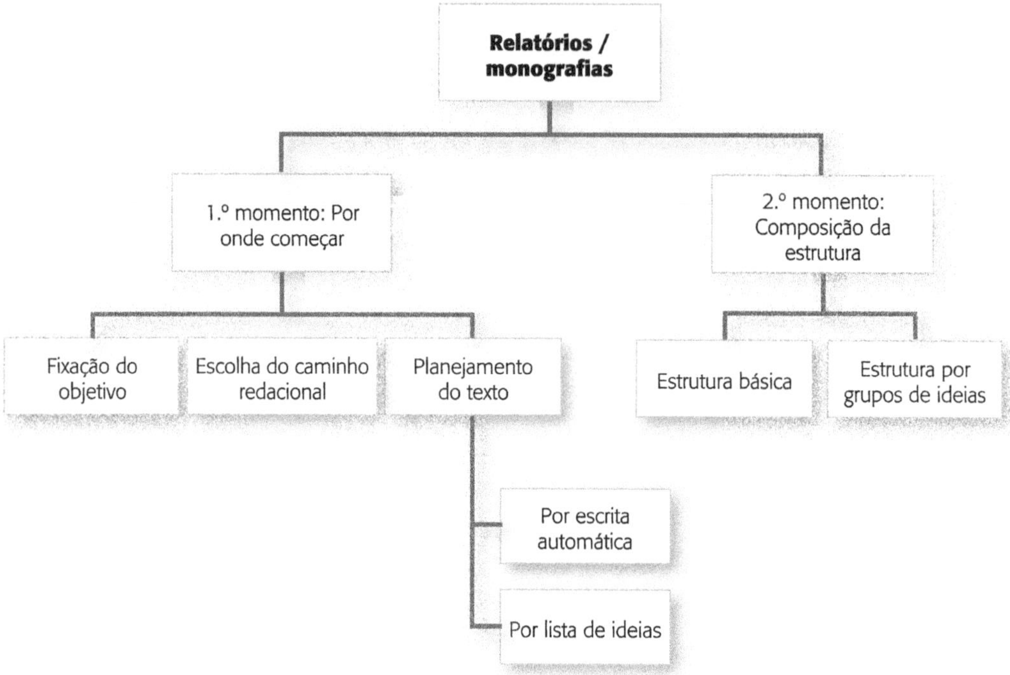


## Fixação do objetivo

O primeiro passo para se redigir um bom relatório ou uma monografia é fixar o objetivo do que se vai escrever, ou seja, selecionar a linha de pensamento que orientará a condução das ideias.

Este procedimento é fundamental para a seleção de ideias pertinentes ao assunto e para não haver dispersão e confusão quanto às informações a serem transmitidas.

Vamos imaginar que tenhamos de redigir um relatório ou uma monografia sobre "os principais meios de comunicação". Temos várias possibilidades de desenvolvimento, como:

- fazer uma comparação entre o rádio e a televisão;
- analisar o apelo popular dos meios de comunicação e suas consequências; ou ainda
- abordar a ampla difusão de informações que esses dois meios promovem.

Assim, para cada possibilidade, ou seja, para cada objetivo, haverá um texto completamente diferente. No caso de um relatório empresarial, cujo assunto seja a visita feita pelo gerente de qualidade ao setor de atendimento de outra empresa, a pessoa que irá redigir o relatório deverá ter em vista a função da visita para saber por onde iniciar. Por exemplo, a função da visita pode ser:

- verificar a melhor disposição dos aparelhos e atendentes, de forma a criar um *layout* mais eficiente;
- analisar o funcionamento da nova tecnologia implantada; ou
- recomendar ao diretor o modo de operação do setor visitado.

Como se vê, é por meio da fixação do objetivo que serão relacionadas as ideias afins ao assunto em pauta, mantendo-se o controle do pensamento para que o relatório e a monografia sigam na diretriz desejada.

## Escolha do caminho redacional

Depois de fixar o objetivo, para escrever o seu relatório ou sua monografia você pode seguir dois caminhos: a *escrita automática* ou a *listagem de ideias* — ambos são igualmente válidos. No primeiro, você começa a escrever o texto para trabalhá-lo depois; no segundo, você faz uma lista das várias ideias que lhe ocorrerem sobre o assunto para, mais adiante, estruturá-las em um texto.

Não se pode afirmar que um desses caminhos seja melhor do que o outro. A escolha de um deles é meramente questão de estilo ou, até mesmo, de momento. Uma pessoa pode se sentir mais confortável listando primeiro aquilo que pretende escrever ou passando direto para o papel (ou tela) o desenvolvimento de sua ideia.

De qualquer forma, o importante é saber que, independentemente do caminho escolhido, este é apenas o primeiro momento. É daqui que o relatório e a monografia começarão a se definir, exigindo uma organização.

## Planejamento do texto

É importante planejar a apresentação das informações. Em quaisquer dos dois caminhos escolhidos na etapa anterior, será necessário efetuar o planejamento das ideias.

Seja para quem já escreveu o texto, seja para quem elaborou a listagem das ideias, vale a pena saber que tanto um relatório quanto uma monografia devem primar pela organização e unidade.

Organização e unidade estão relacionadas à ideia-núcleo. Sempre, em qualquer tipo de texto, deve haver uma ideia central que orienta toda a redação. Além disso, todas as demais ideias devem ser relevantes para a ideia-núcleo e convergir para ela.

Portanto, para obter um texto bem escrito, mostraremos como você deve proceder tanto no caso de já ter feito a redação do texto quanto no de ter efetuado inicialmente uma listagem das ideias.

Vamos começar com a escrita automática. Se você já redigiu o texto, releia-o e retire (sem piedade) as frases ou partes de frases que fogem ao objetivo fixado. Fique bem atento à interpretação das palavras e tenha muito cuidado com a mudança de foco dentro do parágrafo.

Exemplo 1:

REPROVADO ✗

Programas violentos, cuja transmissão foi proibida em alguns países, têm grande sucesso no Brasil, sendo exibidos pelas redes brasileiras de TV sem seleção criteriosa de horário. O motivo da proibição no exterior são os efeitos negativos que os seriados policiais têm sobre os telespectadores, principalmente as crianças.

Nos Estados Unidos, a pressão popular é muito forte. O exercício dos direitos pelo cidadão norte-americano é realizado plenamente, ao passo que no Brasil ocorre uma passividade e expectativa sempre em relação aos governantes.

Nossa sociedade, por ter sido colonizada de forma razoavelmente pacífica, sem a truculência de outras relações imperialistas, tem como característica a falta de agressividade necessária a determinadas pressões em prol da cidadania responsável.

Como a ideia-núcleo do primeiro parágrafo é a influência negativa de programas violentos sobre o imaginário da população, os parágrafos que se seguem deslocam-se do assunto, pois seu foco são a sociedade e suas características decorrentes do processo de formação histórica.

APROVADO ✓

Programas violentos, cuja transmissão foi proibida em alguns países, têm grande sucesso no Brasil, sendo exibidos pelas redes brasileiras de TV sem seleção criteriosa de horário. O motivo da proibição no exterior são os efeitos negativos que os seriados policiais têm sobre os telespectadores, principalmente as crianças.

Não há, no Brasil, consciência dos danos causados pela exibição da violência. Entretanto, há muitos exemplos de como esses programas estimulam o uso da agressividade ilegítima para a obtenção de seus desejos.

As crianças são as primeiras a manifestar isso diretamente, escolhendo seus personagens da ficção e comportando-se como eles.

Outro cuidado que se deve ter na releitura do texto é a eliminação de detalhes desnecessários, que prejudicam o entendimento mais imediato da mensagem.

Exemplo 2:

REPROVADO ✗

O secretário nacional de Vigilância Sanitária, Roberto Chabo, apresentou uma lista de 34 medicamentos, divididos em quatro grupos – protetores do fígado, estimulantes neuropsíquicos, polivitamínicos e estimulantes sexuais –, que terão a fabricação suspensa e serão retirados do mercado na semana que vem por serem considerados sem efeito terapêutico.

Como você pode notar em uma leitura atenta, a parte "divididos em quatro grupos — protetores do fígado, estimulantes neuropsíquicos, polivitamínicos e estimulantes sexuais" atrapalha a compreensão da ideia-núcleo.

Portanto, todos os segmentos que ameacem a quebra da unidade do parágrafo e do texto devem ser retirados.

APROVADO ✓

O secretário nacional de Vigilância Sanitária, Roberto Chabo, apresentou uma lista de 34 medicamentos, que terão a fabricação suspensa e serão retirados do mercado na semana que vem por serem considerados sem efeito terapêutico.

Os remédios serão divididos em quatro grupos: protetores do fígado, estimulantes neuropsíquicos, polivitamínicos e estimulantes sexuais.

Veremos agora os cuidados necessários para o planejamento do texto quando o caminho escolhido for o elenco de ideias.

Se você trabalhou com uma lista de ideias acerca do assunto a ser relatado, leia-as com atenção e organize-as em grupos. Cada grupo deve ter uma ideia-núcleo, mesmo que haja várias frases e enfoques. Depois de agrupar as ideias, elimine as que forem redundantes ou desnecessárias.

Exemplo 1:

Em um texto que quer apresentar argumentos contra a pena de morte, foram listados os seguintes itens:

- ninguém tem o direito de tirar a vida de um homem;
- não se deve castigar um crime com outro crime;
- a ameaça de castigo nunca evitou que erros fossem cometidos;
- só o temor da morte poderá afastar certos homens do crime.

Em uma leitura atenta, percebemos que o último item não é adequado para argumentar contrariamente à pena de morte, trazendo, inclusive, a ideia a favor da pena capital. Assim, ele deve ser descartado.

Exemplo 2:

Para um relatório ou monografia sobre o desemprego nos centros urbanos, foram listados os seguintes itens:

- imigração dos habitantes da área rural para os centros urbanos;
- surgimento de favelas;
- fome, doenças;
- falta de habilitação profissional;
- grande número de camelôs nas ruas;
- aumento do tráfico de drogas;
- roubos, crimes;
- crescente substituição do homem pela máquina.

Ao analisarmos os itens, verificamos que o surgimento de favelas é consequência da imigração dos habitantes da área rural para os centros urbanos. O grande número de camelôs pode ser considerado também uma consequência da falta de qualificação profissional.

Há assim dois grandes grupos: o das causas e o das consequências, conforme mostra o Quadro 8.1.

QUADRO 8.1 Causas e consequências

| GRUPO DAS CAUSAS | GRUPO DAS CONSEQUÊNCIAS |
|---|---|
| imigração dos habitantes da área rural para os centros urbanos | surgimento de favelas |
| falta de habilitação profissional | fome, doenças |
| crescente substituição do homem pela máquina | grande número de camelôs nas ruas |
| | roubos, crimes |

Deste conjunto sobra "aumento do tráfico de drogas", que não está relacionado diretamente com a questão do desemprego. Portanto, não será incluído no texto.

O relatório ou monografia em questão terá, assim, o seguinte planejamento textual:

1. Introdução — a questão do desemprego nos centros urbanos
2. Desenvolvimento — causas e consequências
   - 2.1. Causas
     - 2.1.1 A imigração dos habitantes da área rural para os centros urbanos
     - 2.1.2 A falta de habilitação profissional
     - 2.1.3 A crescente substituição do homem pela máquina
   - 2.2 Consequências
     - 2.2.1 O surgimento de favelas
     - 2.2.2 O grande número de camelôs nas ruas
     - 2.2.3 O aumento da fome e de doenças
     - 2.2.4 A elevação do número de roubos e crimes
3. Conclusão — um fecho sobre o assunto tratado

## Segundo momento: composição da estrutura

Agora é fundamental estruturar a apresentação das informações, isto é, organizar blocos ou grupos de informação.

Dependendo do tipo de relatório (e há vários!), você pode seguir diversas maneiras de estruturar o texto, desde aquela mais simples, em que há uma exposição da ideia por meio da sequência introdução–desenvolvimento–conclusão, até as mais elaboradas, com análises parciais e comentários de pontos positivos e negativos.

Com relação às monografias, a única distinção refere-se à apresentação de um sumário ou resumo, logo no início do texto.

### O que é um sumário?

Um sumário é a "enumeração das principais seções, artigos ou contribuições mais importantes de um fascículo, feita na mesma ordem em que nele se sucedem" (ABNT – NBR 6021:2003).

## E o que é o resumo?

O resumo, indicado para monografias menos formais, é a apresentação concisa e seletiva de um texto ou obra, destacando os pontos de maior interesse e importância.

A apresentação das ideias em uma estrutura adequada é fundamental, pois não só revela a organização do pensamento como estabelece uma trilha que facilita a compreensão do leitor. Portanto, não há como descuidar dessa etapa essencial.

Vamos analisar agora um modo de compor a estrutura nas diversas situações.

## Estrutura básica

Um relatório ou monografia simples, abordando a exposição de um motivo ou de um tema, pode seguir a estrutura básica introdução–desenvolvimento–conclusão, conforme mostra a Figura 8.2.

Na introdução apresenta-se o assunto, delimitando-o e dando suas coordenadas gerais. Ela apresenta um cenário geral em que se indicam as informações que serão abordadas ao longo do relatório ou da monografia. No desenvolvimento, as informações seguem o prometido na introdução, tendo-se o cuidado de caminhar na direção de um fecho, sem idas e vindas que possam atrapalhar o leitor. As informações devem ser apresentadas em um andamento cronológico (como um relatório de atendimento) ou lógico (como um relatório de gestão trimestral).

A conclusão é elemento essencial e retoma, de forma diferenciada, a proposta da introdução, finalizando a análise sobre os dados que foram informados.

**FIGURA 8.2** Estrutura básica

Para exemplificar a estrutura básica, vejamos a seguir o relatório apresentado por um empregado ao superior imediato, informando sobre o treinamento técnico que ele ofereceu ao pessoal de outra agência da mesma empresa.

Enviar

Para:

Cc:

Assunto: Relatório de treinamento técnico

(1) O objetivo deste relatório é efetuar um relato do treinamento de PowerPoint solicitado pela Agência Centro.

(1.a) O treinamento foi programado, conforme solicitação, para um público-alvo de 16 pessoas, nos dias 14 e 15 de setembro, em instalações da própria agência.

(2) No dia 14, primeiro dia do treinamento, constatou-se, logo ao chegar ao
(2.a) local, a pouca afluência dos participantes. Dos 16 previstos, estavam no
local somente quatro empregados.

(2.b) O trabalho transcorreu normalmente, com adaptações das dinâmicas programadas para atender à realidade de uma quantidade menor de pessoas que o previsto.

Nas avaliações de reação passadas ao final do segundo dia de treinamento, foi unânime a satisfação dos participantes, assim como a constatação da necessidade de um maior número de empregados participarem deste curso, uma vez que ele é diretamente aplicável nas tarefas do dia a dia.

Podemos concluir que o treinamento realizado foi ao encontro das
(3) expectativas dos alunos, conforme constatado nos exercícios técnicos,
(3.a) durante os quais muitas dúvidas foram eliminadas, e na avaliação de
reação, com comentários sempre positivos sobre o trabalho.

Sugerimos, entretanto, que seja estabelecido um contato com a coordenação
(3.b) de cursos da Agência Centro para uma melhor programação da disponibilidade
dos participantes.

A estrutura básica desse relatório é a seguinte:

1. Introdução
   a. A introdução consta de dois parágrafos e apresenta o assunto do relatório, ou, como muitos preferem chamar hoje em dia, o cenário.
2. Desenvolvimento
   a. Aqui começa a apresentação das ideias a serem desenvolvidas.
   b. Observe que o texto faz inicialmente uma referência à situação cronológica.
   c. O texto continua, acrescentando à abordagem cronológica uma ordem lógica. Há uma sequência ressaltando o trabalho como um todo.

3. Conclusão
   a. É interessante abrir a conclusão com uma expressão ou palavra que remeta a essa ideia.
   b. Observe que se encaixa aqui um comentário.

## Estrutura por grupos de ideias

A estruturação por grupos se concretiza na afinidade de algumas informações. O grupo de ideias nada mais é do que um conjunto de informações ao qual você é capaz de dar o mesmo título, conforme mostra a Figura 8.3.

É importante ressaltar também que a organização da estrutura dependerá sempre do conteúdo das informações. Por isso, vamos analisar uma situação normalmente presente na vida institucional das pessoas, demonstrando como a estruturação por grupos auxilia a organização e eficácia das ideias.

Imaginemos que você participou de uma reunião (um grupo de trabalho, por exemplo) em que foram discutidos vários assuntos relativos a melhorias que deverão ser implantadas em seu setor. Evidentemente, este tipo de assunto provoca intensos debates, com apresentação de argumentos favoráveis às hipóteses levantadas, argumentos contrários, retorno a ideias já citadas em outras ocasiões e descartadas — mas que no momento parecem válidas —, egos se vangloriando, egos feridos, e muitas outras situações. Como, então, apresentar um relatório claro das ideias que foram discutidas?

A melhor solução para casos como esse, no qual há muitas informações a serem transmitidas, é a estruturação por grupos de ideias. Uma das possibilidades de estruturar o relatório proveniente de uma pauta de melhorias no setor seria por meio do esquema presente na página a seguir.

**FIGURA 8.3** Estrutura por grupos de ideias

1. Introdução
2. Cenário atual
3. Melhorias sugeridas
    3.1 Melhoria A
        3.1.1 Apresentação
        3.1.2 Benefícios
    3.2 Melhoria B
        3.2.1 Apresentação
        3.2.2 Benefícios
4. Sugestões descartadas
    4.1 Sugestão A e consequências negativas
5. Conclusão

Embora esta não seja a única estruturação possível, voltamos a lembrar que todas dependem das informações a serem transmitidas. Se, na reunião apresentada, as melhorias só pudessem ser aprovadas em relação ao custo, por exemplo, seria necessário incluir no relatório uma análise dos custos de cada melhoria, ou delas como um todo. Neste caso, o esquema ficaria da seguinte forma:

1. Introdução
2. Cenário atual
3. Melhorias sugeridas
    3.1 Melhoria A
        3.1.1 Apresentação
        3.1.2 Benefícios
        3.1.3 Custos
    3.2 Melhoria B
        3.2.1 Apresentação
        3.2.2 Benefícios
        3.2.3 Custos
4. Sugestões descartadas
    4.1 Sugestão A
        4.1.1 Custo
5. Conclusão

Muitos relatórios do dia a dia empresarial seguem o esquema de blocos de informação. Podemos citar como exemplo os relatórios de análise de investimentos, atualizações sobre processo de qualidade, relatórios de análise e pesquisa etc. Também encontramos a estruturação por grupos de ideias na parte central das monografias, quando o desenvolvimento apresenta várias análises e as informações se desdobram em blocos. Essa determinação de partes esquematiza a informação, trazendo a possibilidade de um melhor encadeamento lógico.

Como exemplo, vamos ver agora um relatório que Graciliano Ramos escreveu ao governador de Alagoas quando ele foi prefeito de Palmeira dos Índios em 1929. Vale a pena lê-lo não só como um exemplo de organização lógica, mas também para verificarmos que muitas coisas na nossa história não mudaram. Além disso, há toda uma linguagem menos formal e estilística que o torna muito interessante.

Em seguida, mostraremos algumas possibilidades de planos (ou esqueletos) de relatórios.

(1) Exmo. Sr. Governador,

(2) Trago a V. Exa. um resumo dos trabalhos realizados pela Prefeitura de Palmeira dos Índios em 1928.

Não foram muitos, que os nossos recursos são exíguos. Assim minguados, entretanto, quase insensíveis ao observador afastado, que desconheça as condições em que o Município se achava, muito me custaram.

(3) **COMEÇOS**

O principal, o que sem demora iniciei, o de que dependiam todos os outros, segundo creio, foi estabelecer alguma ordem na administração.

Havia em Palmeira inúmeros prefeitos: os cobradores de impostos, o comandante do destacamento, os soldados, outros que desejassem administrar. Cada pedaço do município tinha a sua administração particular, com prefeitos coronéis e prefeitos inspetores de quarteirões. Os fiscais, esses, resolviam questões de polícia e advogavam.

Dos funcionários que encontrei em janeiro do ano passado restam poucos: saíram os que faziam política e os que não faziam coisa nenhuma. Os atuais não se metem onde não são necessários, cumprem as suas obrigações e, sobretudo, não se enganam em contas. Devo muito a eles.

## (4) RECEITA E DESPESA

### (4.a) *Iluminação*

A iluminação da cidade custou 8:921$800. Se é muito, a culpa não é minha; é de quem fez o contrato com a empresa fornecedora de luz.

### (4.b) *Obras públicas*

Gastei com obras públicas 2:908$350, que serviram para construir um muro no edifício da Prefeitura, aumentar e pintar o açougue público, arranjar outro açougue para gado miúdo, reparar as ruas esburacadas, desviar as águas que, em épocas de trovoadas, inundavam a cidade, melhorar o curral do matadouro e comprar ferramentas. Adquiri picaretas, pás, enxadas, martelos, marrões, marretas, carros para aterro, aço para brocas, alavancas etc. Montei uma pequena oficina para consertar os utensílios estragados.

### (4.c) *Limpeza pública — estradas*

No orçamento, limpeza pública e estradas incluíram-se em uma só rubrica. Consumiram 25:111$152.

Cuidei bastante da limpeza pública. As ruas estão varridas; retirei da cidade o lixo acumulado pelas gerações que por aqui passaram; incinerei monturos imensos, que a Prefeitura não tinha recursos para remover.

Houve lamúrias e reclamações por se haver mexido no cisco preciosamente guardado em fundos de quintais; reclamações e ameaças porque mandei matar algumas centenas de cães vagabundos; lamúrias, reclamações, ameaças, guinchos, berros e coices dos fazendeiros que criavam bichos nas praças.

## (5) CONCLUSÃO

Procurei sempre os caminhos mais curtos. Nas estradas que se abriram só há curvas onde as retas foram inteiramente impossíveis. Evitei emaranhar-me em teias de aranha.

Certos indivíduos, não sei por que, imaginam que se devem ser consultados; outros se julgam autoridade bastante para dizer aos contribuintes que não paguem impostos. Não me entendi bem com esses.

Há quem ache tudo ruim, e ria constrangidamente, e escreva cartas anônimas, e adoeça, e se morda por não ver a infalível maroteirazinha, a abençoada canalhice, preciosa para quem a pratica, mais preciosa ainda para os que dela se servem como assunto invariável; há quem não compreenda que um ato administrativo seja isento de lucro pessoal; há até quem pretenda embaraçar-me em coisa tão simples como quebrar as pedras dos caminhos.

Fechei os ouvidos, deixei gritarem, arrecadei 1:325$500 de multas.

Não favoreci ninguém. Devo ter cometido numerosos disparates. Todos os meus erros, porém, foram erros da inteligência, que é fraca.

Perdi vários amigos, ou indivíduos que possam ter semelhante nome. Não me fizeram falta.

Há descontentamento. Se a minha estada na Prefeitura por estes dois anos dependesse de um plebiscito, talvez eu não obtivesse dez votos.

Paz e prosperidade.

Palmeira dos Índios, 10 de janeiro de 1929.

Graciliano Ramos

Como você pode ver, a divisão em grupos lógicos organiza as informações tanto para quem as lê quanto para quem as escreve. Observe como ficou o plano (ou esqueleto) do relatório:

1. Vocativo (para relatório oficial)
2. Apresentação ou Introdução
3. Cenário
4. Receita e despesa
    a. Iluminação
    b. Obras públicas
    c. Limpeza pública — estradas
5. Conclusão

Pode-se perceber que há muitos esquemas possíveis e a escolha do que melhor se adapte deve levar em conta o modo de apresentação das informações.

## Tipo de planos para relatórios

Há muitas possibilidades de planos de relatórios ou monografias divididos em grupo. Seguem algumas possibilidades. Entretanto, cada relatório tem sua particularidade e seu conjunto de informações. Assim, cabe ao redator do texto analisar e escolher qual a melhor maneira de estruturar suas ideias.

**Exemplo 1:**
Introdução
Apresentação dos itens observados
Comentários
Conclusão

**Exemplo 2:**
Introdução
Relato cronológico dos acontecimentos
Apresentação dos itens observados
Análise de causas
Proposta de soluções
Conclusão

**Exemplo 3:**
Cenário
Enumeração de fatos
Relações de consequência
Comentários
Conclusão

**Exemplo 4:**
Cenário
Aspectos positivos
Aspectos negativos
Considerações gerais
Conclusão

## APLICANDO AS INFORMAÇÕES

Como vimos, a definição das ideias e sua estruturação por grupos trazem a possibilidade de um melhor encadeamento lógico, facilitando inclusive a compreensão por parte do leitor.

No texto a seguir você poderá observar que os parágrafos não estão dispostos em uma sequência adequada. Depois de lê-los, vamos ordená-los, relacionando-os em sequência lógica, e ao final organizar um plano geral (ou esqueleto) do texto.

REPROVADO ✕

**Como vencer os desafios da comunicação empresarial escrita**

1º § Na comunicação escrita, os desafios são enormes. Desde os tempos de escola, ficávamos perturbados quando nos era solicitada uma redação. De início, não sabíamos por onde começar o texto, depois o problema deslocava-se para as tentativas de acertar nas concordâncias e vírgulas e, finalmente – quando nos alertavam –, checávamos se o texto tinha início, meio e fim.

2º § E quando se tem que transmitir uma mensagem por e-mail? Aí a história vira tragédia ou, muitas vezes, comédia – para os que leem, é claro. Como as mensagens são escritas de forma muito rápida, em função do tempo disponível e da falta de noção de que o e-mail é, de fato, um documento empresarial, a consequência é que geralmente tais mensagens contêm desde erros grosseiros de gramática até informações confusas, ambíguas e imprecisas.

3º § Em recente pesquisa realizada nos Estados Unidos, chegou-se a uma constatação que interessa também aos brasileiros: dos cem recém-formados submetidos a um teste de comunicação oral e escrita, os 10% que obtiveram as melhores notas ocupavam cargos de chefia e direção cinco anos mais tarde. Claro que temos variações culturais que talvez modifiquem esse percentual aqui no Brasil. Uma coisa, porém, é certa: quanto maior a desenvoltura com a comunicação – oral ou escrita –, maiores são as perspectivas de sucesso profissional.

4º § É, escrever bem não é fácil mesmo. Mas também não é nenhum bicho de sete cabeças. Escrever bem é disciplinar a mente para apresentar as informações em uma sequência coerente, com início, meio e fim, sem saltos mirabolantes de uma informação para outra.

5º § Hoje em dia, envolvidos nos trabalhos do dia a dia empresarial, acontece quase a mesma coisa, com as devidas variações. Ao responder a uma carta, por exemplo, fica-se sem saber se o começo é pela explicação – ou justificativa – ou pela resposta simples e direta. Escrever bem é cuidar para que não haja duplo sentido nem falta de informação. É tratar as palavras com carinho para que elas não digam demais nem digam de menos.

6º § Essa, entretanto, é a teoria. E na prática, como fazer para redigir uma comunicação empresarial eficaz?

7º § É preciso ter também um pouco de paciência e não entender como desperdício o tempo necessário à reflexão para que o texto realce as ideias e tenha uma sequência lógica. É bom lembrar que o tempo usado para a elaboração da mensagem é mínimo se comparado com o tempo desperdiçado para corrigir os mal-entendidos.

8º § Para isso é preciso analisar as ideias e separá-las em principais e secundárias, refletir sobre os nexos que estabelecem a melhor sequência das informações, evitar as construções que causam falta de clareza, e conhecer algumas regras gramaticais básicas que conferem o necessário grau de correção ao texto.

9º § Podemos sem dúvida afirmar que uma empresa será proporcionalmente mais dinâmica e produtiva à medida que possuir melhores sistemas de informações e, é evidente, pessoal motivado e capacitado para elaborar de maneira adequada suas cartas, relatórios, mensagens internas e repasse de informações.

Analisando este texto, verificamos:

- *1º §*: poderia constituir-se no parágrafo inicial, mas ao lermos o 3º parágrafo percebemos que este é mais abrangente. Portanto, o terceiro deve vir primeiro.
- *2º §*: apresenta uma sequência à ideia da comunicação escrita, abordando a vertente empresarial, sem uma definição clara de sua ordenação no texto.

- *3º §:* apresenta uma ideia abrangente e geral sobre a comunicação. Portanto, deve ser o parágrafo que abre o texto.
- *4º §:* deve se localizar depois de um desenvolvimento de ideias sobre a dificuldade da escrita e abrir outro parágrafo sobre o modo adequado de escrever textos.
- *5º §:* constitui uma sequência ao parágrafo em que é possível estabelecer relação de sentido com a expressão "quase a mesma coisa".
- *6º §:* introduz a ideia do saber redigir a comunicação empresarial escrita.
- *7º §:* é posterior ao parágrafo que orienta sobre a separação entre as ideias e seu sequenciamento.
- *8º §:* responde a uma pergunta, esclarecendo como construir adequadamente um texto.
- *9º §:* apresenta uma conclusão.

Depois de analisar a apresentação das ideias e entendermos as informações, teremos como resultado o seguinte ordenamento lógico.

APROVADO ✓

**Como vencer os desafios da comunicação empresarial escrita**

Em recente pesquisa da realizada nos Estados Unidos chegou-se a uma constatação que interessa também aos brasileiros: dos cem recém-formados submetidos a um teste de comunicação oral e escrita, os 10% que obtiveram as melhores notas ocupavam cargos de chefia e direção cinco anos mais tarde. Claro que temos variações culturais que talvez modifiquem esse percentual aqui no Brasil. Uma coisa, porém, é certa: quanto maior a desenvoltura com a comunicação — oral ou escrita —, maiores são as perspectivas de sucesso profissional.

Na comunicação escrita, os desafios são enormes. Desde os tempos de escola, ficávamos perturbados quando nos era solicitada uma redação. De início, não sabíamos por onde começar o texto, depois o problema deslocava-se para as tentativas de acertar nas concordâncias e vírgulas e, finalmente — quando nos alertavam —, checávamos se o texto tinha início, meio e fim.

Hoje em dia, envolvidos nos trabalhos do dia a dia empresarial, acontece quase a mesma coisa, com as devidas variações. Ao responder a uma carta, por exemplo, fica-se sem saber se o começo é pela explicação — ou justificativa — ou pela resposta simples e direta.

E quando se tem que transmitir uma mensagem por e-mail? Aí a história vira tragédia ou, muitas vezes, comédia — para os que leem, é claro. Como as mensagens são escritas de forma muito rápida, em função do tempo disponível e da falta de noção de que o e-mail é, de fato, um documento empresarial, a consequência é que geralmente tais mensagens contêm desde erros grosseiros de gramática até informações confusas, ambíguas e imprecisas.

É, escrever bem não é fácil mesmo. Mas também não é nenhum bicho de sete cabeças. Escrever bem é disciplinar a mente para apresentar as informações em uma sequência coerente, com início, meio e fim, sem saltos mirabolantes de uma informação para outra.

Escrever bem é cuidar para que não haja duplo sentido nem falta de informação. É tratar as palavras com carinho para que elas não digam demais nem digam de menos.

Essa, entretanto, é a teoria. E na prática, como fazer para redigir uma comunicação empresarial eficaz?

Para isso é preciso analisar as ideias e separá-las em principais e secundárias, refletir sobre os nexos que estabelecem a melhor sequência das informações, evitar as construções que causam falta de clareza, e conhecer algumas regras gramaticais básicas que conferem o necessário grau de correção ao texto.

É preciso ter também um pouco de paciência e não entender como desperdício o tempo necessário à reflexão para que o texto realce as ideias e tenha uma sequência lógica. É bom lembrar que o tempo usado para a elaboração da mensagem é mínimo se comparado com o tempo desperdiçado para corrigir os mal-entendidos.

Podemos sem dúvida afirmar que uma empresa será proporcionalmente mais dinâmica e produtiva à medida que possuir melhores sistemas de informações e, é evidente, pessoal motivado e capacitado para elaborar de maneira adequada suas cartas, relatórios, mensagens internas e repasse de informações.

Observe como a ordenação adequada dos parágrafos torna possível o estabelecimento de um plano geral coerente.

Vejamos o plano geral (ou esqueleto) desse texto corrigido:

1. Apresentação do assunto (parágrafo 1)
2. Os desafios
   a. Os primeiros desafios (parágrafo 2)
   b. Os desafios atuais (parágrafos 3 e 4)

3. A solução
   a. A solução, na teoria (parágrafos 5 e 6)
   b. A solução, na prática (parágrafos 7, 8 e 9)
4. Conclusão (parágrafo 10)

## Ampliando o conhecimento

Na elaboração de relatórios é necessário estar muito atento às palavras utilizadas. Para que uma palavra seja usada de modo adequado devem-se levar em conta os elementos do processo de comunicação, verificando quem será o receptor da mensagem, por qual canal as informações se propagarão, o contexto, o envolvimento do emissor no assunto tratado etc.

Além desses elementos, a escolha do vocabulário deve obedecer à precisão e ao valor positivo ou negativo suscitado. Veja, por meio dos exemplos selecionados, como cada vocábulo tem sua cadeia de valores:

*cara ≠ rosto*

*carteira ≠ cadeira*

*exibir ≠ apresentar*

*morrer ≠ falecer*

Nesse sentido, observe como um mesmo relatório pode apresentar diferentes perspectivas, com base na escolha vocabular:

***Relatório financeiro 1***

Enviar | Para: | Cc: | Assunto:

O exercício de 2006 caracterizou-se por um aceitável nível das atividades da Empresa, tendo sido atingidas as previsões estabelecidas em seu orçamento anual. O lucro líquido, antes do Imposto de Renda, foi de R$ 131.022.667,34, do qual se deverão retirar R$ 67.511.067,69 para reserva de manutenção do capital de giro.

A Companhia, esforçando-se por corresponder às demandas para os investimentos programados pelo PLANASA – Plano Nacional de Saneamento, produziu e expediu neste ano 88.947 toneladas, 19 por cento a mais do que o ano anterior. O faturamento líquido foi de R$ 563.115.980,44.

Para o ano de 2007 está sendo previsto um aumento na produção e nas vendas de aproximadamente sete por cento (em peso), na expectativa de que o mercado permita atingir esse objetivo. Estima-se que o faturamento líquido projetado possa atingir aproximadamente R$ 770 milhões.

*Relatório financeiro 2*

Enviar

Para:

Cc:

Assunto:

O exercício de 2006 caracterizou-se por superar as previsões estabelecidas no seu orçamento anual. O lucro líquido, antes do Imposto de Renda, foi de R$ 131.022.667,34, do qual se deverão retirar R$ 67.511.067,69 para reserva de manutenção do capital de giro.

A companhia correspondeu às demandas para os investimentos programados pelo PLANASA – Plano Nacional de Saneamento, produzindo e expedindo neste ano 88.947 toneladas, o que reflete um acréscimo de 19 por cento sobre o ano anterior, sem aumento do contingente de trabalho. O faturamento líquido foi de R$ 563.115.980,44.

Para o ano de 2007 a previsão é de um aumento na produção e nas vendas de aproximadamente sete por cento (em peso). Estima-se que o faturamento líquido projetado atinja aproximadamente R$ 770 milhões.

## TESTES

1. Complete as frases a seguir com as palavras ou expressões adequadas:
   a. O primeiro passo para a construção de um relatório é ______________ (estabelecer a linha de pensamento que será seguida — estabelecer as ideias principais e secundárias que farão parte do texto).
   b. A estruturação por grupos se concretiza com base na ____________ (semelhança — afinidade — diferença) entre as informações.
   c. A monografia distingue-se do relatório por conter _________ (um sumário — uma conclusão).
2. Complete as lacunas da frase abaixo: Depois de fixar o objetivo, você pode seguir dois caminhos: um é simplesmente ________________________; o outro é ________________________.
3. A introdução apresenta um cenário geral de onde serão inseridas as informações ao longo do relatório ou monografia. Esta afirmativa está certa ou errada? Justifique.
4. A conclusão é uma parte dispensável do relatório. Esta afirmativa está certa ou errada? Justifique.

## APLIQUE O QUE APRENDEU

**1.** O trabalho de planejamento das informações possibilita eliminar excessos e adicionar informações realmente necessárias, tornando o relatório uma peça fundamental à tomada de decisões. Leia a história abaixo e depois faça o que se pede:

— Acho que vou buscar cigarros — diz o marido para sua esposa. — Quer que traga alguma coisa?

— Estou com vontade de comer uvas — ela responde.

Enquanto ele caminha até o armário para pegar a camisa, ela continua:

— Talvez fosse bom comprar mais um pouco de leite.

Ele tira a roupa do armário, enquanto ela se dirige à cozinha.

— Deixe-me olhar no armário se temos batatas suficientes. Já percebi que estamos sem frutas. Sim, precisamos de batatas.

— Cenouras — ela grita — e talvez algumas laranjas.

Ele abre a porta.

— Manteiga!

Ele desce os degraus.

— Maçãs!

Ele entra no carro.

— E creme de leite.

— Só isso?

— Sim, querido, obrigada.

**Tarefas**: 1. Organize os itens solicitados pela esposa em três grupos, distribuindo neles os elementos.
2. Dê título aos grupos.

**2.** Todo relatório tem início, meio e fim. Relacione a coluna da direita com a da esquerda, organizando as informações em uma ordem lógica.

| Coluna A | | Coluna B |
|---|---|---|
| 1. introdução | ( ) | Nossas religiões derivam de livros: o Corão, escrito por Maomé, propaga o islamismo; os Dez Mandamentos, de Moisés, foi um livro escrito em pedra; e a Bíblia, base da civilização cristã, também é um livro. |
| 2. desenvolvimento (primeira parte) | ( ) | Em uma expressão quase absurda, podemos dizer que o registro gráfico vale mais que todas as evidências. |

| | | |
|---|---|---|
| 3. desenvolvimento (segunda parte) | ( ) | A civilização ocidental é marcada pela linguagem gráfica. Desde a criação dos símbolos que unem som à grafia, a escrita é uma convenção social tão forte quanto o conceito de Nação e de Estado. Por meio da escrita produzimos livros pelos quais acumulamos conhecimentos, transmitimos ideias, fixamos nossa cultura. |
| 4. desenvolvimento (terceira parte) | ( ) | No início da escolarização, temos a cartilha, depois, o livro escolar. Nossa literatura é expressa graficamente, assim como o jornal é responsável pela transmissão dos fatos cotidianos. Mesmo a televisão lança mão dos recursos da linguagem escrita (legenda) para facilitar a comunicação. |
| 5. conclusão | ( ) | Além desses aspectos, na engrenagem da sociedade moderna, a comunicação escrita também é poder supremo. Nada é possível sem as certidões, os atestados, os relatórios, os diplomas. |

**3.** Relacione a coluna da direita com a da esquerda, organizando os trechos do relatório em ordem lógica.

| Coluna A | | Coluna B |
|---|---|---|
| 1. introdução | ( ) | Na década de 1990, observou-se que, em tempos de menor demanda e de custo de capital elevado, a construção de um polo relativamente menor e abastecido por gás natural da Bacia de Campos poderia constituir uma alternativa mais coerente. |
| 2. desenvolvimento | ( ) | Nos anos 1980, foi proposta a construção de um quarto polo petroquímico em Itaguaí, no Rio de Janeiro, nos moldes dos polos já existentes na Bahia e Rio Grande do Sul, ou seja, um polo formado em torno de uma grande central petroquímica abastecida pelo Nafta, que implicaria investimento inicial de dois bilhões de dólares. A conjuntura econômica desfavorável, entretanto, levou o projeto à inviabilidade. |
| 3. conclusão | ( ) | Assim, em julho de 1995, após intensas e complexas negociações, o Governo Federal anunciou a decisão de apoiar a implantação de um quarto polo petroquímico no país, autorizando a Petrobras a participar de sua instalação, com 30 por cento. A instalação está prevista para localizar-se ao lado da refinaria Reduc e perto das plantas de elastômeros já existentes da Petroflex e Nitriflex. |

**4.** O texto a seguir é uma monografia dividida em quatro grandes blocos: Introdução, Justificativa, Desenvolvimento e Conclusão, embora não tenhamos a especificação de onde começa e termina cada um. Depois de ler o texto, separe-o nos blocos citados.

## As competências essenciais distintivas da Illycaffè

Este trabalho tem por objetivo correlacionar a estratégia da Illycaffè – um grupo composto atualmente por sete sociedades controladas, 350 dependentes e um faturamento de cerca de 130 milhões de dólares – para a obtenção de vantagem competitiva com a abordagem da teoria da competição baseada em competências.

Embora possamos conjecturar que toda administração estratégica aborde a questão da vantagem competitiva, o desempenho das empresas difere em função de seu pensamento estratégico, que pode ser orientado ora pela escola de posicionamento estratégico – e seu foco no comportamento dos agentes econômicos em relação a preços e custos –, ora pela teoria baseada em recursos – cuja ênfase recai na competência gerencial para administrar recursos e competências –, e ora pela referência ao conceito de competências essenciais, relacionadas à teoria da competição baseada em competências.

A teoria da competição baseada em competências configurou-se nos últimos anos como a mais adequada para a obtenção de vantagem competitiva em um quadro marcado por uma realidade que apresenta como elemento marcante ser extremamente dinâmica.

Concebida por Prahalad e Hamel em 1998, a teoria da competição baseada em competências integra as perspectivas de duas teorias anteriores (a da organização industrial e a baseada em recursos), combinando uma visão positivista e econômica com uma competitividade dependente de forças internas baseada em processos cognitivos.

Entretanto, não se pode afirmar que esta nova teoria seja tão somente a conjugação das outras duas, pois seu resultado é maior – e melhor – do que a soma das partes, uma vez que substitui a competição relacionada a um conjunto fixo de produtos ou serviços por uma visão holística, em que entram em cena ativos materiais e imateriais integrantes de tecnologias, habilidades e processos, que viabilizam o acesso a uma diversidade de mercados.

O caso da empresa Illycaffè traz componentes diversos relacionados às *core competences*, como veremos a seguir.

Em um primeiro momento, há o confronto entre a necessidade de manutenção de qualidade de seu produto diante de uma relativa limitação de recursos econômicos. Esse fato poderia provocar uma acomodação, caso fosse levada em consideração apenas a teoria do posicionamento estratégico. Entretanto, é deste fato aparentemente limitador que nasce a estratégia de pensar de maneira pulverizada (a noção do pensamento pulverizado está em acordo com o pensamento socrático que reconhece brechas a serem preenchidas por novas ideias).

Ao pulverizar cada etapa do processo tem-se uma visão mais clara das oportunidades, de forma a agir para obter melhorias que, posteriormente, interliguem-se. Assim é que foi possível ao corpo gerencial uma abordagem diferenciada dos recursos, abrindo novas perspectivas de estratégia empresarial.

Em um segundo momento, o processo de seleção do grão de qualidade funciona como o começo de um processo de *partnership* com os fornecedores. Presentifica-se outra competência essencial distintiva neste processo da Illycaffè: as relações funcionam como alavancadoras de competências.

Outra característica distintiva da Illycaffè é a capacidade de inovar. Por meio de pesquisas, a empresa foi responsável pela idealização, construção e comercialização da predecessora das modernas máquinas de café expresso. A inovação original utilizou, pela primeira vez, uma fonte de pressão de água separada da de calor.

O investimento em pesquisa e desenvolvimento tem se mantido constante e processa-se em estreita colaboração com técnicos da empresa. Assim, a Illycaffè demonstra atenção a outra característica das competências essenciais: na troca de experiências e conhecimentos, a aprendizagem se torna um moto contínuo, propiciando constantemente novos caminhos para inovações.

Em toda a série de eventos descrita acima, pode-se perceber que o grande desafio da vantagem competitiva é manter constante o processo de geração de inovações. Nesse sentido, o conhecimento humano como recurso crítico – para além do saber constituído – é a fonte de onde podem brotar novos conhecimentos.

O caso Illycaffè ilustra o ponto nodal da vantagem competitiva: a criação de competências, e não só sua mera gestão. São as novas articulações de ideias, engendrando conhecimentos tácitos e explícitos, produzidos pelo ser humano pensante e criador do caminho para a geração permanente de inovações. São as ideias criadas, analisadas, discutidas e postas em prática que podem levar à conquista da vantagem competitiva sustentável.

Introdução: vai de ...................... até ..........................

Justificativa: vai de ...................... até ..........................

Desenvolvimento: vai de .................. até ...........................

Conclusão: vai de ...................... até ..........................

**5.** Organize agora o plano geral do texto acima, desdobrando o desenvolvimento em três grupos de ideias e especificando o início e fim de cada uma delas.

1. ..........................
2. ........................
3. ........................
    - 3.1 ...................... (vai de .................. até ...........................).
    - 3.2 ...................... (vai de .................. até ...........................).
    - 3.3 ...................... (vai de .................. até ...........................).
4. ......................

CAPÍTULO 9

# CONSTRUÇÃO ESTRATÉGICA DO CURRÍCULO

## COMPREENDENDO A FUNÇÃO E A IMPORTÂNCIA DO CURRÍCULO

O currículo é um dos instrumentos necessários na transição de carreira. Nele, deve constar, sobretudo, o resultado das principais informações relativas à vida profissional de um indivíduo.

### Os elementos de um currículo

Um currículo bem elaborado ressalta os talentos e capacidades do indivíduo, tornando mais consistentes as qualidades que podem assegurar o alcance da meta pretendida, conforme a Figura 9.1.

**FIGURA 9.1** Elementos de um currículo bem elaborado

Assim como os documentos empresariais, o currículo é composto por forma e conteúdo, ou seja, em sua leitura são valorizadas tanto a organização e a linguagem da apresentação quanto as informações expressas.

Ao enviar seu currículo a um *headhunter*, a um amigo ou ao setor de recursos humanos de uma empresa, seu documento apresentará automaticamente informações não só sobre sua vida profissional, mas também sobre sua competência em se expressar de maneira adequada e sua capacidade de organização.

A principal finalidade do currículo é despertar a atenção do leitor e fazer que ele deseje saber mais sobre você, por meio do contato pessoal. Portanto, em vez de se preocupar em fazer um levantamento exaustivo sobre todos os seus momentos anteriores, inclua apenas o que for mais interessante e pertinente para seus objetivos de carreira.

Vale a pena lembrar que seu currículo servirá de base para as entrevistas. Assim, domine realmente o conteúdo e, principalmente, seja verdadeiro, pois o entrevistador dispõe de técnicas que podem identificar informações falsas.

Quanto à forma, é importante atentar-se para questões como extensão do currículo, tamanho, estilo e cor da fonte, margens da folha, organização e, sobretudo, correção gramatical. No Quadro 9.1, você encontra uma análise detalhada desses pontos.

QUADRO 9.1 **Pontos importantes sobre a forma do currículo**

| | |
|---|---|
| **Extensão do currículo** | É preferível que o currículo seja apresentado em duas folhas, embora em situações excepcionais ele possa ter apenas uma ou até três páginas.<br>Vale a pena ressaltar que o número ideal de duas páginas refere-se à apresentação final das informações e que, não raro, é preciso refletir e relatar ideias que podem atingir seis, sete ou mais laudas para só depois realizar a seleção a ser apresentada na forma final. |
| **Tamanho e estilo da fonte** | As fontes mais comumente utilizadas – e por isso chamadas de fontes profissionais – são a Times New Roman, a Arial, a Calibri e a Verdana. Dê preferência a estas e evite utilizar aquelas rebuscadas para chamar a atenção.<br>Não utilize mais de uma fonte!<br>Quanto ao tamanho, ele pode variar para que o conteúdo fique ajustado ao número perfeito de páginas, desde que as informações fiquem legíveis (tamanho mínimo: 9 / tamanho máximo: 12). |
| **Cor da fonte** | Evite colorir o currículo. As melhores cores são a clássica preta ou a cinza-escuro. |

(*continua*)

(*continuação*)

| | |
|---|---|
| **Margens da folha** | As margens podem ser variáveis e ajustam-se ao tamanho final. Devem ser evitadas margens muito estreitas ou muito largas. Lembre-se que a harmonia é uma qualidade. |
| **Organização** | Tudo que vier expresso deve obedecer a alguma ordem ou lógica, formando grupos de ideias. Nada poderá ser aleatório ou extemporâneo. Atenção especial ao tempo – as últimas experiências devem aparecer em primeiro lugar. |
| **Correção gramatical** | Você deve ter especial atenção em relação às regras da língua portuguesa para não ferir nenhuma norma ortográfica ou sintática em seu currículo. |

## Estratégia de construção do currículo

Primeiro iremos construir as informações que poderão constar no currículo para, posteriormente, verificar qual a melhor forma de apresentá-las. Assim, chegamos a uma metodologia, mostrada a seguir, que visa facilitar a construção das informações essenciais.

### Primeira etapa: elaborar sua experiência profissional

Para que o currículo obedeça a uma organização lógica, é importante elaborar antes de qualquer coisa um resumo de sua experiência profissional. Redija de acordo com o modelo e exemplo a seguir.

Modelo:

**Nome da empresa: data de início e fim**

Breve apresentação da empresa: segmento de atuação e faturamento, número de funcionários ou número de contratos.

Cargo ocupado — data de início e fim

Responsabilidades

Exemplo:

**ENCOP: 2001 a 2008**

Empresa de serviços de alimentação, líder de mercado brasileiro, administrando cerca de 500 contratos e com 1.500 funcionários.

Gerente de operações — RJ — jan./06 a out./08

Responsável por desenvolver estratégias e coordenar as operações de distribuição em todo o Estado do Rio de Janeiro, monitorando os escritórios regionais e administrando cerca de 60 contratos.

Supervisor fabril — maio/01 a dez./05

Responsável por supervisionar as operações fabris, liderando seis gerentes e um total de 430 funcionários.

## Segunda etapa: redigir suas realizações

Para relembrar e redigir suas realizações — uma, pelo menos, para cada posição ocupada —, o ideal é seguir o esquema da narrativa de uma história, lembrando-se de eventos marcantes e da resolução de problemas.

A narrativa da realização profissional tem três elementos básicos:

1. O que foi realizado
2. Como foi realizado
3. Resultado obtido

O modo de redigir a realização segue, preferencialmente, a construção sintática a seguir.

1. Verbo de ação (pode estar na primeira ou na terceira pessoa) e seu complemento.
   Exemplos:

   *Elaborei planejamento financeiro...*

   *Participei, junto com um grupo de quatro pessoas, da renegociação de taxas e empréstimos...*

   *Reestruturei a regional Sudeste...*

   *Fui responsável pela coordenação da campanha publicitária...*

2. O modo como se desenvolveu a ação, resumindo e expressando os pontos principais do processo.
   Exemplos:

   *Elaborei planejamento financeiro* definindo nova estrutura de capital e política de investimentos...

   *Participei, junto com um grupo de quatro pessoas, da renegociação de taxas e empréstimos* alongando os prazos de cumprimento...

   *Reestruturei a regional Sudeste* centralizando tarefas e padronizando processos...

*Fui responsável pela coordenação da campanha publicitária* com novos e agressivos padrões de comunicação visual para as lojas...

3. A consequência da ação, buscando resultados tangíveis sempre que houver. Exemplos:

   *Elaborei planejamento financeiro, definindo nova estrutura de capital e política de investimentos* e gerando ganhos financeiros da ordem de 500 mil dólares por ano.

   *Participei, junto com um grupo de quatro pessoas, da renegociação de taxas e empréstimos, alongando os prazos de cumprimento* e gerando economia de 330 mil dólares.

   *Reestruturei a regional Sudeste, centralizando tarefas e padronizando processos*, transformando um déficit de 300 mil dólares/ano em lucro, variando de 700 mil dólares/ano a 950 mil dólares/ano.

   *Fui responsável pela coordenação da campanha publicitária com novos e agressivos padrões de comunicação visual para as lojas*, tornando-as pontos de referência no mercado.

Por fim, seguindo esse procedimento, podemos definir alguns modelos de realizações. Vejamos:

- Elaborei planejamento financeiro para alavancar resultados estimados para o ano, gerando ganhos financeiros da ordem de 500 mil dólares/ano.
- Participei, junto com um grupo de quatro pessoas, da renegociação de taxas e empréstimos da Caixa Econômica Federal, alongando os prazos de cumprimento e gerando economia de 330 mil dólares.
- Reestruturei a regional Sudeste, centralizando tarefas e padronizando processos, transformando um déficit de 300 mil dólares/ano em lucro, variando de 700 mil dólares/ano a 950 mil dólares/ano.
- Fui responsável pela coordenação da campanha publicitária com novos e agressivos padrões de comunicação visual para as lojas, tornando-as pontos de referência no mercado.

## Terceira etapa: resumir suas qualificações

Em cada realização estão refletidas suas competências, capacidades ou habilidades, pois estas são o motor que tornou possível as ações desenvolvidas em sua vida profissional.

Na primeira página do currículo — como você observará adiante neste capítulo — deve existir um resumo explicando em poucas linhas quem você é, do ponto de vista de suas competências profissionais, credenciando-o a seu objetivo.

O resumo é atualmente expresso em frases simples, destacadas umas das outras para facilitar a leitura. Elas devem ser iniciadas pelas palavras relacionadas a seguir — ou ideias que remetam ao mesmo sentido —, de acordo com o conjunto de seu diferencial em relação a outros candidatos:

- Competência
- Vivência
- Experiência
- Habilidade
- Conhecimento
- Orientação
- Domínio
- Foco

etc.

Para construir esta parte de seu currículo, você deve listar os saberes, conhecimentos, habilidades etc. que propiciaram suas realizações. Não se preocupe, neste momento, em elaborar as frases, porque elas só poderão ocorrer ao resumir todos os itens inicialmente listados, ou seja, ao listar o conjunto de suas qualificações.

Veja exemplos de realizações e competências:

Realização:

**Elaborei planejamento financeiro para alavancar resultados estimados para o ano, gerando ganhos financeiros da ordem de 500 mil dólares/ano.**

Competências:
- Competência em planejamento financeiro
- Foco em resultados

Se você teve de utilizar outras capacidades, pode aumentar sua lista de competências, embora a realização não se prolongue sobre o assunto. Por exemplo: se, para que este planejamento financeiro fosse aprovado, você teve que defender sua ideia perante os diretores e conselho da empresa, teremos também as seguintes competências: *liderança*, *capacidade de argumentação* e *poder de comunicação*.

Realização:

Participei, junto com um grupo de quatro pessoas, da renegociação de taxas e empréstimos da Caixa Econômica Federal, alongando os prazos de cumprimento e gerando economia de 330 mil dólares.

Competências:

- Capacidade de negociação
- Conhecimento técnico
- Experiência de trabalho em equipe
- Foco em resultado
- Cumprimento de meta

Realização:

Reestruturei a regional Sudeste, centralizando tarefas e padronizando processos, transformando um déficit de 300 mil dólares/ano em lucro, variando de 700 mil dólares/ano a 950 mil dólares/ano.

Competências:

- Capacidade de identificação de problemas, tomada de decisão e implementação
- Pensamento analítico e sistematizado
- Habilidade em lidar com desafios
- Foco em resultado
- Liderança
- Habilidade da gestão de relacionamento

Realização:

Fui responsável pela coordenação da campanha publicitária com novos e agressivos padrões de comunicação visual para as lojas, tornando-as pontos de referência no mercado.

Competências:

- Liderança
- Domínio técnico de ferramentas de marketing
- Conhecimento das dinâmicas de mercado
- Gestão de relacionamento

## Formatos mais comuns de apresentação do currículo

Os formatos mais comuns de apresentação do currículo são: o cronológico, o funcional e o misto (Figura 9.2).

- *Currículo cronológico:* relaciona sua experiência profissional em ordem cronológica, da mais recente para a mais antiga. Sua vantagem é a apresentação mais direta e coordenada das informações, permitindo que o leitor tenha uma visão geral de seu desenvolvimento de carreira. É especialmente adequado para profissionais que tiveram um histórico regular de empregos.
- *Currículo funcional:* retira o foco do histórico de carreira, enfatizando as experiências e realizações em cada área funcional. Ele é mais indicado quando não há uma sequência regular na carreira ou quando você deseja tirar a atenção do último desempenho.
- *Currículo misto:* como o nome indica, mescla os dois formatos, sendo mais flexível para ser adaptado ao objetivo que se deseja alcançar.

Como você pode observar, cada formato de currículo corresponde a um enfoque sobre as informações apresentadas. A escolha de qual formato é mais adequado para você deve ser feita depois que sua meta (ou seu objetivo) de carreira e suas realizações em sua experiência profissional já tiverem sido elaboradas.

No Quadro 9.2 você pode ver quais são os componentes de um currículo.

**FIGURA 9.2** Formatos de currículo

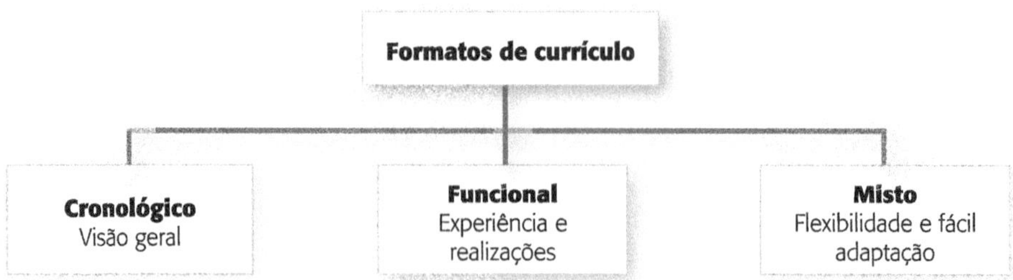

QUADRO 9.2 Componentes do currículo

| | |
|---|---|
| **Nome** | Seu nome deve constar sem abreviações. Você pode colocar o nome pelo qual é conhecido no mercado de trabalho. |
| **Contatos** | Devem-se colocar dois telefones: um celular e um fixo.<br>Não é preciso escrever 'tel.' ou 'cel.'.<br>É fundamental colocar um e-mail. |
| **Endereço** | É facultativo. Se optar por colocá-lo, escreva só o essencial, ou seja, é desnecessário colocar nacionalidade.<br>Descarte informações excessivas ou desnecessárias. |
| **Dados pessoais** | São facultativos a idade, o estado civil e o número de filhos. A tendência atual é deixar para comentar essas informações na entrevista, caso seja perguntado. Outra possibilidade é colocá–las no final do currículo.<br>A não ser que seja expressamente solicitado, nunca escreva sua pretensão salarial no currículo. Essa informação deverá ser negociada posteriormente. |
| **Objetivo** | É a frase-chave pela qual o leitor se interessará. Não se deve colocar o cargo e sim a posição e a área pretendidas para atuação. Evite especificar demais para não limitar oportunidades. |
| **umário ou qualificações** | É uma das partes mais importantes do currículo. Nela estarão os tópicos que relatam suas características profissionais mais importantes.<br>Em geral, o primeiro tópico corresponde a uma afirmação estritamente ligada ao objetivo declarado. |
| **Experiência profissional** | Listagem de experiências sempre iniciada pela última atividade exercida.<br>Mantenha o mesmo padrão de apresentação em todos os itens.<br>Especifique os cargos exercidos e suas responsabilidades.<br>Evite escrever as palavras 'cargo', 'função', 'missão' etc. |
| **Realizações** | Lembre-se que a informação deve ser clara e objetiva.<br>Não escreva parágrafos longos.<br>Evite informações desnecessárias.<br>Seja assertivo e elegante.<br>Não se autovalorize. Conte apenas a realização e seus resultados. |
| **Formação acadêmica** | Devem ser informados: formação universitária (ou curso equivalente à graduação), pós-graduação e MBAs, com os respectivos nomes das instituições e datas de término. |
| **Cursos** | Cite apenas os cursos mais importantes e os que merecem destaque em função de seu currículo profissional.<br>Hoje em dia supõe-se o domínio das ferramentas básicas de informática. Portanto, não liste tais cursos. |

(*continua*)

(*continuação*)

| | |
|---|---|
| **Exposição internacional** | Vale citar as vivências profissionais no exterior, mas não as viagens de férias.<br>Você pode incluir congressos e seminários em que você apresentou trabalhos ou palestras, mas não aqueles aos quais foi apenas assistir. |
| **Idiomas** | Temos três níveis de conhecimento dos idiomas: fluente, intermediário e básico. Escolha o que melhor se ajusta a sua realidade.<br>Lembre-se de que ser fluente em alguma língua significa poder ser entrevistado nessa língua! |

## APLICANDO AS INFORMAÇÕES

Veja, a seguir, alguns modelos de currículos.

- Currículo cronológico

**ANTONIO DIAS FERREIRA**

Av. Epitácio Pessoa 3.598/304 Telefones: 21 8283.0011 (celular) / 21 2530.4035 (res.)

Niterói - RJ - CEP 34.471-033 antonio df@globo.com

**Objetivo**

**Posição executiva sênior na área financeira**

**Perfil de qualificações**

- Profissional com vivência e liderança na área tributária e financeira em empresas nacionais e multinacionais de diversos segmentos.
- Experiência em projetos de reestruturação societária no Brasil e em outros países da América do Sul.
- Competência na elaboração e gerenciamento de projetos financeiros e estratégicos, nacionais e internacionais: *feasibility studies*, operações estruturadas, M&A.
- Habilidade para negociação e interface com diversos escalões governamentais.
- Perfil de liderança participativa, com experiência em pequenas, médias e grandes equipes multidisciplinares e multiculturais.

- Coordenador e membro de diversos comitês nacionais, palestrante e professor de graduação e pós-graduação em instituições nacionais de renome.

**Experiência profissional**

**Empresa A** **2008 a 2009**

*Multinacional do setor de óleo e gás, presente em mais de dez países no mundo*

**Gerente tributário da América Latina**

Responsável pela: (1) consultoria, *compliance* e contencioso do grupo no Brasil; (2) estratégia, planejamento e consultoria nos demais países, junto com as respectivas áreas financeira e jurídica.

- Reestruturei e reconstruí o *tax compliance*, estabelecendo novos processos e controles em alinhamento com a expressividade das atividades e dos princípios do grupo.
- Estabeleci o relacionamento com pessoas-chave nas áreas tributária e financeira do principal parceiro, gerando canal de comunicação assertivo e produtivo.
- Desenvolvi avaliações e reavaliações contratuais com parceiros estratégicos, com foco nos aspectos tributários e na maximização de utilização de incentivos fiscais, gerando *savings* significativos.
- Criei, desenvolvi e implementei ferramenta de informes periódicos sobre o cenário tributário brasileiro no setor de Oil & Gas, gerando instrumentos de informação para tomadas de decisão gerenciais mais ágeis.

**Empresa B** **2005 a 2008**

**Gerente de planejamento tributário**

Responsável por: (1) desenvolvimento e gerenciamento de projetos de planejamento tributário; (2) consultoria estratégica de tributos diretos e indiretos das empresas do grupo; e (3) relacionamento institucional com o governo.

- Centralizei e consolidei o relacionamento com representantes dos Governos Federal, Estadual e Municipal, renegociando com êxito diversas operações envolvendo créditos e débitos tributários.
- Coordenei avaliações da estrutura organizacional que resultaram em otimização da carga tributária e no suporte de decisões assertivas para operações de M&A.

**Empresa C** **1997 a 2005**

**Gerente de planejamento tributário e estratégico**
**Gerente de planejamento tributário**
**Especialista em planejamento tributário**

- Negociei, com o Governo Federal e demais empresas do setor de papel e celulose, o melhor acolhimento legislativo para uma alteração nas contribuições previdenciárias das agroindústrias. Como resultado, promovi economia de cerca de 10 milhões de reais e inibi expressivo aumento de custos para as demais empresas do setor.
- Elaborei estudos de viabilidade de projetos de investimento, tais como a implementação da nova unidade de produção de celulose no Nordeste e o projeto pioneiro de logística para transporte de matéria-prima entre a Bahia e o Espírito Santo.
- Liderei projeto de reestruturação societária e tributária das atividades e resultados *off shore,* por meio de análise de cenário e legislação de diversos países, em especial da Comunidade Europeia, economizando centenas de milhões de dólares em tributos sobre renda.
- Organizei e implementei melhor gerenciamento de oportunidades relativas ao contencioso tributário, promovendo redução de *cash outflow.*

EAEAE **1992 a 1997**

**Assistente de consultoria tributária**

**Formação acadêmica**

Advogado – Universidade Cândido Mendes — 2007.
MBA Finanças — Instituto Brasileiro de Mercado de Capitais (IBMEC) — 2000.
Contador — Universidade Federal do Rio de Janeiro (UFRJ) — 1994.

**Outras qualificações**

Membro do Comitê Tributário do Instituto Brasileiro de Petróleo (IBP), 2008/2009.
Participação ativa em cursos e seminários, nacionais e internacionais, na área tributária.
Programa de Desenvolvimento Gerencial ministrado pela ADIGO, 2009.
Participante em trabalhos voluntários de assistência social.

**Atividades acadêmicas**

IBMEC/RJ — LLM de Direito Corporativo — desde 2007.
UERJ — Especialização em Direito Tributário — 2002/2006.
UFRJ — Graduação em Ciências Contábeis — 1996/1997.

**Idiomas**

Inglês fluente / espanhol avançado.

## Currículo funcional

**João Carlos da Silva**

Rua Haddock Lobo, 263/ 1401 Brasileiro
24.220-300, Niterói — RJ Casado
Telefones: (21) 2717-6653 — (21) 8527-9300
jcsilval@yahoo.com

OBJETIVO

Posição executiva na gestão estratégica de produtos

RESUMO DE QUALIFICAÇÕES

- Profissional com larga vivência em negociações comerciais *business to business* em telecomunicações, com atuação em ambientes multiculturais.
- Experiência na área de desenvolvimento e gestão de produtos e serviços, liderando equipes multidisciplinares e conduzindo a implementação de novos negócios.
- Vivência gerencial no *start up* de novas unidades.
- Conhecimentos e atuação nas áreas de qualidade e regulamentação.
- Domínio das línguas inglesa e espanhola.

PRINCIPAIS REALIZAÇÕES

**Desenvolvimento e gestão de produtos**

- Criei, desenvolvi e implantei os serviços HDI e HCD que permitiram um incremento de 50 por cento de chamadas telefônicas internacionais, além de proporcionar aos brasileiros no exterior o serviço.
- Negociei acordos, desenvolvi formato de numeração e criei o algoritmo de código de segurança para o lançamento do Cartão Telele Internacional da XMN, em um cenário desfavorável pela cotação de moedas estrangeiras em relação à moeda brasileira, obtendo um aumento de 30 por cento no volume de chamadas internacionais.

**Negociações comerciais**

- Participei do *start up* dos serviços de longa distância da ASA, atuando nas negociações de interconexão, e em especial do Serviço de Encaminhamento de Chamadas, com todas as operadoras, em âmbito nacional, *case* considerado posteriormente como de maior sucesso na conquista de *market share* nacional.

- Identifiquei e desenvolvi novos negócios por meio da definição de modelos, diretrizes, estratégias e ferramentas de vendas para o mercado de atacado da BMN, proporcionando a expansão de atuação em serviços não regulados.

**Qualidade e regulamentação**

- Adequei processos e pessoas às melhores práticas empresariais, dentro dos critérios do Prêmio Nacional de Qualidade, viabilizando uma mudança cultural.
- Analisei as não conformidades nos procedimentos e custos operacionais elevados na Divisão de Configuração de Rede, redesenhei seus processos e seu controle estatístico e promovi o *job rotation*, obtendo a redução nos tempos de configuração de 72 horas para 24 horas e a integração da equipe de 300 empregados distribuídos em três cidades brasileiras.
- Realizei a terceirização de uma ilha de atendimento do serviço de informações, obtendo redução de custos operacionais nos centros de atendimento.

HISTÓRICO PROFISSIONAL

**ASA** **2008 até o presente**
*Membro do conselho consultivo*

**BMN** **2007 a 2009**
*Gerente de desenvolvimento de negócios atacado*

**FUNDAÇÃO CS** **2007**
*Assessor comercial*

**TELEFÔNICA TELELE** **2001 a 2007**
*Superintendente comercial de operadoras*

**INFOTEL S.A.** **1983 a 2001**
*Gerente da divisão de administração de redes internacionais*
*Consultor em regulamentação*
*Gerente da seção de atendimento aos serviços (Centros de Atendimento)*
*Assessor da superintendência de operações internacionais*

FORMAÇÃO

Pós-Graduação em Engenharia de Avaliações e Perícias Judiciais — PUC — 2007.
Especialização em Gestão Empresarial — Fundação Dom Cabral — 2005.
MBA Executivo em Gestão de Negócios — IBMEC — RJ — 2000.
Pós-Graduação em Engenharia da Qualidade — Universidade Católica de Petrópolis — 1992.
Pós-Graduação em Análise de Sistemas — UERJ — CEPUERJ — 1986.
Graduação em Engenharia Elétrica — Telecomunicações — UERJ — RJ — 1983.

- Currículo misto

**JORGE COUTO**

Rua Barão de Itambé, 32 B ap. 401 Telefones: 21-2222-6919/ 21-9804-0370
Rio de Janeiro – 22.411-100
j.couto@oi.centroin.br

**Objetivo**

**Atuação sênior no atendimento de pré e pós-venda de produtos e serviços**

**Qualificações**

- Profissional com experiência em empresas de telecomunicações, ocupando posições gerenciais na área de atendimento em todo o território nacional.
- Domínio da cadeia de valor de atendimento, com vivência em estratégia, desenho e implantação de todos os processos relacionados aos segmentos corporativo e empresarial.
- Atuação como gestor em reestruturação e em qualidade total, com resultados positivos nas operações de centralização.
- Liderança e capacidade de mobilização de equipes multifuncionais e multiculturais, com foco em satisfação e resultados.
- Ampla capacidade de comunicação na cadeia hierárquica, bem como na motivação de times.
- Perfil relacional e pragmático, com forte motivação para desafios e ótima *performance* em situações sob pressão.

**Histórico profissional**

**Empresa A** **1998 a 2009**

**Gerente de atendimento — 2007 a 2009**

Responsável pela gestão do atendimento dos segmentos corporativo, empresarial e de alto valor dos produtos VG, VB e internet, em âmbito nacional, atuando na estratégia, desenho e implantação de processo, bem como na implementação de ações de adequação na prestadora de serviços CBX. Reporte ao diretor de atendimento.

**Gerente de atendimento clientes corporativos e empresariais — 2005 a 2007**

Responsável pela gestão do atendimento dos segmentos corporativo e empresarial.

**Gerente de gestão de entrega a clientes corporativos e empresariais — 2003 a 2004**

Responsável pela gestão do follow up desde a entrada da solicitação até a prestação do serviço. Reporte direto ao diretor B2B.

**Gerente de processo B2B — 2001 a 2003**

Responsável pelo redesenho dos processos B2B em toda a sua cadeia de valor. Reporte direto ao diretor B2B.

**Gerente de comunicação de dados — 1999 a 2000**

Responsável pela prestação de serviços de instalação e manutenção de dados no Estado do Rio de Janeiro. Reporte ao diretor de clientes RJ.

**Empresa B** **1975 a 1998**

**Gerente de vendas empresariais — 1997 a 1998**
**Gerente de vendas corporativas — 1993 a 1997**
**Gerente de marketing — 1991 a 1993**
**Gerente de manutenção de planta interna — 1986 a 1991**
**Gerente do centro de operações — Leblon — 1978 a 1986**
**Supervisor de planta interna — 1977 a 1978**

**Principais realizações**

- Coordenei e gerenciei a transferência da estrutura de atendimento do produto VG da central Rio de Janeiro para Belo Horizonte, num total de 1,2 milhão de clientes, realizando a mudança sem perda de qualidade e obtendo: (1) elevação no nível de satisfação dos clientes (6,3 para 7,1); (2) queda de 73 por cento nas reclamações e (3) redução de custo da operação.
- Criei, implantei e geri a centralização das atividades de *input* de solicitações de serviços resultantes das vendas aos clientes corporativos e empresariais, em nível nacional, aumentando a nota do quesito *entrega* da pesquisa de satisfação (6,2 para 7,2) por meio da alteração no tempo de *input* de 11 para dois dias.
- Criei, implantei e coordenei a centralização/padronização, em nível nacional, das atividades de solicitações de viagens, fechamento das despesas e acompanhamento de horas extras de 300 colaboradores dos segmentos corporativo e empresarial, com diminuição de 30 por cento das despesas com custeio e de 60 por cento das despesas de horas extras, em 2007.

- Criei e gerenciei a área de gestão de entrega, com o objetivo de acompanhar da entrada do pedido até a prestação do serviço, as solicitações de dados e voz avançada para 600 mil clientes do segmento corporativo e empresarial, o que resultou em: (1) aumento de três p.p. na pesquisa de satisfação destes segmentos e (2) diminuição do *churn* de 18 por cento para três por cento em oito meses, em 2004.
- Concebi e implantei a área de gestão de processos, para garantir o desenho e a aplicação de processos de toda a cadeia de valor dos produtos de dados e voz avançada, nos segmentos corporativo e empresarial, entre 2001 e 2003.
- Concebi e implantei o atendimento personalizado dos clientes corporativos (cerca de 5.000 CNPJs) no *call center*, o que resultou no aumento da satisfação dos clientes do segmento, tornando-se *benchmark* no atendimento deste segmento de mercado desde fevereiro de 2002.
- Coordenei o atendimento das solicitações de serviços de 163 países participantes, antes e durante o evento Rio 92. Recebemos o reconhecimento mundial pelo atendimento no evento, com elogio do jornal *The Economist* e agradecimentos formais de 14 governos, incluindo o brasileiro, o norte-americano, o francês, o alemão e o espanhol.
- Coordenei, implantei e geri o atendimento centralizado das solicitações de serviços de comunicação de dados e voz avançada de 400 clientes do segmento corporativo da Telege, em nível estadual, o que resultou no aumento de três por cento para 11 por cento de participação de mercado nestes serviços, entre 1991 e 1995.

**Formação acadêmica**

MBA em Serviços — COPPEAD — 2003.
Engenharia Elétrica, especialização em Telecomunicações — PUC-RJ — 1977.

**Idiomas**

Inglês, francês e espanhol intermediários.

## AMPLIANDO O CONHECIMENTO

A elaboração de um currículo bem construído implica reflexões sobre si mesmo, gerando autoconhecimento. Um dos recursos utilizados pelas empresas como indicador de tipos psicológicos é o instrumento Myers-Briggs Type Indicator (MBTI®). Ele foi criado na década de 1930 por Katherine Briggs e Isabel Myers com base na teoria do psicólogo suíço Carl Gustav Jung. Trata-se de um questionário que tem por finalidade identificar preferências individuais em atitudes e processos psicológicos. Desse questionário resultaram quatro tipos de perfis: o reflexivo, o racional, o afetivo e o pragmático.

Veja, no Quadro 9.3, as características dos quatro perfis e faça uma autoanálise para verificar qual é o mais próximo de seu tipo.

QUADRO 9.3 Características dos perfis

| Tipo | Descrição | Pontos fortes | Pontos fracos |
|---|---|---|---|
| **Reflexivo** | Valoriza inovações, conceitos novos e originais que têm implicações em longo prazo. Tem uma mente imaginativa, boa para desafios ou identificação de problemas. Capta facilmente teorias e aprecia a pesquisa intelectual. | Idealista, inovador, conceitual, original, visão global e estratégica. | Autocentrado, pouco prático, dogmático, fantasioso, desligado e arrogante. |
| **Racional** | Valoriza fatos, lógica, precaução. Prima pela análise detalhada de situações e eventos. É focado em procedimentos. Avalia alternativas que levam a decisões e conclusões sobre ações. | Objetivo, analítico, prudente, planejador, organizado, bom ouvinte e persistente. | Frio no relacionamento, lento na tomada de decisões, pouco dinâmico, controlador, excessivamente sério e rígido. |
| **Afetivo** | Valoriza interação humana, é persuasivo e demonstra emoção e compreensão pelas pessoas. Preocupa-se com os impactos humanos na organização. | Empático, espontâneo, leal, compreensivo, paciente, bom ouvinte, confidente e persuasivo. | Subjetivo, postergador, impulsivo, emocional, manipulativo, pouco assertivo. |
| **Pragmático** | Valoriza a ação e os resultados. Suas ações falam mais alto que as palavras. É direto e franco; realista e prático no trabalho. | Prático, objetivo, decidido, assertivo, realizador, implementador e dedicado. | Autoritário, arrogante, desorganizado, desconfiado, superficial. |

## TESTES

**1.** Marque V (verdadeiro) ou F (falso) para as afirmações abaixo.

**a.** ( ) O currículo é o principal instrumento da transição de carreira.

**b.** ( ) O currículo é o resultado de um processo de análise e síntese das principais informações relativas à vida profissional.

**c.** ( ) O aspecto mais importante do currículo é a forma com que as informações são apresentadas.

**d.** ( ) Deve-se colocar na primeira página do currículo as informações relativas à vida acadêmica.

**2.** Coloque em ordem de apresentação curricular os segmentos identificados pelas palavras abaixo:

Objetivo — Experiência profissional — Contatos —
Formação acadêmica — Qualificações

**3.** Relacione a coluna A com a coluna B, identificando a frase adequada:

| Coluna A | Coluna B |
|---|---|
| 1. Objetivo | ( ) Profissional com experiência em mercados nacionais e internacionais. |
| 2. Qualificação | ( ) Implementei novos processos e procedimentos gerando economia da ordem de 500 mil reais/ano. |
| 3. Realização | ( ) Posição de liderança na gestão de novos negócios. |

**4.** Complete as frases com a palavra adequada.

**a.** As informações sobre a experiência profissional devem ser iniciadas pela _________________ empresa em que se trabalhou. (primeira — última)

**b.** É ______________ informar a idade e o estado civil. (obrigatório — facultativo)

## APLIQUE O QUE APRENDEU

**1.** Assinale a única afirmativa correta:

**a.** Determinados dados pessoais, como número da identidade e CPF, devem sempre constar do currículo.

b. No objetivo deve-se afirmar o cargo pretendido para que não haja mal-entendidos e possa ser agendada a entrevista com a pessoa adequada.
c. É importante montar um currículo cuja leitura seja atraente por meio de vários tipos de fonte, itálico e negrito, destacando datas e informações.
d. O objetivo não deve ser muito especificado para não restringir suas oportunidades.

**2.** Depois de ler as afirmativas a seguir, assinale a opção correta:

1. Deve-se especificar no currículo, quando for o caso, o tipo de exposição internacional e sua data.
2. Na formação acadêmica, deve-se informar a data de início e a de término dos cursos.
3. Com a importância crescente da informática, convém listar todos os cursos realizados.
4. Deve-se, sempre que possível, informar o resultado ou o benefício que suas realizações ofereceram à empresa.

a. Todas as afirmativas estão corretas.
b. Somente a afirmativa 4 está correta.
c. As afirmativas 1 e 3 estão corretas.
d. Somente as afirmativas 2 e 3 estão erradas.

**3.** Leia as frases que se seguem e coloque (R) quando se referirem a realizações e (Q) quando se referirem a qualificações.

a. ( ) Perfil empreendedor e analítico, com forte visão de negócio e competência negocial para compra e venda de terrenos.
b. ( ) Desenvolvi e implantei um projeto de atendimento ao cliente, que diminuiu sensivelmente a insatisfação dos clientes na comunicação com a empresa.
c. ( ) Competência em vendas e merchandising, com grande experiência no desenvolvimento e acompanhamento de iniciativas de alto valor agregado.
d. ( ) Participei do processo para a realização do IPO da empresa, que foi concluído no exíguo prazo de seis meses, realizando a maior emissão feita por empresa privada.

e. ( ) Coordenei as atividades do departamento jurídico relacionadas ao contencioso, contratos e documentos dos empreendimentos e supervisionei as atividades de cobrança e financiamento.
f. ( ) Atuação no desenvolvimento de parcerias e distribuição de produtos, com ênfase em realização de objetivos.

# PARTE 2

# PADRONIZAÇÃO DOS DOCUMENTOS EMPRESARIAIS

CAPÍTULO 10

# DOCUMENTOS EMPRESARIAIS

Neste capítulo, trataremos da redação de documentos empresariais diversos, instrumentos fundamentais de comunicação, marketing e controle externo e interno.

## A CORRESPONDÊNCIA EMPRESARIAL MODERNA

A correspondência empresarial tem sofrido modificações ao longo do tempo impostas pela dinamicidade exigida pelas organizações modernas. São mudanças que se refletem tanto na forma quanto no estilo da linguagem.

Dessa maneira, vemos que existe um cuidado cada vez maior para adequar a eficiência da mensagem a sua forma. É importante notar que, como, em geral, cada empresa tem seus próprios valores, fluxogramas e aspectos culturais, elas apresentam variações nas normas da correspondência de acordo com sua própria realidade da tramitação de informações.

Hoje em dia, a correspondência empresarial não é apenas um meio de comunicação. Como mostra a Figura 10.1, é também um instrumento de marketing e de controle: de marketing porque a comunicação empresarial é a responsável pela imagem da organização diante de seu público, interno ou externo, e se insere na realidade de um mercado competitivo em que todas as nuances de comportamento adquirem sentido; de controle porque cristaliza informações e responsabilidades.

**FIGURA 10.1** Correspondência empresarial

As mudanças mais importantes nos documentos empresariais das empresas privadas relacionam-se ao estilo da linguagem, à disposição dos elementos e, principalmente, ao meio de transmissão da informação. Confira a Figura 10.2.

**FIGURA 10.2** Características da correspondência empresarial

## As informações transmitidas por e-mail

O e-mail é o meio de comunicação mais utilizado hoje em dia nas empresas. Por meio dele são transmitidas informações para clientes internos ou externos.

Cabe aqui uma primeira observação importantíssima: quando a informação dirigir-se a um cliente externo, o e-mail é apenas um meio mais moderno e eficaz de fazer chegar com rapidez a informação. Assim, mantém-se a formalidade exigida pela situação. Certamente nas correspondências trocadas habitualmente, a linguagem será mais informal, ao passo que em outras situações a linguagem será determinada pelo assunto.

Atenção: a linguagem do e-mail depende do destinatário e do assunto!

No caso da utilização do e-mail para o envio de uma carta a um cliente externo, por exemplo, a padronização estética de carta impressa é mantida, bem como a estrutura formal da mensagem, com apresentação inicial, desenvolvimento e fecho. Quanto à linguagem, o grau de formalidade, em geral, será mais acentuado.

Por outro lado, quando o e-mail é utilizado como documento empresarial interno, observamos uma significativa diferença na linguagem e forma empregadas. Ao assumir o papel de bilhete ou de contato telefônico, ele apresenta um alto grau de informalidade na linguagem empregada, aproximando-se da fala. No entanto, quando ele assume a função de um memorando, verificamos um cuidado maior com o planejamento textual, com a gramática e com o grau de formalidade.

Seja qual for o caso, o importante é ressaltar que a formalidade da linguagem será sempre determinada pelo assunto tratado e pelo destinatário da mensagem.

Apresentamos a seguir três exemplos sobre o mesmo assunto. Observe como a informalidade sofre ligeiras modificações de acordo com a situação e a cultura interna da empresa.

- Exemplo 1:

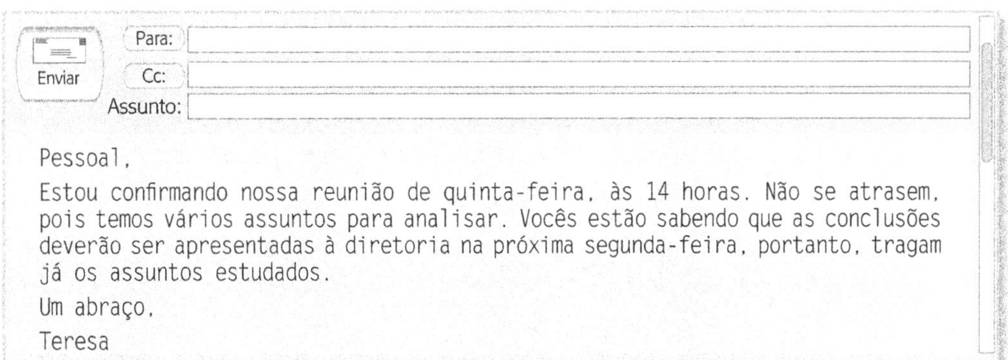
Enviar
Para:
Cc:
Assunto:

Pessoal,

Estou confirmando nossa reunião de quinta-feira, às 14 horas. Não se atrasem, pois temos vários assuntos para analisar. Vocês estão sabendo que as conclusões deverão ser apresentadas à diretoria na próxima segunda-feira, portanto, tragam já os assuntos estudados.

Um abraço,

Teresa

- Exemplo 2:

Enviar | Para: | Cc: | Assunto:

Pessoal,

Vocês não podem se atrasar pra reunião de quinta-feira, às 14 horas. Temos vários assuntos para analisar. Tragam esses assuntos já estudados, OK?

Um abraço,

Teresa

- Exemplo 3:

Enviar | Para: | Cc: | Assunto:

Equipe,

Estou confirmando nossa reunião de quinta-feira, às 14 horas. Solicito que não se atrasem, pois temos vários assuntos para analisar. Como as conclusões serão apresentadas à diretoria na próxima segunda-feira, tragam os assuntos já estudados.

Atenciosamente,

Teresa

## Algumas questões sobre a utilização do e-mail

- Você sabe qual é o maior problema com relação às mensagens empresariais por e-mail?

O maior problema observado hoje em dia nas empresas é que a informalidade chegou a um ponto em que o assunto é redigido como se fosse uma fala despreocupada, apresentando má organização das ideias e falta de clareza.

- Como evitar que a mensagem mostre-se descuidada, prejudicando a clareza das ideias e a imagem de quem a redigiu?

Para evitar isso, organize a sequência das informações que você deseja transmitir. Outro cuidado é não cometer erros gramaticais. Não se esqueça de que, embora informal, o texto é um documento empresarial.

O exemplo a seguir é típico de um e-mail escrito às pressas, contendo erros.

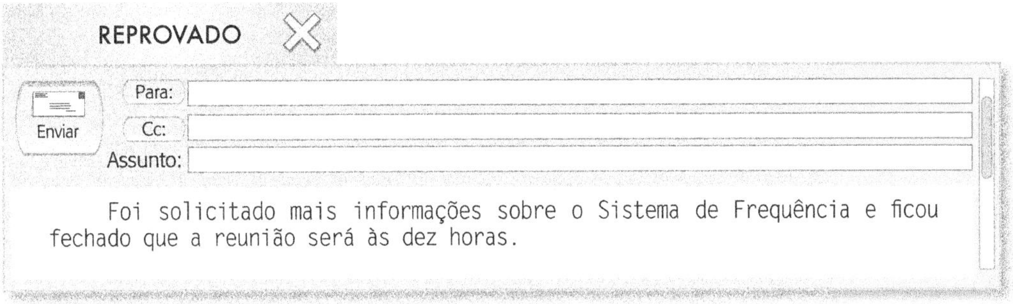


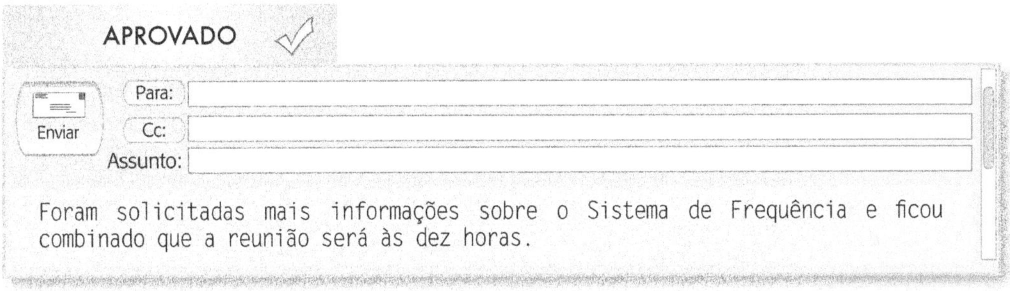


Veja no Quadro 10.1 algumas dicas para a redação de um e-mail correto.

QUADRO 10.1 Tira-dúvidas para um e-mail correto

| | |
|---|---|
| **Vocativo** | São possíveis várias formas de vocativo no e-mail, dependendo do assunto, da formalidade e do destinatário.<br>Exemplo:<br>*Prezado Jorge,*<br>*Olá, Jorge,*<br>*Bom dia, Jorge,*<br>*Jorge,*<br>*Caro Jorge,*<br>*Equipe,*<br>*Pessoal,* |
| **Início do texto** | O início do texto pode ocorrer com:<br>*Minúscula*: quando se tratar de assunto rotineiro e destinatário de tratamento informal;<br>*Maiúscula*: quando o assunto for mais complexo e/ou mais delicado. |

(*continua*)

(*continuação*)

| | |
|---|---|
| **Linguagem** | A linguagem dependerá do assunto tratado e do destinatário a quem será enviado o e-mail, e sempre deve primar pela elegância e clareza.<br>Pode-se iniciar pela ideia-núcleo ou pela secundária. |
| **Fecho** | O fecho deve se conciliar com a mensagem.<br>Em e-mails mais formais, usa-se *atenciosamente*, e em mensagens mais informais, dependendo da cultura da empresa, pode-se usar um *abraço*. |

## As informações na carta, por meio de papel ou de e-mail

A carta moderna sofreu muita influência dos modelos norte-americanos, tanto na forma quanto no estilo. Como você viu na Figura 10.2, entre as décadas de 1950 e 1980, o modelo que vigorava entre nós era o chamado *denteado*, por causa das aberturas de parágrafos. Com a influência norte-americana, esta estética sofreu variações, até que, no final da década de 1980, foi assimilado totalmente o estilo *em bloco*. A Figura 10.3 ilustra bem a diferença entre os dois estilos.

A seguir, apresentamos no Quadro 10.2 uma relação de modernizações que aconteceram no conteúdo da carta impressa.

**FIGURA 10.3** Modelo denteado e modelo em bloco

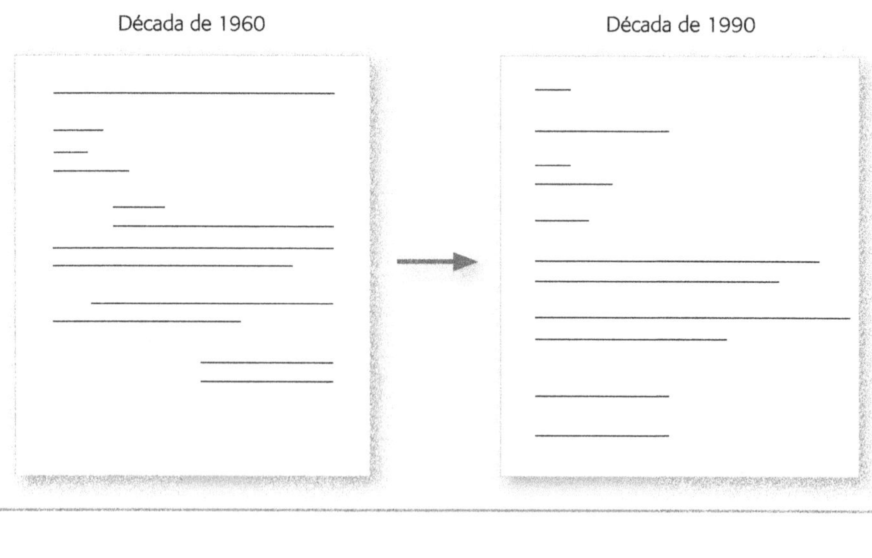

QUADRO 10.2 Modernizações na carta

<table>
<tr><td>Nº de expedição (no papel)</td><td>Pode aparecer isolado, combinado ao setor ou à abreviatura da espécie do documento.<br>Exemplo:<br>657, SETRE/657, SETRE – 657<br>Por tradição tem sido posto à esquerda, mas também pode ser colocado à direita para facilitar o arquivamento.</td></tr>
<tr><td>Data</td><td>O dia e o mês aparecem sem o zero à esquerda.<br>Exemplo:<br>Porto Alegre, 3 de maio de 2006.<br>Com relação à data no meio do texto, pode-se optar por escrevê-la com dois dígitos, ou com um dígito só.<br>Exemplo:<br>Em resposta à sua carta de 03/05/2006 ou<br>Em resposta à sua carta de 3/5/2006<br>O nome do mês é escrito em minúscula, inclusive a letra inicial.<br>Exemplo:<br>São Paulo, 1º de janeiro de 2007.<br>Não há ponto ou espaço depois do milhar.<br>Depois da data, usa-se o ponto final. Só na carta com pontuação aberta ele será dispensável. (Pontuação aberta é um recurso norte-americano que consiste em não se colocar nenhum sinal de pontuação em três elementos: data, vocativo e fecho. Em nossa cultura, esse recurso não é aceito por todos e, portanto, não aconselhamos seu uso.)</td></tr>
<tr><td>Destinatário<br>≠<br>Endereçamento</td><td>Na carta moderna, não se coloca o endereço do destinatário por uma questão de lógica: por que a pessoa que recebe a correspondência precisa saber o próprio endereço? É claro que caberá a cada empresa organizar seus arquivos de forma a associar o destinatário com seu endereço.<br>A única situação em que será pertinente o uso do endereço no próprio corpo da carta será no caso de envelopes janelados.<br>Eis algumas variações de como se pode estruturar o destinatário:<br>Exemplos:<br>À (facultativo)<br>Petróleo Brasileiro S.A. – PETROBRAS<br>(observe o uso do a craseado. Deve ser usado sempre que ficar subentendida a palavra empresa)</td></tr>
</table>

(continua)

(*continuação*)

<table>
<tr><td>Destinatário<br>≠<br>Endereçamento</td><td>ou<br>Ao (facultativo)<br>Banco do Brasil S.A.<br>Agência Centro<br>ou ainda<br>À (facultativo)<br>Sul América Capitalização<br>Setor de Treinamento</td></tr>
<tr><td>Att., At. ou A/C ?</td><td>A/C → Este código deve ser utilizado somente no envelope, indicando aos cuidados de quem se direciona o documento.<br>Att. → Abreviatura do inglês attention; não é usado em língua portuguesa.<br>At. → Significa em atenção de quem se destina o documento. Pode vir junto do destinatário ou logo abaixo.<br>Exemplos:<br>À<br>Petróleo Brasileiro S.A. – PETROBRAS<br>Setor de Treinamento<br>At.: sra. Eliana de Souza</td></tr>
<tr><td>Referência<br>≠<br>Assunto</td><td>A referência diz respeito ao número do documento mencionado. O assunto refere-se ao tema que será tratado na correspondência.<br>Assim, é errado colocar:<br>Referência: Instalação de microcomputadores<br>Mas é correto usar:<br>Assunto: Instalação de microcomputadores<br>Quando houver a necessidade de se colocar o assunto e a referência, a melhor solução é:<br>Assunto: Instalação de microcomputadores<br>Sua Carta-Proposta n. 22</td></tr>
</table>

(*continua*)

(*continuação*)

| | |
|---|---|
| **Vocativo** | Uma vez que o vocativo trata de uma invocação ao destinatário, ele deve concordar em gênero e número com este.<br>Exemplos:<br>*À*<br>*Sul América Capitalização*<br>*Setor de Treinamento*<br><br>*Prezados senhores,*<br>ou<br>*À*<br>*Petróleo Brasileiro S.A. – PETROBRAS*<br>*Setor de Treinamento*<br>*At.: Sra. Eliana de Souza*<br><br>*Prezada senhora,*<br>É importante ressaltar que, depois do vocativo, usa-se a vírgula, por determinação da IN n. 4/92, constante no Manual de Redação da Presidência da República. Convém também observar que, gramaticalmente, o correto seria o uso dos dois-pontos, uma vez que depois se inicia uma frase com letra maiúscula.<br>Em muitas cartas é oportuno usar o vocativo personalizado, quando se deseja fazer um apelo mais direto e que contenha maior força de venda. |
| **Texto** | O texto se inicia sempre sem abertura de parágrafo e não é mais imprescindível o alinhamento pela margem direita (cf. IN n.133/82), embora depois do incremento do uso dos computadores seja mais usual este alinhamento, pois basta clicar no ícone *justificar*.<br>A separação dos parágrafos fica demonstrada por um espaço maior entre uma linha e outra.<br>Observe-se que até o fecho *Atenciosamente* vem alinhado na mesma margem esquerda. |
| **Nome e cargo/ função** | Hoje em dia não se coloca mais a linha para a anteposição da assinatura, pois todos são capazes de assinar de maneira correta, independentemente da linha.<br>É importante ressaltar que não se antepõe título ao nome do signatário que, geralmente, vem somente com as iniciais em maiúscula na carta. (Como veremos no Capítulo 11, nos ofícios o nome virá em caixa alta.)<br>Não se deve deixar de registrar o nome de quem está assinando, pois a assinatura é sempre de uma pessoa, e não de um setor ou divisão.<br>Exemplo:<br>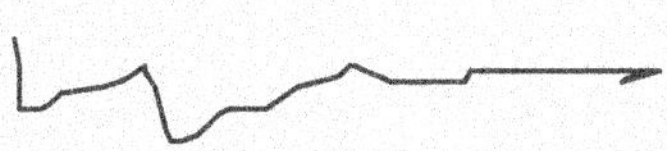<br>Jairo da Silva<br>Setor de Cobrança |

(*continua*)

(*continuação*)

| | |
|---|---|
| **Anexos** | A palavra anexo, no canto esquerdo da carta em papel, tem a finalidade de apontar, de forma simplificada, a inclusão de outros documentos. Como ela tem por objetivo conferir os documentos inclusos, não faz sentido o uso já disseminado da expressão os citados, pois a pessoa teria de ler todo o texto para, só depois, saber se os documentos estão de acordo. Portanto, embora não se tenha este costume, o mais lógico é colocar o nome do documento citado ou a quantidade dos documentos incluídos.<br>Exemplos:<br>*anexos: Comunicado AMB n. 7*<br>*Tabela de Honorários Médicos*<br>ou<br>*anexos: 2* |

Apresentaremos, agora, alguns exemplos.

Exemplo de carta impressa:

Rio de Janeiro, 6 de março de 2008.

À

Empresa Tal S.A.

At.: Dr. Flávio de Castro

Assunto: Padrão datilográfico

Prezado senhor,

Esta carta ilustra o preenchimento das novas correspondências das empresas. As instruções que se seguem devem ser repassadas a todos os funcionários, responsáveis pela manutenção da imagem de modernidade da empresa.

A única margem aceita, a partir dos anos 1990, é a da esquerda, começando-se com a data e terminando com a assinatura. Não deve haver nenhum elemento do lado direito, à exceção da padronização recomendada para o Ofício e para o Memorando das repartições públicas.

Observe-se que não se coloca mais o endereço do destinatário no corpo da carta, a menos que o envelope seja janelado. Entretanto, pode ser discriminado o setor ao qual a carta está sendo enviada.

Com relação à margem direita, ela pode, conforme Instrução Normativa de 1982, não estar alinhada. Porém, com o uso do computador cada vez mais disseminado, a tendência é manter o alinhamento.

Registre-se que a entrada de cada parágrafo já deixou de existir e a separação entre parágrafos é feita por uma linha em branco. Esta orientação é válida inclusive para o último parágrafo, cuja tendência é resumir-se na palavra *atenciosamente*.

Esperando que as novas normas reflitam o espírito de modernidade da empresa, desejamos sucesso.

Atenciosamente,

Miriam Gold

Observe:

- Não há o ano junto à numeração da carta, que vem com a sigla do departamento.
- A data vem à esquerda, junto com todo o resto do texto, e fecha-se com o ponto final.
- O mês vem com inicial minúscula.
- Não se coloca o endereço na folha da carta, só no envelope.
- Não se usa o pronome senhorita.
- Não há abertura de parágrafos.
- Toda carta deve vir assinada por alguém que possa ser identificado.

Exemplos de e-mails para clientes internos, com linguagem formal:

- Exemplo 1:

Enviar
Para:
Cc:
Assunto:

Caro Gomes,

Estou enviando, para sua análise e comentários, os dados colhidos entre as secretárias da empresa, visando à elaboração do Manual da Secretária.

Atenciosamente,

Jorge

- Exemplo 2:

Enviar
Para:
Cc:
Assunto:

Prezados,

Encaminhamos anexos os novos padrões de correspondência interna e externa que serão utilizados por nossa empresa.

Esta reformulação faz parte do processo de modernização que estamos implantando e trará implicações tanto na agilidade das tomadas de decisão internas quanto na melhoria da qualidade da relação com o cliente.

Esclarecemos que cada novo padrão encontra sua aplicação explicitada no arquivo e é resultado de estudos elaborados pela consultoria externa junto com nossos colaboradores internos.

Solicitamos, então, a divulgação das novas orientações para todos os setores, com a recomendação de utilização imediata.

Agradecemos sua colaboração.

Atenciosamente,

Andrade

## APLIQUE O QUE APRENDEU

Modernize a carta abaixo, tanto nos aspectos formais quanto no texto, fazendo as modificações necessárias.

Ct- 43/97 — DIVPES

18 de Abril de 1997

**ASSOCIAÇÃO COMERCIAL DE VITÓRIA**

**A/C: sr. Fernando Matos**

Ass.: suas cartas 113/97 e 117/97 — reunião 22 ABR 97

Prezado senhor

Informamos que o sr. Paulo Garcia Júnior, estará acompanhando a comitiva do Governo do Estado ao Chile. Estaremos enviando dois representantes para a reunião referenciada, são os senhores: **CARLOS JOSÉ DA SILVA e JURANDIR DE SOUZA.**

Em relação a solicitação de um coordenador para o projeto "TURISMO ESPETACULAR", esclarecemos que para este prezado evento estaremos indicando o sr. Antonio Moura Brasil.

Sem mais para o momento.

Atenciosamente

Paulo Garcia Júnior

Presidente

CAPÍTULO 11

# CORRESPONDÊNCIA OFICIAL

Neste capítulo, iremos estudar a padronização vigente desde 1992 do ofício (correspondência externa) e do memorando (correspondência interna) dos órgãos públicos.

## UNIFORMIZAÇÃO DA CORRESPONDÊNCIA OFICIAL

No serviço público não se podia, até pouco tempo atrás, falar em unidade nos padrões de correspondências relacionadas aos atos administrativos oficiais.

No entanto, em 1991, foi criada pela Presidência da República uma comissão para uniformizar e simplificar as normas de redação de atos e comunicações oficiais. A partir do trabalho dessa comissão, foi elaborado, em 1992, o *Manual de Redação da Presidência da República*, com a finalidade de racionalizar e padronizar a redação das comunicações oficiais.

Desse estudo, resultou a Instrução Normativa n. 4, de 6 de março de 1992, que visa consolidar tais normas e torná-las obrigatórias no âmbito federal.

## O OFÍCIO

O ofício é uma forma de correspondência oficial trocada entre chefes ou dirigentes de hierarquia equivalente ou enviada a alguém de hierarquia superior à daquele que assina. Ele é empregado na comunicação de assuntos oficiais pelos órgãos da administração pública entre si e com órgãos particulares e sua finalidade é informar com o máximo de clareza e precisão, utilizando-se o padrão culto da língua.

Como ele circula entre agentes públicos ou entre um agente público e um particular, sua linguagem deve ser formal sem ser rebuscada, pois "as comunicações que partem dos órgãos públicos federais devem ser compreendidas por todo e qualquer cidadão brasileiro" (BRASIL, 2002, p. 5).

Veja, a seguir, um modelo de ofício.

5 cm

[Ministério]
[Secretaria/Departamento/Setor/Entidade]
[Endereço para correspondência].
[Endereço - continuação]
[Telefone e Endereço de e-mail]

Ofício nº 524/1991/SG-PR

Brasília, 27 de maio de 1991.

A Sua Excelência o Senhor
Deputado [Nome]
Câmara dos Deputados
70.160-900 – Brasília – DF

Assunto: **Demarcação de terras indígenas**

Senhor Deputado,

2,5 cm

3 cm

1. Em complemento às observações transmitidas pelo telegrama nº 154, de 24 de abril último, informo Vossa Excelência de que as medidas mencionadas em sua carta nº 6708, dirigida ao Senhor Presidente da República, estão amparadas pelo procedimento administrativo de demarcação de terras indígenas instituído pelo Decreto nº 22, de 4 de fevereiro de 1991 (cópia anexa).

2. Em sua comunicação, Vossa Excelência ressalva a necessidade de que – na definição e demarcação das terras indígenas – fossem levadas em consideração as características socioeconômicas regionais.

3. Nos termos do Decreto nº 22, a demarcação de terras indígenas deverá ser precedida de estudos e levantamentos técnicos que atendam ao disposto no art. 231, § 1º, da Constituição Federal. Os estudos deverão incluir os aspectos etno-históricos, sociológicos, cartográficos e fundiários. O exame deste último aspecto deverá ser feito conjuntamente com o órgão federal ou estadual competente.

1,5 cm

4. Os órgãos públicos federais, estaduais e municipais deverão encaminhar as informações que julgarem pertinentes sobre a área em estudo. É igualmente assegurada a manifestação de entidades representativas da sociedade civil.

5. Os estudos técnicos elaborados pelo órgão federal de proteção ao índio serão publicados juntamente com as informações recebidas dos órgãos públicos e das entidades civis acima mencionadas.

Observação: quando o ofício tiver mais de uma página, como este, a continuação se dará na página seguinte, com o fecho e a assinatura. O destinatário e o endereçamento ficam sempre na primeira página.

Veja como ficaria a continuação do ofício:

3,5 cm

6. Como Vossa Excelência pode verificar, o procedimento estabelecido assegura que a decisão a ser baixada pelo Ministro de Estado da Justiça sobre os limites e a demarcação de terras indígenas seja informada de todos os elementos necessários, inclusive daqueles assinalados em sua carta, com a necessária transparência e agilidade.

Atenciosamente,

[Nome]
[cargo]

Você poderá encontrar muitas diferenças entre esse modelo de ofício e outros utilizados por diversos órgãos públicos. Em geral, isso acontece porque cada secretaria — estadual ou municipal — cria seus próprios modelos, contrariando a disposição federal de padronizar os documentos oficiais.

Sugerimos que, quando necessário, você utilize a padronização recomendada pela Secretaria de Administração Federal.

As principais observações são:

- Não há mais o ano junto com numeração do ofício.
- Há ponto final após a data.
- O assunto é facultativo.
- O vocativo compõe-se da seguinte formalização: Senhor + Cargo (em maiúscula) do destinatário.

  Exemplo:

  *Senhor Chefe da Divisão de Serviços Gerais*
- O primeiro parágrafo (o vocativo) e o último parágrafo (o fecho) não são numerados.
- A numeração dos outros parágrafos é feita a 2,5 cm da margem esquerda da folha, é seguida de ponto e deve-se alinhar o começo do parágrafo pelo primeiro.
- Quanto ao endereçamento no envelope, se as comunicações forem dirigidas às autoridades tratadas por Vossa Excelência, terá a seguinte forma:

  *Excelentíssimo Senhor*

  *Fulano de Tal*

  *Juiz de Direito da 10ª Vara Cível*

  *Rua ABC, n. 123*

  *01010-000 — São Paulo/SP*

No *Manual*, descobrimos também que fica "abolido o uso do tratamento Digníssimo [...]", pois "a dignidade é pressuposto para que se ocupe qualquer cargo público, sendo desnecessária a sua repetida evocação" (BRASIL, 2002, p. 18).

Quando não se empregar o tratamento de Excelência ao destinatário, é necessário dirigir-se a ele como Vossa Senhoria, e o endereçamento ficará assim:

*Senhor*

*Eduardo Maia*

*Secretário Municipal de Saúde*

*Rua XYZ, n. 789*

*012301 — Rio de Janeiro/RJ*

Conforme o *Manual*, "fica dispensado o emprego do superlativo ilustríssimo para as autoridades que recebem o tratamento de Vossa Senhoria e para particulares. É suficiente o uso do pronome de tratamento Senhor" (BRASIL, 2002, p. 10).

Há ainda uma observação muito interessante sobre o uso do já convencional título doutor: "Acrescente-se que doutor não é forma de tratamento e, sim, título acadêmico. Não deve ser usado indiscriminadamente. Seu emprego deve restringir-se a pessoas que tenham tal grau por terem concluído curso universitário de doutorado" (BRASIL, 2002, p. 10).

- O último parágrafo (fecho) deve estar centralizado na folha, foi simplificado e uniformizado da seguinte forma:
  - *Respeitosamente* — para autoridades superiores, inclusive o Presidente da República, e
  - *Atenciosamente* — para autoridades da mesma hierarquia ou de hierarquia inferior.
- O sinal de pontuação que se segue ao fecho é, obrigatoriamente, a vírgula.

## O MEMORANDO OFICIAL

O memorando é a modalidade de comunicação entre unidades administrativas de um mesmo órgão, que podem ter ou não a mesma hierarquia. Trata-se, portanto, de uma forma de comunicação eminentemente interna.

Sua principal característica é a agilidade. A tramitação do memorando em qualquer órgão deve pautar-se pela rapidez e pela simplicidade de procedimentos burocráticos. Por isso, para evitar desnecessário aumento no número de comunicações e de papel, os despachos ao memorando devem ser dados no próprio documento.

Veja um modelo de memorando oficial.

5 cm

Mem. 118/DJ

Em 12 de abril de 1991

Ao Sr. Chefe do Departamento de Administração

Assunto: **Administração. Instalação de microcomputadores**

1. Nos termos do Plano Geral de informatização, solicito a Vossa Senhoria verificar a possibilidade de que sejam instalados três microcomputadores neste Departamento.

2 Sem descer a maiores detalhes técnicos, acrescento, apenas, que o ideal seria que o equipamento fosse dotado de disco rígido e de monitor padrão EGA. Quanto a programas, haveria necessidade de dois tipos: um processador de textos, e outro gerenciador de banco de dados.

3 cm

1,5 cm

3. O treinamento de pessoal para operação dos micros poderia ficar a cargo da Seção de Treinamento do Departamento de Modernização, cuja chefia já manifestou seu acordo a respeito.

4. Devo mencionar, por fim, que a informatização dos trabalhos deste Departamento ensejará racional distribuição de tarefas entre os servidores e, sobretudo, uma melhoria na qualidade dos serviços prestados.

Atenciosamente,

[nome do signatário]
[cargo do signatário]

Observações:

Tal como no ofício, na numeração do memorando também não consta o ano.

A data deve figurar na mesma linha do número e da identificação do memorando.

O destinatário do memorando é mencionado pelo cargo que ocupa. Quanto ao emissor, já foi mencionado na numeração e virá explícito na assinatura.

O assunto esclarece o teor da comunicação.

Em relação ao texto, ele segue o mesmo padrão do ofício.

O fecho também segue a mesma normatização que o ofício.

## APLIQUE O QUE APRENDEU

O memorando seguinte talvez esteja na forma recomendada por alguma instituição, mas certamente está fora dos padrões oficiais.

Memorando FJG/DOP/CCP N. 14

Em 18/5/2000

Senhor Diretor da Divisão de Apoio Administrativo

Solicitamos a V. Sa. cientificar os interessados de que o curso de língua portuguesa, programado para o mês de maio, somente começará no dia 4 de agosto, permanecendo o horário anteriormente estabelecido.

Encaminhamos, anexo, o conteúdo programático do curso.

Atenciosamente,

Nome
Cargo do signatário

Reescreva o memorando de acordo com o *Manual de Redação da Presidência da República*.

CAPÍTULO 12

# DOCUMENTOS ADMINISTRATIVOS

Neste capítulo, aprenderemos por meio de modelos a estrutura de diversos documentos administrativos necessários no nosso dia a dia profissional.

## ACORDO

O acordo é um ajuste, uma convenção de regras que servem às partes nele destacadas.

ACORDO

Pelo presente acordo de trabalho, celebrado entre a firma .........., estabelecida nesta cidade, na ........................................, de um lado, e seus empregados abaixo assinados, de outro, fica estipulado o seguinte:

a) de segunda a sexta-feira os empregados terão seus horários prorrogados em uma hora diária;

b) os empregados receberão o acréscimo de 10% (dez por cento) sobre o valor da hora normal durante a hora suplementar de trabalho;

c) o presente contrato poderá ser denunciado por qualquer das partes mediante aviso prévio de 15 (quinze) dias.

E, como ambas as partes estão de pleno acordo, firmam o presente contrato em 3 (três) vias do mesmo teor, perante as testemunhas infra-assinadas.

São Paulo, 15 de maio de 2001.
Testemunhas:

Assinatura do representante dos trabalhadores

Assinatura do representante da empresa

Assinatura dos trabalhadores

## ATA

Ata é o registro escrito do que se passa ou do que se passou em uma reunião, assembleia ou convenção.

O objetivo principal da ata é expressar as ocorrências de uma reunião de forma clara e precisa.

É um dos documentos mais difíceis de ser elaborado em virtude da necessidade de interpretar, selecionar e expressar informações geradas por vários emissores com a maior fidelidade e clareza possíveis. O redator de ata deve analisar as informações expostas e saber distinguir as ideias principais e as secundárias. Quando o texto é escrito posteriormente, é mais fácil de ser elaborado, pois há tempo para reflexão e análise das informações, bem como para a correta estruturação das frases.

Elementos básicos:

- dia, mês, ano e hora da reunião;
- local da reunião;
- relação e identificação das pessoas presentes;
- ordem do dia ou pauta;
- identificação do presidente e do secretário;
- fecho.

Em caso de erro:

- Nos casos de erros constatados no momento de redigi-la, emprega-se a partícula corretiva *digo*.
- Quando o erro for notado após a redação de toda a ata, recorre-se à expressão *em tempo*, que é colocada após o texto.

  Exemplo:

  *Em tempo: na linha onde se lê 'bata', leia-se 'pata'.*

Observação importante: hoje em dia, observa-se a tendência de modernizar as atas de forma que elas fiquem mais fáceis de serem compreendidas.

Exemplo de ata tradicional:

**ATA DE REUNIÃO DE DIRETORIA**

Aos cinco dias do mês de fevereiro de 2002, às 14 horas, na sede da Rua dos Mananciais, n. 82 — São Paulo — SP, reuniu-se a Diretoria da Jalento Industrial S.A., estando presentes todos os seus membros, conforme infra-assinados, sob a presidência do Sr. Antonio de Souza, que convidou a mim, João Ângelo, para secretário. Assim reunidos, os senhores diretores, depois de comentar os relatórios da Consultoria Dédalo sobre a necessidade de melhorias no Atendimento ao Cliente, deliberaram sobre a liberação de verbas para o treinamento da qualidade profissional daquele setor. Ficou resolvido também que cada Diretor efetuará uma previsão orçamentária sobre sua disponibilidade financeira para tal treinamento e o assunto será discutido na próxima reunião semanal de diretoria. Nada mais havendo a tratar, foi encerrada a reunião, lavrando-se a presente Ata, que, lida e achada conforme, vai ser assinada por todos os presentes. São Paulo, 5 de fevereiro de 2002.

Exemplo de ata moderna:

ATA DE REUNIÃO DE DIRETORIA

Data: 5/2/2002

Hora: 14 horas

Local: Rua dos Mananciais, n. 82 — São Paulo — SP

Pauta:

1. Análise do relatório da Consultoria Dédalo.
2. Deliberação sobre a liberação de verbas para treinamento do Setor de Atendimento ao Cliente.

Presentes:

Presidente — Sr. Antonio de Souza

Diretor Administrativo — Sr. João Ângelo

Diretor de Produção e Comercialização — Sr. Germano Bracht

Diretora Financeira — Sra. Clarice Sá

Considerações:

1. Há necessidade real de melhoria do Atendimento ao Cliente.
2. Há necessidade de verbas para a realização de treinamentos.

Deliberações:

1. Cada Diretor efetuará uma previsão orçamentária sobre sua disponibilidade financeira para realizar treinamentos que visem à melhoria no Atendimento ao Cliente.
2. As verbas disponíveis para os treinamentos e um cronograma de treinamento serão discutidos na próxima reunião semanal da Diretoria.

São Paulo, 5 de fevereiro de 2002.

Assinatura dos presentes:

Exemplo de ata tradicional de condomínio:

ATA DA ASSEMBLEIA GERAL ORDINÁRIA DO CONDOMÍNIO DO EDIFÍCIO BARROS SÁ, REALIZADA NO DIA 22 DE MARÇO DE 2002:

Aos vinte e dois dias do mês de março do ano de dois mil e dois, por não ter havido número legal de condôminos presentes às vinte horas em primeira convocação, reuniram-se em Assembleia Geral Ordinária às vinte horas e trinta minutos em segunda e última convocação os Srs. Condôminos do Edifício **BARROS SÁ**, situado na Rua Santa Clara n. 333, nesta cidade, para, previamente convocados por Edital distribuído aos interessados, mediante protocolo e/ou correspondência postal, no próprio prédio deliberarem sobre a seguinte Ordem do Dia: **1) PRESTAÇÃO DE CONTAS; 2) ELEIÇÃO DE SÍNDICO E CONSELHO CONSULTIVO; 3) PREVISÃO ORÇAMENTÁRIA; 4) ASSUNTOS GERAIS**.

Aberta a sessão, foi indicada para presidir os trabalhos a Sra. Sandra Vieira (ap. 301), que, aceitando, convidou a Sra. Neide Gomes, representante da HOUSE & QUALITY, para secretariar os trabalhos. Procedeu-se à leitura do Edital de Convocação, não se registrando nenhuma reclamação ou impugnação. Passou-se ao primeiro item, **PRESTAÇÃO DE CONTAS**, e, por unanimidade, as contas do Sr. Síndico foram aprovadas.

No segundo item, **ELEIÇÃO DE SÍNDICO E CONSELHO CONSULTIVO**, foi reeleito por unanimidade para o cargo de síndico o Sr. José Ribeiro (Cob. 02) e para compor o Conselho Consultivo foram eleitos os condôminos: Sandra Vieira (ap. 301 — Presidente do Conselho), Sra. Sueli (ap. 601), Dr. Marcos Nascimento (ap. 303) e Sra. Regina Melo (ap. 906). Finalizando este item, fica a administração ora eleita empossada pelo período de um ano.

No terceiro item, **PREVISÃO ORÇAMENTÁRIA**, foi apresentado ao plenário um estudo orçamentário, o qual consignava uma receita no valor de R$ 9.360,00 (nove mil, trezentos e sessenta reais), perfazendo um reajuste na atual receita de 26,74%. Colocada a matéria em votação, foi decidido por unanimidade não reajustar a cota condominial, mantendo a mesma receita líquida no valor de R$ 7.385,02 (sete mil, trezentos e oitenta e cinco reais e dois centavos) rateados pela fração ideal de cada unidade. Ainda neste item, ficou deliberado, por unanimidade, que o Sr. Síndico poderá repassar para a conta do condomínio na House & Quality a verba da caderneta de Poupança do Banerj, quando houver necessidade de cobrir o saldo devedor. Ficou também aprovado por unanimidade que o Sr. Síndico, com o Conselho Consultivo, poderá reajustar a cota condominial quando julgar necessário, independentemente de aprovação de assembleia, até o percentual de 30% (trinta por cento).

No quarto e último item, **ASSUNTOS GERAIS**, foram abordados os seguintes assuntos: 1) Foi solicitado que a House & Quality comunique ao procurador da unidade 902 o dano causado na caixa de telefone do nono andar, bem como que seja retirado o entulho, proveniente de obras realizadas em seu apartamento, da garagem, num prazo de três dias úteis, caso contrário o condomínio tomará as medidas necessárias; 2) Os condôminos presentes solicitam aos moradores que seja feita uma manutenção nos aparelhos de ar-condicionado, para evitar gotejamento irregular, o que é proibido conforme a Lei n. 2749, de 23 de março de 1999; 3) O Sr. Síndico providenciará o conserto do tubo barbará entupido na garagem, bem como do furado; 4) O Sr. Síndico informou que está negociando o contrato com a empresa de elevadores no valor de R$ 780,00 (setecentos e oitenta reais); 5) Foi solicitado que sejam lixadas e pintadas as portas dos elevadores, como também que seja verificado um local para colocação do escaninho; 6) Será colocado borrachão no elevador de serviço e corrimão nas escadas; 7) Foi informado que a unidade 1005 joga lixo pela janela, conforme papel encontrado por moradores no lixo, identificando a unidade.

Nada mais havendo a ser tratado, a Sra. Presidente deu por encerrados os trabalhos, dos quais, eu, secretária, lavrei a presente ata, a qual segue assinada por mim e pela Sra. Presidente.

Rio de Janeiro, 22 de março de 2002.

PRESIDENTE: SANDRA VIEIRA
SECRETÁRIA: NEIDE GOMES

## ATESTADO

O atestado é uma declaração, um documento firmado por uma *autoridade* em favor de alguém, que certifica, afirma, assegura, demonstra algo que interessa a outrem.

O atestado e a declaração são documentos semelhantes, não havendo, no aspecto formal, nenhuma particularidade que os distinga. Contudo, a declaração prescinde de uma autoridade que a certifique.

Exemplo:

ATESTADO DE IDONEIDADE MORAL

Eu, (nome), (profissão), atesto para os devidos fins que conheço .................. .................... há .........................(...) anos e que é pessoa de alto conceito, digna de toda confiança e que nada existe que possa desaboná-la.

Por ser expressão de verdade, firmo o presente atestado.

................................., .... de ............................................ de 20....

................................. (assinatura) ................................

## AVISO OU COMUNICAÇÃO INTERNA

O aviso, ou comunicação interna, é um comunicado formal que serve para ordenar, cientificar, prevenir, noticiar, convidar. Suas características básicas são: um texto breve e uma linguagem clara.

O aviso, na empresa particular, tem características muito diferentes do aviso presente na administração pública.

Exemplo de aviso na empresa particular:

**AVISO**

O Departamento de Pessoal informa que as cestas de Natal de todos os empregados estarão disponíveis a partir do dia 18 de dezembro, no Grêmio.

Exemplo de aviso na administração pública:

5 cm

Aviso nº 45/SCT-PR

Brasília, 27 de fevereiro de 1991.

A Sua Excelência o Senhor
[Nome e cargo]

Assunto: **Seminário sobre uso de energia no setor público.**

Senhor Ministro,

2,5 cm

Convido Vossa Excelência a participar da sessão de abertura do *Primeiro Seminário Regional sobre o Uso Eficiente de Energia no Setor Público*, a ser realizado em 5 de março próximo, às 9 horas, no auditório da Escola Nacional de Administração Pública – ENAP, localizada no Setor de Áreas Isoladas Sul, nesta capital.

3,0 cm

O Seminário mencionado inclui-se nas atividades do *Programa Nacional das Comissões Internas de Conservação de Energia em Órgão Públicos*, instituído pelo Decreto nº 99.656, de 26 de outubro de 1990.

1,5 cm

Atenciosamente,

[nome do signatário]
[cargo do signatário]

## BILHETE

O bilhete é um texto simples e breve, em que se informa algo de maneira bem informal. Hoje em dia, com a informatização dos escritórios, ele é muitas vezes substituído pelo e-mail. Quando for escrito em papel, é necessário o uso do bom-senso: não esquecer a boa educação e a gramática!

Exemplo:

> Ana,
> Preciso que você dê uma conferida nos números do relatório que deixei em sua mesa.
> Obrigada,
> Teresa

## CIRCULAR

A circular é uma comunicação (carta, e-mail, manifesto ou ofício) que, reproduzida em muitos exemplares, é dirigida a diversas pessoas ou a um órgão.

Em uma carta do tipo circular, o receptor deve ter a impressão de que o texto foi redigido especialmente para ele. Em muitos casos, o nome do destinatário é citado de maneira explícita no vocativo.

Exemplo:

Enviar
Para:
Cc:
Assunto:

Prezado Advogado,

Nossa empresa desenvolve suas atividades de tratamento da informação na área jurídica e conta com a experiência de mais de 15 anos. Por ocasião de sua formatura, estamos lhe oferecendo promocionalmente nossa revista bimensal *Língua Jurídica*, que trata especificamente do assunto.

Além de informes periódicos sobre questões de linguagem na área jurídica, dispomos de uma Central de Consultas que oferece orientações para os nossos assinantes sobre a melhor redação de determinado trecho de documento ou petição.

Com este número promocional da revista, colocamos à sua disposição uma consulta gratuita a nossa Central de Consultas durante o próximo período de três meses. Basta mencionar o código encontrado na capa de sua revista e imediatamente será oferecida a informação desejada.

Temos a certeza de que nosso trabalho propiciará habilidades e informações adicionais a seu desenvolvimento profissional. Para assinatura posterior da revista *Língua Jurídica*, basta ligar para (21) 2244-5566.

Atenciosamente,
Paulo Renato de Almeida
Diretor-Presidente

## COMUNICAÇÃO INTERNA

Para explorar esse tema, veja *As informações transmitidas por e-mail*, no capítulo 10.

## CONVOCAÇÃO

Convocação é uma espécie de convite em que não há cunho social e sim, administrativo.

Exemplo:

> ASSEMBLEIA GERAL EXTRAORDINÁRIA
>
> CONVOCAÇÃO
>
> Convocamos os Srs. Acionistas a participarem da ASSEMBLEIA GERAL EXTRAORDINÁRIA que será realizada em 26 de janeiro de 2002, às 15 horas, na sede social da empresa, na Av. Copacabana, 567, C01, nesta cidade, a fim de deliberarem sobre os seguintes assuntos:
>
> a) Alteração do artigo 12 do Estatuto Social, para a reestruturação dos cargos do Conselho de Administração;
>
> b) Fixação da nova remuneração dos membros do Conselho.
>
> São Paulo, 4 de janeiro de 2002.
>
> Álvaro de Sá
>
> Presidente do Conselho de Administração

## DECLARAÇÃO

Como já vimos anteriormente, a declaração, da mesma forma que o atestado, é um depoimento. A diferença entre os dois, no entanto, está no fato de que a declaração não é necessariamente declarada por uma autoridade.

Exemplos:

> DECLARAÇÃO
>
> Eu, .........., declaro, para os devidos fins, que me foram furtados em ..../..../.... RG, CPF, CNH, bem como os cartões Credicard, American Express, Cartão

Banco 24 Horas, talões de cheques Banco X, agência Y. Assim, comunico que não me responsabilizo por cheques emitidos nem pelo mau uso dos documentos. Ocorrência registrada em ............ B.O. no ...... no mesmo dia.

local e data

....................................

DECLARAÇÃO

Declaramos para os devidos fins que o Sr. ............................................, portador da Carteira de Trabalho n. .............. da série ................................ , foi nosso funcionário no período de ............................ a ...........................,  exercendo a função de ................................. .

Informamos, ainda, que o referido empregado, durante o tempo em que aqui trabalhou, exerceu sua função a contento, não havendo nada que possa desaboná-lo.

local e data

....................................

DECLARAÇÃO À PRAÇA – HOMÔNIMO

João da Silva, brasileiro, casado, aposentado, portador do RG ................ e do CPF ..............................., nascido aos ...../....../......, filho de ....................... ........... e de ........................................., residente em apartamento próprio na Rua ........................................, nesta Capital, declara à praça e a quem possa interessar o seguinte:

1º) Que não se referem à sua pessoa a emissão de cheques sem fundos divulgados em aviso do Banco Bradesco, tratando-se, nesses casos, de um homônimo a quem desconhece e com o qual não tem parentesco;

2º) Que quaisquer irregularidades surgidas por meio de certidões obtidas nos Cartórios de Protestos, nos Distribuidores do Poder Judiciário do Rio de Janeiro e da Justiça Federal não se referem à sua pessoa, que sempre primou pela retidão de suas ações e pontualidade nos pagamentos de sua responsabilidade.

São Paulo, ....... de ............................ de 20...... .

João da Silva

## PROCURAÇÃO

A procuração é um documento pelo qual uma pessoa autoriza outra a tratar de um assunto ou a agir em seu nome. Ela só terá validade legal se a assinatura vier com firma reconhecida.

Exemplo de textos que qualquer procuração particular:

PROCURAÇÃO

[Abertura] (nome) ...................., (nacionalidade) ..........., (est. civil)..........., (profissão) ........., residente na ............ (cidade) .........., (estado) .........., portador do RG n. ................, CPF n. .............., pelo presente instrumento de procuração constitui e nomeia seu bastante procurador (nome) .........., (nacionalidade) ..........., (est. civil) ............., (profissão) ............, residente na .............. (cidade) .............., (estado) .............., portador do RG n. .................. CPF n. .................., para ...... ............................................................

[Texto] específico .................................................................................... ........................................................................................................ ........................

[Fecho fixo] podendo, para tanto, realizar todos os atos necessários para este fim.

(cidade) ........., (dia) ..... de (mês) ......... de 20...

(assinatura) .........................

firma reconhecida

## RECIBO

Em um recibo, declara-se o recebimento de algo ou de alguma quantia. A quantia pode vir em destaque no lado esquerdo do documento.

Exemplos:

RECIBO

Recebi da empresa TOP EVENTOS a quantia de R$ 150,00 (cento e cinquenta reais) referente ao valor da diária para o seminário Comunicação Empresarial Escrita, realizado em São Paulo, em 28 de novembro de 2001.

Rio de Janeiro, 30 de novembro de 2001.

Miriam Gold

RECIBO

R$ 5.000,00

Recebi do Sr. Antonio Flores a importância de R$ 5.000,00 (cinco mil reais) como sinal de compra do apartamento 504, situado na Rua das Laranjeiras, 350, Laranjeiras, Rio de Janeiro, de minha propriedade.

O preço total da venda é de R$ 155.000,00 (cento e cinquenta e cinco mil reais), dos quais foram pagos os presentes R$ 5.000,00 (cinco mil reais) e o restante será pago em três parcelas de R$ 50.000,00 (cinquenta mil reais) nos dias 15 de outubro, 15 de novembro e 15 de dezembro de 2000.

Rio de Janeiro, 10 de setembro de 2000.

Augusto Toledo de Barros

## REQUERIMENTO

Requerimento é um instrumento pelo qual se solicita algo a uma autoridade. Em muitos casos, ele traz a citação do amparo legal do pedido.

É aconselhável deixar sete espaços entre o destinatário e o texto, onde será redigido o despacho.

Os fechos do requerimento são bem específicos, por exemplo:

*Nestes Termos* → N. T.

*Pede Deferimento* → P. D.

*Espera Deferimento* → E. D.

Exemplos:

Senhor Diretor da Faculdade de Economia da UFRJ,

Nair de Souza, aluna regularmente matriculada no segundo semestre de Economia desta Universidade, vem requerer o trancamento de sua matrícula, em virtude de problemas de saúde.

N.T.

P.D.

Data

Assinatura

Senhor Diretor da Faculdade de Economia da UFRJ,

Eu, Nair de Souza, aluna regularmente matriculada no segundo semestre de Economia desta Universidade, venho requerer o trancamento de minha matrícula, em virtude de problemas de saúde.

N.T.

P.D.

Data

Assinatura

## Aplique o que aprendeu

Uma secretária de repartição pública brigou com o noivo e, arrependida, redigiu o texto a seguir, em forma de requerimento. Transforme-o em uma declaração que apresente introdução e três parágrafos de desenvolvimento.

Ilmo. Senhor Diretor do meu coração.

Amália Amélia da Silva, residente e domiciliada em São Paulo, na Rua do Tijuco Preto n. 13, portadora do RG n. 500631421, vem respeitosamente requerer o perdão de V. Sa. para as rudes palavras que proferiu ao final da Festa do Vinho do Atlético Clube Pinheirense, no domingo, dia 8 de maio.

A requerente reconhece que exorbitou quando jogou o garrafão de vinho sobre a capota do carro de V. Sa. e que assim agiu movida pelas forças desconhecidas do ciúme. Reconhece ainda que muito o ama e declara que jamais pensou em ofendê-lo.

Neste termos,

Pede deferimento.

São Paulo, 13 de maio de 2005

Amália Amélia da Silva.

PARTE

# 3

# NORMATIZAÇÃO GRAMATICAL

CAPÍTULO 13

# GRAFIAS – USOS E SIGNIFICADOS

Na língua portuguesa, assim como em várias outras em que há a componente falada e a componente escrita, os fonemas distinguem-se das letras. Ou seja, a forma acústica distingue-se da letra, sinal representativo na escrita do sistema sonoro.

Como os fonemas não são letras, a identidade perfeita entre estas e as formas acústicas não existe, bem como inexiste a possibilidade de uma ortografia absolutamente coerente ou ideal. Há situações similares de pronúncia, mas díspares na grafia, e vice-versa, tornando complexo o sistema ortográfico das línguas.

## NORMA CULTA

A fim de evitar problemas na sua produção escrita, apresentamos no Quadro 13.1 uma lista dos principais problemas de grafia e expressão.

QUADRO 13.1 Principais problemas de grafia e expressão

| CASOS | EXPLICAÇÃO | EXEMPLOS |
|---|---|---|
| A / HÁ | **a** – não pode ser substituído por *tem*.<br>**há** – 3ª pessoa do singular do verbo haver; pode ser substituído por *tem*. | Daqui ***a*** *pouco serão três horas.*<br>***Há*** *(tem) três anos que não o vejo.* |
| ABAIXO / A BAIXO | **abaixo** – um lugar de menor importância.<br>**a baixo** – substitui-se por *até em baixo*. | *Ele está* ***abaixo*** *de mim.*<br>*Olhou-me de alto* ***a baixo****.* |

(*continua*)

(*continuação*)

| | | |
|---|---|---|
| **À BEÇA / À BESSA** | **à beça** – expressão popular de intensidade<br>**à bessa** – *expressão errada* | Ela está feliz **à beça**. |
| **ACERCA DE / A CERCA DE / HÁ CERCA DE** | **acerca de** – sobre<br>**a cerca de** – aproximadamente<br>**há cerca de** – tem aproximadamente<br>Observação: Como a expressão envolve a ideia de número aproximado, não se deve defini-lo com precisão. | *Ele falou **acerca** do filme.*<br>*O sítio fica **a cerca de** dez km.*<br>*Estive lá **há cerca de** dez dias.*<br>***Cerca de 90** pessoas compareceram.* |
| **ACIMA / A CIMA** | **acima** – um lugar de importância.<br>**a cima** – substitui-se por *até em cima*. | *Ele está **acima** de mim.*<br>*Eles correram rua **a cima**.* |
| **A FIM DE / AFIM** | **a fim de** – ideia de finalidade<br>**afim** – ideia de afinidade | *Ele adotou a medida **a fim** de ser popular. / Ele está **a fim** dela.*<br>*Nossa ideia de gestão é **afim**.* |
| **A FOLHAS / ÀS FOLHAS / À FOLHAS** | **à folha / a folhas** – expressões indicadoras de página única<br>**às folhas** – expressão indicadora de páginas múltiplas<br>**à folhas** – *expressão errada* | *O despacho está **à folha** vinte e um.*<br>*O despacho está **a folhas** trinta e dois.*<br>*As declarações estão **às folhas** 21 a 32.* |
| **À MEDIDA QUE / À MEDIDA EM QUE / NA MEDIDA EM QUE** | **à medida que** – relação de proporção<br>**à medida em que** – *expressão errada*<br>**na medida em que** – muitos gramáticos não aceitam essa expressão; alguns a aceitam na relação de causa | *Ele cresce profissionalmente **à medida que** amadurece.*<br>*Ele será **promovido na medida em que** souber comportar-se.* |
| **A MEU VER / EM MEU VER / AO MEU VER** | **a meu ver** – na minha opinião<br>**em meu ver** – na minha opinião<br>**ao meu ver** – *expressão errada* | ***A meu ver**, a crise acabará logo.*<br>***Em meu ver**, a crise acabará logo.* |
| **A NÍVEL DE / EM NÍVEL DE** | **a nível de** – *expressão errada*<br>**em nível de** – refere-se a níveis hierárquicos | *A decisão foi tomada **em nível** de diretoria.* |

(*continua*)

(*continuação*)

| | | |
|---|---|---|
| **AONDE / ONDE** | ambos referem-se a lugar, mas se distinguem pela regência verbal. | *Ele procurou o livro* ***onde*** *o guardou. (procurar em algum lugar)*<br>*Ele iria* ***aonde*** *o amigo fosse. (ir a algum lugar)* |
| **A PAR / AO PAR** | **a par** – estar ciente<br>**ao par** – relação de reciprocidade relativa a câmbio e a ações | *Todos estavam* ***a par*** *do que acontecia.*<br>*Houve época em que o câmbio da moeda brasileira com o dólar esteve* ***ao par****.* |
| **A PONTO DE / AO PONTO DE** | **a ponto de** – prestes a<br>**ao ponto de** – *expressão errada* | *O lucro da empresa a posiciona* ***a ponto de*** *ocupar os primeiros lugares.* |
| **A RIGOR / EM RIGOR** | As duas formas estão corretas. | ***A rigor****, as medidas não estão corretas. /* ***Em rigor****, as medidas não estão corretas.* |
| **A TODO MOMENTO / A TODO O MOMENTO** | **a todo o momento** – sempre<br>**a todo momento** – *expressão errada*<br>Observação:<br>Todo + artigo = inteiro, sempre<br>Todo (sem artigo) = qualquer | *As crianças querem presentes* ***a todo o*** *momento.*<br>*Elas comem* ***a todo o instante****. / Ele transmite confiança* ***a toda a hora****. /* ***Em todo o caso****, optamos pela segunda opção.*<br>***Todo*** *presidente deve ser honesto.* |
| **BEM-VINDO / BENVINDO** | **bem-vindo** – recepção de boas-vindas<br>**Benvindo** – nome de pessoa | *Todos são* ***bem-vindos****.*<br>***Benvindo*** *Siqueira é ótimo ator.* |
| **DE FÉRIAS / EM FÉRIAS** | Tanto faz usar a preposição *de* ou a preposição *em* | *Ele saiu* ***de férias****./ Ele saiu* ***em férias****.* |
| **EM FACE DE / FACE A** | **em face de** – em decorrência de algo<br>**face a** – *expressão errada* | ***Em face do*** *exposto, solicitamos sua aprovação* |

(*continua*)

(*continuação*)

<table>
<tr><td>EM MÃO / EM MÃOS</td><td>em mão – maneira de entregar ou receber algo<br><br>em mãos – expressão errada</td><td>O convite foi entregue em mão.</td></tr>
<tr><td>EM TODO O CASO / EM TODO CASO</td><td>em todo o caso – expressão que designa concessão<br><br>em todo caso – expressão errada</td><td>Em todo o caso, solicitaremos o reembolso.</td></tr>
<tr><td>ESTE (ISTO) / ESSE (ISSO)</td><td>este (isto) – aqui<br>Pode indicar:<br>■ o último elemento citado<br>■ o que se vai anunciar<br>■ um tempo futuro próximo do momento presente<br><br>esse (isso) – aí<br>Pode indicar:<br>■ um elemento que já foi mencionado<br>■ um tempo passado mas próximo do presente<br>■ a tempo passado distante<br>■ àquilo de que desejamos distância</td><td>Durante esta semana, quase não dormi.<br>Consultado o diretor, este não aprovou a medida.<br>A decisão dependerá destes dados que seguem.<br>A Lei deverá ser votada este mês.<br>Esse ano não me sai da cabeça.<br>Esses argumentos comprovam a tese apresentada.<br>Um dia desses esteve aqui o presidente.<br>Nesse tempo eu era jovem e irresponsável.<br>Não quero mais pensar nisso!</td></tr>
<tr><td>GROSSO MODO / A GROSSO MODO</td><td>grosso modo – expressão latina de modo<br><br>a grosso modo – expressão errada</td><td>Grosso modo, podemos dizer que a inflação voltou.</td></tr>
<tr><td>NO MEU PONTO DE VISTA / SOB MEU PONTO DE VISTA</td><td>Nem meu ponto de vista – expressão que designa opinião pessoal<br><br>sob meu ponto de vista – expressão errada</td><td>Nem meu ponto de vista, a decisão da diretoria foi equivocada.</td></tr>
</table>

(*continua*)

*(continuação)*

| | | |
|---|---|---|
| **PAGAMENTO A MAIOR / PAGAMENTO A MENOR** | **pagamento a maior** – *expressão errada*<br>**pagamento a menor** – *expressão errada* | *Observação: A maneira correta é:*<br>*Pagamento* ***maior do que*** *o devido. / Pagamento* ***menor do*** *que o devido.* |
| **PERCENTAGEM / PORCENTAGEM** | As duas formas são corretas. | *A* ***percentagem*** *de faltas foi de 10 por cento. / A* ***porcentagem*** *de faltas foi de 10 por cento.* |
| **POR TODA A PARTE / POR TODA PARTE** | **por toda a parte** – expressão de lugar<br>**por toda parte** – *expressão errada* | *Os documentos estão* ***por toda a parte****.* |
| **TER DE / TER QUE** | As duas formas são corretas. | *Eles* ***têm de*** *analisar o processo. / Eles* ***têm que*** *analisar o processo.* |
| **TODA VEZ QUE / TODA VEZ EM QUE** | **toda vez que** – sempre<br>**toda vez em que** – *expressão errada* | ***Toda vez que*** *ele sai, chove.* |
| **VER / VIR** | **Ver** – O futuro do subjuntivo é *vir*<br>**Vir** – O futuro do subjuntivo é *vier* | *Quando eu vir seu marido, lhe telefono. / Quando você vir meu marido, me telefone.*<br>***Quando eu vier*** *de Paris, lhe telefono. /* ***Quando você vier*** *de Paris, me telefone.* |
| **VIGER / VIGIR** | **viger** – estar em vigência<br>**vigir** – *expressão errada* | *O contrato deverá* ***viger*** *até dezembro de 2010.* |

# Uso de formas verbais

QUADRO 13.2 Uso correto das formas verbais

| VERBOS | OCORRÊNCIAS |
|---|---|
| **VERBOS CRER, DAR, LER E VER** | ele crê – eles creem<br>ele dê – eles deem<br>ele lê – eles leem<br>ele vê – eles veem |
| **VERBOS OBTER, CONTER E DETER** | ele obtém – eles obtêm<br>ele contém – eles contêm<br>ele detém – eles detêm |

*(continua)*

(*continuação*)

| | |
|---|---|
| **VERBOS TER E VIR** | ele tem – eles têm<br>ele vem – eles vêm |
| **VERBOS TERMINADOS EM -EAR** | Acrescenta-se i após a vogal e tônica.<br>Exemplo: eu passeio – nós passeamos<br>↑ vogal tônica ↑ vogal átona |
| **VERBOS TERMINADOS EM -IAR** | São regulares<br>Exemplo: eu copio<br>Exceção: grupo do Mario (Mediar, Ansiar, Remediar, Incendiar, Odiar) – acrescenta-se e antes do i que seria tônico.<br>Exemplo: eu odeio (se fosse regular, seria eu odio).<br>nós odiamos<br>↑ vogal tônica |
| **VERBOS TERMINADOS EM -UAR, -OAR** | Normalmente grafados com e.<br>Exemplo: contin**uar** – continu**e**<br>efet**uar** – efetu**e** |
| **VERBOS TERMINADOS EM -UIR** | Geralmente grafados com i.<br>Exemplo: contrib**uir** – contribu**i**<br>poss**uir** – possu**i** |
| **VERBOS USAR, PÔR E QUERER** | Não têm formas com z.<br>Exemplo: u**s**ei, pu**s**emos, qui**s**emos |

# Uso dos porquês

QUADRO 13.3 Uso correto dos porquês

| GRAFIA | USAR | EXEMPLO |
|---|---|---|
| **POR QUE** | ▪ em frases interrogativas diretas e indiretas.<br>▪ quando equivalente a pelo/a(s) qual(is) | *Por que ele saiu? / Ela quer saber por que ele saiu.*<br>*A razão por que saímos será esclarecida.* |
| **POR QUÊ** | ▪ em final de frase. | *Você fez isto por quê?* |
| **PORQUE** | ▪ em frases afirmativas. | *Só porque o repreenderam, chorou.* |
| **PORQUÊ** | ▪ é substantivo e vem antecedido por artigo. | *Você sabe os porquês daquele fato?* |

## Uso dos pronomes e formas de tratamento

QUADRO 13.4 Uso correto dos pronomes e formas de tratamento

| AUTORIDADES DE ESTADO | POR ESCRITO | PESSOALMENTE | ABREVIATURA |
|---|---|---|---|
| Presidente da República, Senadores, Ministros, Governadores, Deputados Federais, Deputados Estaduais, Prefeitos, Embaixadores, Vereadores | Excelentíssimo Senhor | Vossa Excelência | V. Exa. |
| Cônsules | Senhor Cônsul | Vossa Excelência | V. Exa. |
| Reitores de Universidade | Magnífico Reitor | Vossa Magnificência | V. M. |
| Chefes das Casas Civis e Casas Militares | Excelentíssimo Senhor | Vossa Excelência | V. Exa. |
| Diretores de Autarquias Federais, Estaduais e Municipais | Senhor Diretor | Vossa Senhoria | V. Sa. |
| **AUTORIDADES JUDICIÁRIAS** | **POR ESCRITO** | **PESSOALMENTE** | **ABREVIATURA** |
| Desembargador da Justiça | Excelentíssimo Senhor Desembargador | Vossa Excelência | V. Exa. |
| Juízes de Direito | Excelentíssimo Senhor Juiz | Meritíssimo Juiz | M. Juiz |
| Curador | Excelentíssimo Senhor Curador | Vossa Excelência | V. Exa. |
| Promotor | Excelentíssimo Senhor Promotor | Vossa Excelência | V. Exa. |
| **AUTORIDADES MILITARES** | **POR ESCRITO** | **PESSOALMENTE** | **ABREVIATURA** |
| Oficiais de coronéis até generais | Excelentíssimo Senhor | Vossa Excelência | V. Exa. |
| Outras patentes | Senhor | Vossa Senhoria | V. Sa. |

## Uso das siglas e seu plural

As siglas até quatro letras devem vir obrigatoriamente em maiúsculas. Quando formadas pelas letras iniciais das palavras que a compõem são chamadas de **siglas próprias**, enquanto as demais são denominadas **siglas impróprias**.

Exemplos:

*Sigla própria:* UFRJ — Universidade Federal do Rio de Janeiro

*Sigla imprópria:* PETROBRAS — Petróleo Brasileiro S. A.

No texto, as siglas já conhecidas do leitor dispensam explicitação. As que não são conhecidas devem vir por extenso, seguidas da sigla. Na referência posterior, no mesmo texto, deve aparecer somente a sigla.

O plural das siglas é feito ao acrescentar-se um *s*, sem colocação de apóstrofo:

Exemplos:

*Unidades fiscais de referências* – UFIRs

*Notas ficais* – NFs

## Uso das unidades de medida e hora

**Símbolos de unidade de medida** — escrevem-se sem ponto, com letra minúscula, sem *s* para indicar o plural e, de preferência, imediatamente após o número.

Exemplos:

*10cm* *100kg*

**Hora** — há duas possibilidades de escrita:

**a.** seguindo a Associação Brasileira de Normas Técnicas (ABNT).

Exemplo:

*14h30min*

**b.** seguindo o padrão norte-americano.

Exemplo:

*14:30h*

**Observações:**

1. Não há ponto final depois da letra h, pois ela é um símbolo.
2. Quando nos referimos a um tempo determinado de duração, devemos escrever a palavra *horas* e não usar o símbolo.
   Exemplo:
   *duração da reunião: 2 horas*

## Uso das iniciais maiúsculas

- No início do período.
- Nas datas oficiais e nomes de fatos históricos, atos solenes e grandes empreendimentos públicos.

  Exemplos:

  *Sete de Setembro, Revolução Francesa, Acordo Luso-Brasileiro, Plano Diretor.*
- Nos títulos de livros, artigos, jornais, peças teatrais etc.

  Exemplos:

  *Os Sertões, Jornal da Tarde, Guernica.*
- Nas leis ou normas econômicas e políticas consagradas por sua importância.

  Exemplos:

  *Imposto de Renda, Decreto-Lei n. 56.*
- Nos nomes de vias ou logradouros públicos, estabelecimentos, igrejas, monumentos etc.

  Exemplos:

  *Rua do Ouvidor, Torre Eiffel, Shopping Center Iguatemi.*
- Nos nomes que designam altos cargos.

  Exemplo:

  *Governador do Estado, Ministro da Educação.*
- Nos títulos e pronomes de tratamento e suas abreviaturas.

  Exemplo:

  *Vossa Senhoria, V. Sa. etc.*
- Nos nomes de instituições e repartições.

  Exemplo:

  *Ministério da Educação, Diretoria-Geral.*

## Uso da inicial minúscula

- Depois da vírgula, do ponto e vírgula e dos dois-pontos.

  Exemplos:

  *Para a primeira etapa do treinamento, convocaremos os funcionários dos seguintes cargos: operadores, atendentes e coordenadores.*

  *Ele fez uma paródia: vim, vi e venci; ela riu.*

- Na designação das profissões e dos ocupantes de cargos, seguidos de especificação ou nome próprio.

  Exemplo:

  *o presidente Luís Inácio Lula da Silva, o prefeito César Maia, o diretor da Receita Federal etc.*

**Observações:**

Na correspondência empresarial, os critérios são diferentes. Em uma carta, por exemplo, o vocativo vem seguido de vírgula e o parágrafo inicial começa por letra maiúscula. No e-mail, o uso da maiúscula ou da minúscula no início do texto, após o vocativo, seguirá o critério de maior ou menor formalidade da correspondência.

## Uso de -ção, -são, -ssão

- Usa-se *-ção* em todos os substantivos derivados dos verbos TER e TORCER, e seus derivados:

| | | |
|---|---|---|
| Reter | → | Retenção |
| Ater | → | Atenção |
| Abster | → | Abstenção |
| Obter | → | Obtenção |
| Torcer | → | Torção |
| Distorcer | → | Distorção |
| Contorcer | → | Contorção |

- Usa-se *-são* em todos os substantivos derivados de verbos terminados em -ENDER, -VERTER, -PELIR:

  Tender → Tensão
  Compreender → Compreensão
  Apreender → Apreensão
  Pretender → Pretensão
  Ascender → Ascensão
  Verter → Versão
  Converter → Conversão
  Subverter → Subversão
  Expelir → Expulsão
  Repelir → Repulsão

- Usa-se *-ssão* em todos os substantivos derivados de verbos terminados em -GREDIR, -MITIR, -CEDER:

  Agredir → Agressão
  Regredir → Regressão
  Progredir → Progressão
  Transgredir → Transgressão
  Omitir → Omissão
  Admitir → Admissão
  Permitir → Permissão
  Transmitir → Transmissão
  Ceder → Cessão
  Suceder → Sucessão
  Conceder → Concessão

## Uso de -isar

- Usa-se *-isar* nos verbos derivados de palavras que já têm o *s*:

  Análise → Analisar
  Aviso → Avisar
  Paralisia → Paralisar
  Pesquisa → Pesquisar

## Uso de -izar

- Usa-se *-izar* nos verbos derivados de palavras que não têm a letra *s*:

Ameno → Amenizar
Civil → Civilizar
Legal → Legalizar
Normal → Normalizar
Real → Realizar
Suave → Suavizar

## Uso de -sinho

Usa-se *-sinho* em todos os diminutivos derivados de palavras que já têm o *s* em sua sílaba final:

Lápis → Lapisinho
Mesa → Mesinha
País → Paisinho
Tênis → Tenisinho

## Uso de -zinho

Usa-se *-zinho* em todos os diminutivos derivados de palavras que não têm o *s* em sua sílaba final:

Animal → Animalzinho
Café → Cafezinho
Flor → Florzinha
Pai → Paizinho
Papel → Papelzinho
Pão → Pãozinho

## Aplique o que aprendeu

**1.** Preencha a lacuna com a forma correta entre parênteses:

a. Ele gostaria de saber _________ vocês estavam. (onde / aonde)

b. Afirmaram que conheciam tudo ___________ assunto. (acerca do / a cerca do)

c. Mantenham-se informados ___________ agilizar o processo. (afim de / a fim de)

d. Ela saiu, mas não sabe _________ irá. (onde / aonde)

e. Aquele documento deveria estar assinado _______ bastante tempo. (a / há)

f. ____________ vários meses resolveram modificar estes processos. (A cerca de / Há cerca de)

g. Daqui _________ pouco, o resultado será conhecido. (a / há)

h. ___________ não danificar o material, manteve-se a máquina em funcionamento. (Afim de / A fim de)

**2.** Coloque C (certo) ou E (errado):

a. (   ) O lucro a posiciona a nível das grande organizações.

b. (   ) A diretoria estava ao par dos problemas.

c. (   ) A decisão foi tomada em nível presidencial

d. (   ) A empresa estava a ponto de renegociar suas ações.

e. (   ) Elas nos interrompem a todo o instante.

f. (   ) Em todo o caso, optamos pela segunda opção.

g. (   ) Todo mundo aprovou a decisão.

h. (   ) Ao meu ver, não haverá crise.

**3.** Complete as frases utilizando por que, porque, por quê ou porquê:

a. Ignoramos _________ eles optaram por aquela decisão.

b. Há pessoas demais neste setor. _________ tanta gente?

c. Os relatórios atrasaram __________?

d. Decidiram __________ opções?

e. Todos queriam saber o ____________ daquela decisão.

**4.** Complete com -ção, -são ou -ssão as palavras abaixo:

| | | |
|---|---|---|
| Reten_______ | Obten_______ | Ascen_______ |
| Ce_________ | Preten______ | Distor_______ |
| Conver______ | Transmi____ | Omi________ |
| Agre________ | Conce______ | |
| Absten______ | Progre______ | |

5. Assinale a opção que não está grafada corretamente:
   a. Não há ninguém acima dele.
   b. Os edifícios vieram abaixo.
   c. Pusemos o lençol encima da cama.
   d. Procure logo ali embaixo.

6. Assinale a opção em que o porquê não esteja corretamente grafado:
   a. Ele saiu porque quis.
   b. Ele não disse por que.
   c. Todos saíram porque quiseram.
   d. Não sei por que ele quis sair.

7. Assinale a opção em que há palavras ou expressões incorretas:
   a. Eles estranharam a decisão e decidiram reunir cerca de 40 pessoas.
   b. A cerca de 50 pessoas no evento.
   c. Todos estranharam à beça a decisão.
   d. Foram muitos comentários acerca da decisão.

8. Assinale a única opção correta:
   1. Ele contribue há cerca de cinco anos para o desenvolvimento do projeto.
   2. Eles anseiam para que as retificações sejam aceitas.
   3. Todos os gerentes intermediam as negociações.
   a. Apenas a frase 1 está grafada corretamente.
   b. Apenas a opção 2 está grafada corretamente.
   c. As frases 2 e 3 estão grafadas corretamente.
   d. As frase 1 e 2 estão grafadas de forma errada.

9. Assinale a única opção correta:
   1. Eles têm muitos problemas a resolver.
   2. Espero que eles deem tudo de si.
   3. Todos creem que não haverá demissões.
   a. Apenas a frase 1 está grafada corretamente.
   b. Apenas a opção 3 está grafada corretamente.
   c. As frases 2 e 3 estão grafadas corretamente.
   d. As frase 1 e 2 estão grafadas corretamente.

**10.** Assinale a opção em que todas as palavras e expressões estão grafadas corretamente:

**a.** Toda vez em que eles se reúnem, correções de rumo são feitas.
**b.** Elas se reunem toda a vez em que há necessidade de reorientação.
**c.** Por toda a parte encontrava-se acolhimento.
**d.** Deixaram os documentos por toda parte.

**11.** Assinale a opção em que o pronome sublinhado não esteja empregado corretamente:

**a.** A decisão dependerá <u>desses</u> dados que seguem explanados.
**b.** <u>Esses</u> argumentos comprovam a tese exposta no início do relatório.
**c.** Consultados os diretores, <u>estes</u> não aprovaram a medida.
**d.** O material foi solicitado a <u>essa</u> gerência.

**12.** Pode-se afirmar sobre as frases abaixo que:

**1.** A grosso modo, podemos dizer que a crise passou.
**2.** Ele melhora à medida em que ganha experiência.
**3.** Face ao exposto, solicitamos a revogação da decisão.

**a.** Apenas a frase 1 está errada.
**b.** As frases 1 e 2 estão erradas.
**c.** As frases 1, 2 e 3 estão erradas.
**d.** Apenas a frase 1 está correta.

CAPÍTULO 14

# REGRAS DE ACENTUAÇÃO

As regras de acentuação da língua portuguesa foram modificadas recentemente pelo Novo Acordo Ortográfico. Apesar de elas terem modificado a acentuação de um grande número de palavras e muitas bastante recorrentes, como *ideia*, as regras que foram alteradas, em si, não são muitas. Uma vez decoradas as novas regras, portanto, torna-se fácil aplicá-las no dia a dia.

## NORMA CULTA

O Quadro 14.1 resume o que foi mantido e o que mudou com o Novo Acordo Ortográfico.

QUADRO 14.1 Regras de acentuação

| REGRAS | EXEMPLOS CLÁSSICOS | EXEMPLOS CURIOSOS |
|---|---|---|
| **PROPAROXÍTONAS:**<br>A sílaba tônica é a antepenúltima. Ela sempre é acentuada.<br>**Atenção:** as palavras de origem latina não são acentuadas. Hoje em dia, entretanto, encontramos no Vocabulário Ortográfico da Academia Brasileira de Letras (Volp) alguns termos, como superávit e déficit, já com acento. | **cé**dula,<br>**êx**tase,<br>**í**dolo,<br>**ín**terim. | alíquota<br>biótipo<br>elétrodo<br>ínterim<br>monólito<br>pântano<br>pólipo<br>protótipo<br>réquiem |

(*continua*)

(*continuação*)

| | | |
|---|---|---|
| **PAROXÍTONAS:**<br>A sílaba tônica é a penúltima. As palavras terminadas em **a(s)**, **e(s)**, **o(s)**, **em**, e **ens** não são acentuadas – as demais (inclusive com ditongos) levam acento. | ca**sa(as)**, pe**le(es)**, co**po(os)**, i**tem(ns)**, fá**cil**, abdômen, bí**lis**, é**ter**, tó**rax**, ô**nus**, ál**bum**, tú**neis**. só**tão**, bíce**ps**, | âmbar, boêmia, circuito, dúplex, fluido, gratuito, libido, rubrica, xérox, avaro, cateteres, decano, filantropo, fortuito, ibero, pudico, transistores |
| **OXÍTONAS:**<br>A sílaba tônica é a última. São acentuadas as palavras terminadas em **a(s)**, **e(s)**, **o(s)**, **e(m)** e **e(ns).** | ca**já(as)**, ca**fé(és)**, ci**pó(ós)**, tam**bém**, am**á**-lo, com**pô**-lo, ca**jás**, ca**fés**, ci**pós**, para**béns**, ven**dê**-lo, par**ti**-lo. | Balcãs, condor, hangar, Nobel, refém, transistor, cateter, Eifel, harém, recém, ruim, Timor |
| **MONOSSÍLABOS TÔNICOS:**<br>São acentuados quando terminados em **a(s)**, **e(s)**, **o(s)**, **em**, **ens**. | **má**, **más**, **pé**, **pés**, **pó**, **pós**. | |
| **DITONGOS ABERTOS DAS PALAVRAS OXÍTONAS:**<br>São acentuados.<br>**Atenção:** os ditongos abertos **éi** e **ói** das palavras paroxítonas não são mais acentuados, em decorrência do Novo Acordo Ortográfico. | herói, heróis;<br>chapéu, chapéus<br><br>joia, ideia, claraboia. | |
| **SEGUNDA VOGAL DO HIATO:**<br>Se for **i** ou **u**, será acentuada se vier sozinha na sílaba ou seguida de **s**.<br>Exceção: **i** + **nh**. Ex.: **rainha**.<br>**Observação importante:** não se acentuam mais o **i** e o **u** tônicos quando vie rem depois de ditongo, nas palavras paroxítonas. | sa**í**da, ju**í**zo, jesu**í**ta, sa**ú**de, re**ú**nem, ego**ís**mo, sa**ís**tes, constru**í**-lo.<br><br>feiura | |

## Acento diferencial

O Novo Acordo Ortográfico eliminou os acentos diferenciais, mantendo-os apenas em dois casos:

- **pôde/pode** — **Pôde** é a forma do passado do verbo poder, enquanto **pode** é a forma do presente.
- **pôr/por** — **Pôr** é verbo, e **por** é preposição.

Exemplos:

| *Como era* | *Como fica* |
|---|---|
| Ele pára o trem. | Ele para o trem. |
| Ele foi ao pólo Norte. | Ele foi ao polo Norte. |
| Ele gosta de jogar pólo. | Ele gosta de jogar polo. |
| Esses gatos têm pêlos escuros. | Esses gatos têm pelos escuros. |
| Comi uma pêra. | Comi uma pera. |

## Uso do trema

Não se usa mais o trema. Ele permanece apenas em palavras estrangeiras e em suas derivadas.

Exemplo:

*Müller*

## Vogais dobradas

Não se usa mais o acento circunflexo nas vogais dobradas.

Exemplo:

*voo*, (*eles*) *creem*, (*que eles*) *deem*, (*eles*) *leem*, (*eles*) *veem*.

### APLIQUE O QUE APRENDEU

**1.** Acentue as palavras abaixo de acordo com as regras 1, 2 e 3:

| | | | | |
|---|---|---|---|---|
| **a.** estampido | **e.** magoa | **i.** perola | **m.** bambu | **q.** maximo |
| **b.** exito | **f.** camara | **j.** apos | **n.** textil | **r.** recorde |
| **c.** subito | **g.** timido | **k.** ziper | **o.** acido | **s.** item |
| **d.** incendio | **h.** gratis | **l.** sutil | **p.** especie | **t.** tambem |

**2.** Acentue quando necessário:

**a.** Eles se veem pelos corredores.

**b.** Todos tem medo de morcegos.

**c.** Os papeis so serão assinados amanha.

**d.** O funcionario era assiduo no trabalho.

**3.** Acentue as palavras abaixo de acordo com as regras 5 e 6:

**a.** enjoo
**b.** geleia
**c.** sereia
**d.** ceu
**e.** areia
**f.** saude
**g.** juiz
**h.** juizes
**i.** trofeu
**j.** anzois
**k.** sanduiche
**l.** ciume
**m.** gratuito
**n.** tainha
**o.** poluido

**4.** Assinale a opção em que as palavras não participam da mesma regra de acentuação:

**a.** saúde, saúva, país.

**b.** céu, café, chapéu.

**c.** estrela, casa, estampido.

**d.** útil, xérox, fútil.

**5.** Marque a alternativa em que nenhuma palavra tem acento gráfico:

**a.** amago, itens, hifen.

**b.** hifen, prejuizo, tranquilo.

**c.** item, itens, hifens.

**d.** para, por, pera.

**6.** Assinale a frase que apresenta um ou mais vocábulos acentuados incorretamente:

No Renascimento, a arte e o artesanato se separam na consciência e na prática dos artistas.

**a.** No Renascimento, Da Vinci separa a prática — caráter manual — da consciência — ou caráter mental — nas artes.

**b.** Arte e artesanato não se separam na escala de valores e de idéias.

**c.** A afirmação do caráter mental da pintura teve várias consequências.

CAPÍTULO 15

# HOMÔNIMOS E PARÔNIMOS

Palavras semelhantes — como é o caso dos parônimos (palavras parecidas, mas com sentidos diferentes) e dos homônimos (iguais na grafia ou na pronúncia, mas com significados diferentes) — apresentam grande perigo na comunicação, tanto oral quanto escrita. Hoje em dia, por exemplo, estamos tão acostumados com várias formas erradas que há o risco de se *corrigir* a correta, quando ela é empregada.

Exemplos:

*Dirigiu-se ao bebedor para matar a sede.*
Não é bebedor, é bebedouro.

*Eles tiveram uma ótima estadia em Recife.*
Não é estadia, é estada.

## NORMA CULTA

Convém destacar alguns parônimos e homônimos, como os que seguem no Quadro 15.1.

QUADRO 15.1 Parônimos e homônimos

| Parônimos e homônimos | | Significados |
|---|---|---|
| **Acedente** | → | o que acede, que concorda. |
| **Acidente** | → | choque, colisão; forma geográfica. |
| **Incidente** | → | desavença, desentendimento; o que incide. |
| **Acender** | → | ligar, inflamar, acionar. |
| **Ascender** | → | subir, elevar-se. |

(*continua*)

| | | |
|---|---|---|
| **Acento** | → | inflexão de voz; sinal gráfico. |
| **Assento** | → | lugar ou móvel onde sentamos. |
| **Acerto** | → | combinação, ajuste; forma correta. |
| **Asserto** | → | afirmação, assertiva. |
| **Acessório** | → | dispensável, secundário. |
| **Assessor** | → | que assessora. |
| **Apreçar** | → | avaliar, dar preço. |
| **Apressar** | → | apurar, acelerar. |
| **Arrear** | → | colocar os arreios no animal. |
| **Arriar** | → | baixar, descer. |
| **Atuar** | → | agir, representar. |
| **Autuar** | → | processar, lavrar os autos. |
| **Boça** | → | cabo de atracação (náutica). |
| **Bossa** | → | aptidão, jeito. |
| **Boçal** | → | rude, grosseiro, mal-educado. |
| **Buçal** | → | focinheira |
| **Bucho** | → | estômago dos mamíferos e dos peixes; mulher muito feia. |
| **Buxo** | → | arbusto ornamental. |
| **Caçar** | → | perseguir, capturar animais. |
| **Cassar** | → | anular, tornar sem efeito. |
| **Cadafalso** | → | patíbulo, lugar de execução. |
| **Catafalco** | → | estrado metálico que sustenta o caixão fúnebre. |
| **Censo** | → | levantamento estatístico; recenseamento. |
| **Senso** | → | juízo, razão. |
| **Cessão** | → | doação, ato de ceder, entregar. |
| **Sessão** | → | reunião; tempo de duração da atividade pública. |
| **Seção** | → | parte, repartição, divisão; forma antiga. |
| **Chá** | → | planta, bebida, infusão. |
| **Xá** | → | título hierárquico, soberano do Irã. |

(*continua*)

(*continuação*)

| | | |
|---|---|---|
| **Chácara** | ⟶ | sítio, granja. |
| **Xácara** | ⟶ | forma narrativa em verso (popular). |
| **Cheque** | ⟶ | ordem bancária de pagamento. |
| **Xeque** | ⟶ | sequência no jogo de xadrez; chefe árabe. |
| **Comprimento** | ⟶ | extensão em linha, distância. |
| **Cumprimento** | ⟶ | saudação, aceno; ato de cumprir. |
| **Concertar** | ⟶ | combinar, harmonizar (música). |
| **Consertar** | ⟶ | reparar, emendar. |
| **Conjetura** | ⟶ | suposição, hipótese. |
| **Conjuntura** | ⟶ | situação, conjunto de circunstâncias. |
| **Coser** | ⟶ | costurar. |
| **Cozer** | ⟶ | cozinhar. |
| **Costear** | ⟶ | navegar próximo ao litoral. |
| **Custear** | ⟶ | arcar com as despesas. |
| **Deferir** | ⟶ | conceder, aprovar. |
| **Diferir** | ⟶ | adiar, transferir; diferenciar. |
| **Degradar** | ⟶ | aviltar, rebaixar, humilhar. |
| **Degredar** | ⟶ | banir, exilar. |
| **Descrição** | ⟶ | ato de descrever. |
| **Discrição** | ⟶ | qualidade do que é discreto; reserva. |
| **Descriminar** | ⟶ | absolver, inocentar, tirar a culpa. |
| **Discriminar** | ⟶ | separar, discernir, distinguir. |
| **Despensa** | ⟶ | lugar onde se guardam as provisões. |
| **Dispensa** | ⟶ | ato de dispensar, isenção. |
| **Dessecar** | ⟶ | enxugar completamente. |
| **Dissecar** | ⟶ | cortar, dividir em partes, examinar. |
| **Emergir** | ⟶ | vir à tona, elevar-se. |
| **Imergir** | ⟶ | afundar, submergir. |

(*continua*)

(*continuação*)

| | | |
|---|---|---|
| **Emigrar** | → | sair de, abandonar um país ou região. |
| **Imigrar** | → | entrar em, ingressar num país ou região. |
| **Eminente** | → | elevado; importante, destacado. |
| **Iminente** | → | prestes a ocorrer, próximo, imediato. |
| **Esperto** | → | astucioso, vivo, sagaz. |
| **Experto** | → | experiente, perito. |
| **Estada** | → | de pessoa. |
| **Estadia** | → | de veículos. |
| **Estático** | → | firme, imóvel, parado. |
| **Extático** | → | deslumbrado, em êxtase. |
| **Flagrante** | → | evidente, manifesto; no ato. |
| **Fragrante** | → | aromático, perfumado. |
| **Fluir** | → | correr. |
| **Fruir** | → | desfrutar. |
| **Incerto** | → | vago, impreciso, duvidoso. |
| **Inserto** | → | inserido, introduzido. |
| **Incipiente** | → | iniciante, principiante. |
| **Insipiente** | → | ignorante, insensato. |
| **Indefeso** | → | sem defesa, vulnerável. |
| **Indefesso** | → | infatigável, laborioso. |
| **Infligir** | → | aplicar (pena, castigo); submeter. |
| **Infringir** | → | transgredir, violar, desrespeitar. |
| **Inerme** | → | desprotegido, sem defesa. |
| **Inerte** | → | imóvel, desacordado. |
| **Intercessão** | → | ato de interceder, intervir. |
| **Interseção** | → | corte, ponto de cruzamento. |
| **Mandado** | → | ordem judicial. |
| **Mandato** | → | missão. |

(*continua*)

(*continuação*)

| | | |
|---|---|---|
| **Precedente** | → | antecedente. |
| **Procedente** | → | proveniente. |
| **Previdência** | → | antevidência. |
| **Providência** | → | medida; sabedoria divina. |
| **Óptico** | → | relativo à visão. |
| **Ótico** | → | relativo ao ouvido |
| **Pleito** | → | competição, disputa. |
| **Preito** | → | homenagem, louvor. |
| **Prescrever** | → | determinar, fixar; reafirmar. |
| **Proscrever** | → | proibir, condenar, banir. |
| **Prescrito** | → | determinado, fixado. |
| **Proscrito** | → | banido, fora da lei. |
| **Ratificar** | → | confirmar, manter, reafirmar. |
| **Retificar** | → | corrigir, emendar, alterar. |
| **Sobrescrever** | → | escrever sobre. |
| **Subscrever** | → | assinar. |
| **Sortir** | → | abastecer, fazer sortimento. |
| **Surtir** | → | resultar, fazer efeito. |
| **Tachar** | → | censurar, notar defeito. |
| **Taxar** | → | estabelecer taxas. |
| **Tráfico** | → | comércio ilícito, contrabando. |
| **Tráfego** | → | trânsito, circulação, movimento. |
| **Vadear** | → | passar a vau, cruzar o rio. |
| **Vadiar** | → | vagabundear. |
| **Vultoso** | → | volumoso, importante. |
| **Vultuoso** | → | inchado, dilatado. |

## APLIQUE O QUE APRENDEU

**1.** Complete a frase com a forma adequada entre parênteses:

**a.** O roubo envolveu uma ______________ quantia. (vultuosa / vultosa)

**b.** Com o aumento da pobreza, aumentou também o ______________ de drogas. (tráfico / tráfego).

**c.** Apesar das recomendações do clínico, ____________ pelo cardiologista, ele continuava ingerindo muito carboidrato. (ratificada / retificada)

**d.** Todas as medicações foram tentadas, mas nada parecia ___________ efeito. (sortir / surtir)

**e.** O juiz _______________ uma pena suave ao réu. (infringiu / infligiu)

**2.** Relacione a palavra da coluna A com a significação da coluna B:

| Coluna A | Coluna B |
|---|---|
| a. Inerme | ( ) agir |
| b. Inerte | ( ) competição |
| c. Preito | ( ) sagaz |
| d. Pleito | ( ) experiente |
| e. Indefeso | ( ) vulnerável |
| f. Indefesso | ( ) desprotegido |
| g. Esperto | ( ) desacordado |
| h. Experto | ( ) infatigável |
| i. Atuar | ( ) homenagem |
| k. Autuar | ( ) processar |

**3.** Dentre as palavras abaixo, escolha a que completa adequadamente o sentido das frases:

discriminação – proscritos – eminente – descriminação – iminente – prescritos

**a.** A ____________ surpreendeu a todos até mesmo ao advogado de defesa.

**b.** A ______________ de todos os elementos mostrou-se eficaz.

**c.** Os medicamentos foram ____________ por cont erem substância tóxica.

**d.** Os medicamentos ______________ devem ser administrados nos horários corretos.

**e.** O ____________ político deixou o plenário sob vaias.

**f.** O ______________ furacão trouxe pânico à população.

**4.** Relacione a coluna A com a coluna B:

| Coluna A | Coluna B |
|---|---|
| a. arriar | |
| b. arrear | |
| c. descrição | ( ) Pediu a verificação do ____________ de busca. |
| d. discrição | ( ) Foi preso em ____________ delito. |
| e. descriminou | |
| f. discriminou | ( ) A guerra era ____________ . |
| g. eminente | ( ) O júri ____________ o réu por ser negro. |
| h. iminente | ( ) Contava com a ___________ para evitar o escândalo. |
| i. flagrante | |
| j. fragrante | ( ) Pensou em __________ a mala no chão. |
| k. mandato | |
| l. mandado | |

**5.** Assinale a opção que completa corretamente as frases:

Todos estão de acordo com a _________ dos bens aos pobres.

O acontecimento passou ______________ até aquele dia.

Os imigrantes chegaram ______________ da Itália.

Não é necessário ___________ o e-mail.

**a.** Cessão — despercebido — provenientes — subscrever.

**b.** Sessão — despercebido — precedentes — subscrever.

**c.** Cessão — desapercebido — provenientes — subscrever.

**d.** Sessão — despercebido — precedentes — sobrescrever.

CAPÍTULO 16

# USO DO HÍFEN

Uma das mudanças mais polêmicas do Novo Acordo Ortográfico é, sem dúvida, a que afeta o uso do hífen. Apesar de a regra para sua aplicação em palavras compostas, como guarda-chuva, não ter mudado, os casos de hifenização em prefixos continua gerando dúvidas para muitas pessoas.

## NORMA CULTA

A regra para diferenciar palavras compostas unidas pelo hífen continua a mesma, e é bastante simples: se cada palavra mantiver seu significado individual, não há hífen; se as palavras se unirem para criar outro significado, há hífen.

Exemplos:

> A *comida estava* sem sal.
>
> *Ela conheceu um rapaz rico, porém* sem-sal.
>
> *Ele está* sem terra *fértil*.
>
> O sem-terra *ocupou a fazenda*.

Apesar de ainda gerar muitas dúvidas, o caso de uso do hífen na união da palavra com prefixos ficou muito mais simples em palavras formadas com prefixos gregos ou latinos.

No Quadro 16.1, veremos as regras gerais.

QUADRO 16.1 Regras gerais para emprego do hífen

| Casos | Prefixos | Exemplos de uso do hífen | Não se usa hífen |
|---|---|---|---|
| **Quando a palavra começa com h ou vogal igual à última do prefixo** | agro-, ante-, anti-, arqui-, auto-, contra-, extra-, infra-, intra-, macro-, mega-, micro-, maxi-, mini-, semi-, sobre-, supra-, tele-, ultra-. | auto-hipnose, auto--observação, micro--ondas. | autossustentável, autoanálise, autocontrole, microssaia. |
| **Quando a palavra seguinte ao prefixo começa com h ou r** | hiper-, inter-, super- | super-homem, inter--regional | supersônico, hiperinflação |
| **Quando a palavra seguinte ao prefixo começa com b, h ou r** | sub- | sub-base, sub-reino, sub-humano, sub--região | subagente, subchefe, subsecretário |
| **Quando a palavra seguinte ao prefixo começa com h, m, n, ou vogais** | pan-, circum- | pan-americano, circum-ambiente, | pansexual, circunvizinhança |
| **Sempre** | vice-, ex-, sem-, além-, aquém-, recém-, pós-, pré-, pró- | vice-presidente ex-presidente recém-nascido pré-escola | |

## APLIQUE O QUE APRENDEU

**1.** Complete as frases com a opção correta entre parênteses:

**a.** Apareceu um ____________ de casos muito sérios. (sem-número — sem número)

**b.** Chegaram ao diretor vários ________________. (abaixo-assinados — abaixo assinados)

**c.** Já trabalhamos durante _________________. (meio-dia — meio dia)

**2.** Assinale a opção em que a palavra se encontra grafada incorretamente:

**a.** Autobiografia

**b.** Contraproducente

c. Microondas
d. Antessala

**3.** Assinale a opção em que a palavra está grafada corretamente:
a. Infra-estrutura
b. Contrarregra
c. Micro-economia
d. Macro-estrutura

**4.** Complete as lacunas:
a. Com os prefixos ante- e anti- só haverá hífen caso a palavra seguinte comece com ____ ou ____________.
b. Com os prefixos hiper- e super- só haverá hífen caso a palavra seguinte comece com ____ ou ____________.
c. Com os prefixos infra- e intra- só haverá hífen caso a palavra seguinte comece com ____ ou ____________.

**5.** Assinale a opção correta sobre as palavras a seguir:
1. Semi-consciente
2. Sub-desenvolvido
3. Contra-cheque
4. Inter-ligaçao

a. Todas estão erradas.
b. Apenas as opções 1 e 3 estão corretas.
c. Apenas as opções 1 e 4 estão corretas.
d. Apenas a opção 3 está correta.

**6.** Assinale a opção correta a respeito das palavras a seguir:
1. Ex-diretor
2. Extraordinário
3. Sub-item
4. Ultra-sensível

a. Todas estão corretas.
b. Apenas as opções 1 e 2 estão corretas.
c. Apenas as opções 1 e 4 estão corretas.
d. Apenas a opção 4 está correta.

CAPÍTULO 17

# PLURAL DOS NOMES COMPOSTOS

Os nomes compostos podem ser formados por substantivos, adjetivos, verbos e advérbios. Para definir se a palavra ficará no plural ou no singular, é preciso identificar a classe da palavra para descobrir quando ela deve ficar no plural ou no singular.

## NORMA CULTA

Como princípio geral, a regra é bastante simples: na formação do plural dos substantivos compostos, os substantivos e adjetivos variam; os verbos e advérbios, por sua vez, ficam inalteráveis. Verifique os exemplos e suas especificidades nos quadros 17.1 e 17.2.

QUADRO 17.1 **Uso do plural em palavras compostas por substantivos**

| **SUBSTANTIVOS** | |
|---|---|
| **Varia apenas o primeiro elemento** | Quando os elementos estão ligados por preposição.<br>Exemplos:<br>*água-de-colônia* → águas-*de-colônia*<br>*pé-de-galinha* → pés-*de-galinha* |
| **Varia apenas o segundo elemento** | **a.** Quando o primeiro elemento é uma palavra invariável ou um verbo.<br>Exemplos:<br>*abaixo-assinado* → *abaixo*-assinados<br>*vira-lata* → *vira*-latas<br>**b.** O substantivo é composto de palavras repetidas ou onomatopaicas.<br>Exemplos:<br>*tico-tico* → *tico*-ticos |

(*continua*)

(*continuação*)

| | |
|---|---|
| **Variam os dois elementos** | **a.** Quando o substantivo é composto de substantivo + substantivo.<br>Exemplos:<br>*couve-flor* → couves-flores<br>**b.** Quando o substantivo é composto de substantivo + adjetivo.<br>Exemplos:<br>*amor-perfeito* → amores-perfeitos<br>**c.** Quando o substantivo é composto de adjetivo + substantivos.<br>Exemplos:<br>*boa-vida* → boas-vidas |

QUADRO 17.2 Uso do plural em palavras compostas por adjetivos

| **ADJETIVOS** | |
|---|---|
| **Regra geral** | Varia apenas o segundo elemento:<br>Exemplo:<br>*torcedor rubro-negro* → *torcedores rubro*-negros |
| **Não ocorre variação** | **a.** Os adjetivos compostos de um nome de cor + substantivo<br>Exemplo:<br>*olho verde-mar* → *olhos* verde-mar<br>*chapéu amarelo-ouro* → *chapéus* amarelo-ouro<br>**b.** Os adjetivos azul-marinho e azul-celeste<br>Exemplo:<br>*terno azul-marinho* → *ternos* azul-marinho<br>**c.** As locuções adjetivas formadas pela expressão cor + de + substantivo<br>Exemplo:<br>*blusa cor-de-rosa* → *blusas* cor-de-rosa |

**Observações:**

1. Os substantivos que se referem a cores, quando empregados em função adjetiva, permanecem invariáveis.

   Exemplo:

   *meia cinza* → meias cinza

   *blusa gelo* → blusas gelo

   *chapéu pérola* → chapéus pérola

2. O adjetivo surdo-mudo foge à regra: variam os dois elementos.
   Exemplo:
   *garoto surdo-mudo* → garotos surdos-mudos
3. Verbos repetidos: ambos variam ou só o segundo.
   Exemplo:
   *o corre-corre* → os corre(s)-corres
4. Verbos antônimos: nenhum varia.
   Exemplo:
   *o ganha-perde* → os ganha-perde.

## APLIQUE O QUE APRENDEU

**1.** Assinale a opção em que as palavras não participam da mesma regra de formação do plural:

**a.** Blusa rosa; calça gelo; chapéu cinza.
**b.** Blusa cor-de-rosa; calça cor-de-gelo; chapéu cor-de-laranja.
**c.** Calça azul-marinho, blusa azul-celeste; meia azul-claro.
**d.** Calça branco-gelo; blusa amarelo-ouro; colar amarelo-tijolo

**2.** Marque a alternativa em que há erro na construção do plural:

**a.** Os bem-te-vis alegravam o dia ensolarado.
**b.** Os vice-presidentes das empresas fizeram uma confraternização.
**c.** As baias seriam alteradas para que não houvesse mais trocas-troca.
**d.** As relações ítalo-francesas esmoreceram-se.

**3.** Marque a alternativa em que não há erro na construção do plural:

**a.** No seminário, houve várias mesas-redondas.
**b.** Os primeiro-ministros assinaram o acordo.
**c.** Os estudos econômicos-financeiros apontavam para uma mudança de cenário.
**d.** O Brasil foi premiado por três curta-metragens.

CAPÍTULO 18

# COLOCAÇÃO DOS PRONOMES OBLÍQUOS ÁTONOS

Os pronomes oblíquos são aqueles que apresentam flexão de número, gênero e pessoa. Os pronomes oblíquos átonos são os que possuem fraca acentuação tônica. É importante conhecê-los bem a fim de saber onde eles devem ser usados em relação ao verbo.

## NORMA CULTA

Os pronomes oblíquos átonos podem ser colocados **antes** do verbo (próclise), **depois** do verbo (ênclise) e **no meio** do verbo (mesóclise). As normas da colocação pronominal da língua culta do Brasil assemelham-se às regras utilizadas em Portugal. Veja o Quadro 18.1.

QUADRO 18.1 Regras para utilização de pronomes oblíquos átonos

| | |
|---|---|
| **PRÓCLISE**<br><br>**Ocorre sempre que há palavras que atraem o pronome para antes do verbo.** | ▪ **Advérbios de maneira geral**<br>Exemplos:<br>***Aqui*** *se trabalha muito.*<br>***Talvez*** *o encontre ainda hoje.*<br>▪ **Pronomes relativos**<br>Exemplos:<br>*Fiquei observando a mulher* ***que*** *se dirigia ao portão.*<br>*Foi Pedro* ***quem*** *te contou tamanho absurdo.*<br>*Os alunos* ***que*** *me ouvirem sairão mais cedo.* |

(*continua*)

(*continuação*)

| | |
|---|---|
| **PRÓCLISE**<br><br>**Ocorre sempre que há palavras que atraem o pronome para antes do verbo.** | ▪ **Palavras ou expressões negativas**<br>Exemplos:<br>***Jamais*** *te exponhas ao inimigo.*<br>***Ninguém*** *lhe falou a novidade.*<br>▪ **Pronomes indefinidos**<br>Exemplos:<br>***Todos*** *te ajudarão nessa hora difícil.*<br>***Tudo*** *se transforma.*<br>▪ **Conjunções subordinativas**<br>Exemplos:<br>*Comprarei este livro* ***se*** *me for útil.*<br>***Quando*** *me procurares, estarei a quilômetros daqui.* |
| **ÊNCLISE**<br><br>**Ocorre quando o pronome átono vem após o verbo.** | As formas verbais do infinitivo impessoal, do imperativo afirmativo e do gerúndio exigem a ênclise:<br>Exemplos:<br>*É difícil* ***contar****-lhe a verdade.*<br>*Estes são os ladrões:* ***prenda****-os.*<br>*Os alunos saíram* ***queixando****-se do professor.*<br>**Observação: após vírgula ou ponto e vírgula o pronome deve vir enclítico.**<br>Exemplos:<br>*Aqui,* ***estuda****-se muito.*<br>*Aventurou-se por aí,* ***afastando****-se do grupo.* |
| **MESÓCLISE**<br><br>**Ocorre quando o pronome fica intercalado ao verbo.** | Usada somente com verbos no futuro do presente e futuro do pretérito, desde que antes do verbo não haja nenhuma palavra atrativa.<br>Exemplo:<br>*Contar-****lhe****-ei tudo que sei.* |

## O pronome átono nas locuções verbais

- *Verbo auxiliar + infinitivo ou gerúndio*

Se não houver palavras atrativas, é indiferente a colocação do pronome átono, isto é, podemos colocá-lo depois do auxiliar ou do verbo principal.

Exemplos:

*Devemos lhe contar a novidade.*

*Devemos contar-lhe a novidade.*

*Você está me aborrecendo.*

*Você está aborrecendo-me.*

Se houver palavras que exijam a próclise, só duas posições serão aceitas: antes do auxiliar ou depois do infinitivo.

Exemplo:

*Não lhe devemos contar a novidade.*

*Não devemos contar-lhe a novidade.*

**Observação:** nunca usaremos o pronome átono depois do particípio.

Exemplo:

*Ele se tinha esquecido do teste.*

*Ele tinha se esquecido do teste.*

## Aplique o que aprendeu

**1.** Coloque C (certo) ou E (errado) nas frases abaixo em função da posição dos pronomes pessoais:

1. Eu te encontrei lá embaixo. ( )
2. Encontraremo-nos lá embaixo. ( )
3. Ele me encontrou na praia. ( )
4. Me encontre na livraria. ( )
5. Não me ajudaste muito. ( )
6. Você não me ajudou muito. ( )

2. Assinale a opção em que a colocação do pronome oblíquo átono não esteja correta:
   a. Devo agradecer-lhe.
   b. Alguém nos ajude!
   c. Vi a pessoa que te magoou.
   d. Posso ter enganado-me.
3. Assinale a opção em que todas as colocações pronominais átonas estejam corretas:
   a. Vi a pessoa que magoou-te./ Eu ajudarei-te sempre.
   b. Eu ajudar-te-ei sempre. / Eu te ajudarei sempre.
   c. Ela não me ajudaria assim. / Eu devo chamar-te mais tarde.
   d. Devo te chamar mais tarde. / Estou ajudando-te.

CAPÍTULO 19

# FORMAS VERBAIS QUE SUSCITAM DÚVIDAS

Por causa da evolução histórica do latim para o português, alguns verbos do vocabulário da nossa língua apresentam anomalias em um ou mais tempos e pessoas. Esses verbos são denominados pela gramática tradicional como verbos defectivos, ou seja, que apresentam algum tipo de defeito.

## NORMA CULTA

Selecionamos alguns dos verbos defectivos mais utilizados no dia a dia empresarial e os listamos no Quadro 19.1, apresentando suas possibilidades de correção.

QUADRO 19.1 Verbos defectivos

| | |
|---|---|
| **ABOLIR** | Não possui a 1ª pessoa do singular do presente do indicativo e nenhuma do presente do subjuntivo.<br>Exemplo:<br>*Ele quer que eu* ***retire*** *aquela citação.* |
| **ADEQUAR** | Só tem a 1ª e 2ª pessoas do plural no presente: nós adequamos e vós adequais.<br>Também não tem o presente do subjuntivo.<br>Exemplo:<br>*O juiz solicitou que eu* ***corrija*** *os termos da petição.* |

(*continua*)

(*continuação*)

| | |
|---|---|
| **ADERIR** | No presente ele fica assim: **eu adiro**, **tu aderes**, **ele adere**, **nós aderimos** etc.<br>No presente do subjuntivo, ficará: **que eu adira**, **que tu adiras**, **que ele adira**, **que nós adiramos**, **que vós adirais**, **que eles adiram**.<br>Exemplo:<br>*O diretor quer que* ***nós adiramos*** *ao plano.* |
| **COLORIR** | Não possui a 1ª pessoa do singular do presente do indicativo e nenhuma do presente do subjuntivo.<br>Exemplo:<br>*Eu* ***pinto/uso as cores*** *muito bem.* |
| **DETER** | O verbo é derivado de TER, por isso segue a sua conjugação: **se eu tivesse, se eu detivesse** etc.<br>Exemplo:<br>*Eles* ***detiveram*** *a subida dos preços.* |
| **DIZER** | O certo é disser: **se eu disser**, **tu disseres**, **ele disser**, **nós dissermos**, **vós disserdes**, **eles disserem**.<br>Exemplo:<br>*Quando ele* ***disser*** *que sim, sairemos.* |
| **ESTAR** | O certo é **que ele esteja**. A forma *esteje*, que ouvimos às vezes por aí, é erradíssima!<br>Exemplo:<br>*Eles querem que você* ***esteja*** *pronta às seis horas.* |
| **ENTUPIR** | Os verbos ENTUPIR e DESENTUPIR têm duas formas: **tu entopes** ou **entupes, ele entope** ou **entupe**. As duas formas estão corretas. |
| **INTERVIR** | O certo é interveio, porque INTERVIR é derivado de VIR.<br>VIR: hoje eu venho, ele vem, eles vêm, ontem eu vim, ele veio, eles vieram, se eu viesse, quando eles vierem.<br>INTERVIR: **hoje eu intervenho**, **ele intervém**, **eles intervêm**, **ontem ele interveio**, **eles intervieram**, **se eu interviesse**, **quando eles intervierem**.<br>Exemplo:<br>*Ele* ***interveio*** *na discussão.* |
| **MANTER** | O verbo MANTER é derivado de TER, por isso segue o modelo do verbo primitivo: **se eu tivesse**, **se eu mantivesse**, **ontem eles tiveram**, **eles mantiveram**, **quando nós tivermos**, **quando nós mantivermos.**<br>Exemplo:<br>*Se ela* ***mantivesse*** *a palavra, tudo teria dado certo.* |

(*continua*)

(*continuação*)

| | |
|---|---|
| **MOBILIAR** | O verbo MOBILIAR só é irregular quanto à sílaba tônica.<br>Presente: eu mo**bí**lio, tu mo**bí**lias, ele mo**bí**lia, nós mobili**a**mos, vós mobili**ais,** eles mo**bí**liam.<br>Presente do subjuntivo: que eu mo**bí**lie, tu mo**bí**lies, ele mo**bí**lie, nós mobili**e**mos, vós mobili**eis,** eles mo**bí**liem. |
| **PÔR** | Todas as formas do verbo PÔR com som de zê são escritas com *s*: **eu pus**, **tu puseste**, **ele pôs, pusemos**, **pusera**, **puserdes**, **puserem**. |
| **POSSUIR** | O certo é **possui**.<br>Os verbos terminados em -UIR fazem a 3ª pessoa em I: **ele influi, ele atribui** |
| **PRECAVER-SE** | Ele não se deriva de VER nem de VIR.<br>No presente do indicativo, só possui **precavemos** e **precaveis**.<br>No pretérito e futuro, o verbo é regular: **eu me precavi**, **tu te precaveste**, **ele se precaveu**, **nós nos precavemos**, **eles se precaveram**, **eu me precaverei** etc.<br>No presente do subjuntivo, nada.<br>No pretérito imperfeito: **se eu me precavesse**, **precavesses** etc.<br>As formas inexistentes deste verbo são substituídas pelas correspondentes dos verbos PREVENIR ou ACAUTELAR. |

## APLIQUE O QUE APRENDEU

**1.** Complete a frase com o verbo quando for correto ou com um sinônimo adequado ao sentido:

**a.** Ele quer que eu ________________ (abolir, no presente) aquela observação do manual.

**b.** O gerente solicitou que eu ________________ (abolir, no presente) os termos do relatório.

**c.** O diretor solicitou que eu ________________ (adequar, no presente) os termos da correspondência.

**d.** Ela pediu que nós ________________ (aderir, no presente) à nova campanha publicitária.

2. Assinale a opção em que o verbo esteja corretamente empregado:
   a. Quando terminarem o desenho, quero que vocês o coloram.
   b. Como o passaporte não tinha visto, os federais o detiveram no aeroporto.
   c. Não colora o desenho, pois ainda não o terminei.
   d. Todos se deteram perante a polícia.
3. Assinale a opção em que o verbo não esteja corretamente empregado:
   a. De onde eu provenho não se escuta música brasileira.
   b. Eles não interviram na discussão.
   c. Eles intervieram na relação, mas arrependeram-se posteriormente.
   d. Eles provêm de lugares muito frios.
4. Coloque C (certo) ou E (errado) para as opções abaixo:
   a. (   ) Se ele se manter ocupado, não causará problemas.
   b. (   ) Se ele se mantivesse ocupado, não causaria problemas.
   c. (   ) É bom que elas se precavenham contra furtos.
   d. (   ) É bom que elas se precavejam contra furtos.
   e. (   ) É bom que elas se previnam contra furtos.

CAPÍTULO 20

# EMPREGO DO INFINITIVO

O uso do infinitivo — flexionado ou não — é um aspecto bastante controverso na língua portuguesa atual. Neste capítulo, estudaremos as regras já consolidadas de sua aplicação.

## NORMA CULTA

Nos quadros 20.1 e 20.2, procuramos apresentar apenas os aspectos que não remetem à dúvida, orientando-nos pelo estabelecimento de relações lógicas com as regras gramaticais.

QUADRO 20.1 Uso do infinitivo impessoal

| Situação | Exemplo |
|---|---|
| Nas locuções verbais | *Vocês não podem reagir assim.* |
| Quando o sujeito do infinitivo for um pronome oblíquo átono (usados com os verbos MANDAR, FAZER, DEIXAR, VER, OUVIR, SENTIR). | *Deixe-os falar.* |
| Quando o infinitivo não se refere a sujeito algum. | *Viver é preciso.* |
| Quando o infinitivo funciona como complemento de adjetivos. | *São casos possíveis de contornar.* |
| Quando assume valor de imperativo. | *Veio a ordem decisiva: avançar!* |

QUADRO 20.2 Uso do infinitivo pessoal

| Situação | Exemplo |
|---|---|
| Quando o infinitivo tem sujeito diferente do sujeito da oração principal. | *Eu te censuro por te queixares sem razão.* |
| Para indeterminar o sujeito. | *Deixe-os falar.* |
| Quando vem no início da frase, para esclarecer a pessoa do sujeito. | *Para encontrarmos um amigo, devemos procurar bem.* |

## Aplique o que aprendeu

**1.** Coloque C (certo) ou E (errado) para o emprego do infinitivo nas frases abaixo:

**a.** ( ) Mandei-as redigirem o relatório até segunda-feira.

**b.** ( ) É preciso navegar por muitos mares para adquirir sabedoria.

**c.** ( ) Para elaborar a análise, eles precisavam dos dados corretos.

**2.** Associe o emprego do infinitivo com sua respectiva regra:

1. Quando não houver dúvida a respeito do sujeito do infinitivo, ele virá, preferencialmente, sem flexão.
2. A flexão será obrigatória se o verbo regido de preposição for pronominal ou se exprimir reciprocidade ou reflexibilidade de ação.
3. Quando o infinitivo vier no início da frase, ele deverá vir flexionado, mesmo quando regido por preposição.

**a.** ( ) Sugiro que vocês saiam para se entenderem lá fora.

**b.** ( ) Ele obrigou os palestrantes a ficar quietos.

**b.** ( ) Ao entrarem na reunião, os gerentes agradeceram ao conselho consultivo.

**3.** Complete com a forma correta do infinitivo:

**a.** Devem essas criaturas, vítimas deste regime selvagem, ainda ____________ (arcar — arcarem) com as consequências dos erros cometidos?

b. O diretor forçou os gerentes a __________ (registrar — registrarem) o incidente.

c. Apesar de ____________ (estar — estarmos) sem motivação alguma, continuamos o processo.

**4.** Coloque C (certo) ou E (errado) para a explicação sobre o emprego do infinitivo em cada uma das frases abaixo:

a. ( ) Ela saiu sem termos notado.

*Explicação:* O infinitivo será flexionado quando tiver seu próprio sujeito.

b. ( ) Ouvimos as cigarras cantar todos os dias.

*Explicação:* Quando não houver dúvida a respeito do sujeito do infinitivo, ele virá, preferencialmente, sem flexão.

c. ( ) Pretendemos chegar cedo ao escritório.

*Explicação:* Nas locuções verbais, quem se flexiona é o auxiliar.

CAPÍTULO 21

# CONCORDÂNCIA VERBAL

A concordância é um dos aspectos que mais remetem a identificação do falante à classe das pessoas cultas. A falta do plural é exemplo clássico de falha na correção gramatical da norma culta. Dessa forma, é muito comum escutarmos em comércios informais de rua exemplos como: "Três gravata é cinco real!".

## NORMA CULTA

Em suma, a concordância significa adaptação. No caso de concordância nominal, adaptação da palavra determinante ao gênero, número e grau da palavra determinada. Já no caso da concordância verbal, adaptação do sujeito com seu verbo. No exemplo da frase citada, temos:

| três | → | gravata |
|---|---|---|
| *determinante* | | *determinado* |

| três gravatas | → | são |
|---|---|---|
| *determinante* | | *determinado* |

| cinco | → | reais |
|---|---|---|
| *determinante* | | *determinado* |

## Regra geral

O verbo concorda com seu sujeito em número e pessoa.

Exemplos:

*Uma séria consequência decorreu da situação.*

*Duas consequências decorreram da situação.*

*Os passageiros e o motorista saíram ilesos.*

## Casos especiais

- Verbo HAVER (= existir) é impessoal.

  Exemplos:

  *Há momentos bons na vida.*
  (Existem momentos bons na vida).

  *Pode haver momentos bons na vida.*
  (Podem existir momentos bons na vida).

- Verbo FAZER (indicando tempo decorrido e condição meteorológica) é impessoal.

  Exemplos:

  *Já faz três meses que o novo planejamento foi aprovado.*

  *Faz invernos terríveis na Europa.*

- Verbos relativos a fenômenos da natureza são impessoais.

  Exemplos:

  *Ventava muito ontem.*

  *Durante dias choveu forte.*

- Verbo SER é usado no singular quando a ideia for de quantidade; quando for uma referência a tempo, concorda com o numeral ou com a palavra a que se refere.

  Exemplos:

  *Dois meses é muito tempo.*

  *Hoje são dezesseis de março.*

  *Hoje é dia dezesseis de março.*

- Quando há o pronome QUE o verbo concorda com o antecedente; no caso do pronome QUEM o verbo pode concordar com o antecedente ou ficar na 3ª pessoa do singular.
  Exemplos:
  *Somos nós que iremos ao evento.*
  *Somos nós quem iremos ao evento.*
  *Somos nós quem irá ao evento.*
- O verbo sempre concorda com os pronomes indefinidos (algum de, nenhum de etc.) — se o pronome estiver no singular, o verbo ficará no singular; se estiver no plural, o verbo irá para o plural.
  Exemplos:
  *Qual de nós usou aquela estratégia?*
  *Quais de nós usaram aquela estratégia?*
- O verbo fica no plural quando se usa *um dos que*.
  Exemplo:
  *Ele é um dos que participaram da reunião.*
- O verbo fica no singular quando há expressões coletivas.
  Exemplos:
  A gente *vai trabalhar até tarde hoje.*
  A multidão *assustou o grupo de rock.*
- Em caso de uso de expressões coletivas partitivas (a maioria de etc.), o verbo pode ficar no singular ou no plural.
  Exemplo:
  *A maior parte das pessoas protestou (ou protestaram).*
- O verbo fica no singular ao usar um milhão, um bilhão etc.
  Exemplo:
  *Um milhão de reais foi gasto à toa.*

**Observação:**
Um milhão e meio de reais *foi* gasto à toa.
Um milhão e quinhentos mil reais *foram* gastos à toa.

- Com números percentuais e fracionários o verbo concorda com o número da percentagem ou com o numerador da fração.
  Exemplo:

  *De acordo com as pesquisas, só trinta por cento já definiram seu voto.*

## Verbos com a partícula *se*

- Verbo transitivo direto + se → concordância normal com o sujeito.
  Exemplos:

  *Vende-se esta casa.*

  *Vendem-se estas casas.*

**Observações:**

1. O **verbo transitivo direto + se** caracteriza a frase como **voz passiva sintética**. Portanto, a expressão que se segue ao verbo é seu sujeito, conforme a Nomenclatura Gramatical Brasileira — NGB.
   Exemplos:

   *Esta casa é vendida.*

   *Estas casas são vendidas.*
2. Caso haja um **verbo auxiliar** (ter, haver, poder, dever, começar, costumar etc.), este se flexionará e será **regido pelo principal**. Exemplos:

   *Não se devem infringir as leis.*

   *O réu achava que se podiam cometer crimes impunemente.*

- Verbo + se + preposição → verbo no singular.
  Exemplos:

  *Precisa-se de empregados.*

  *Não se trata de benfeitorias realizadas no imóvel.*

**Observações:**

1. As frases estão na voz ativa e o sujeito é classificado como indeterminado.
2. O mesmo ocorre com os verbos intransitivos.

   Exemplos:

   *Viajou-se tarde.*

   *O pagamento importou extinção da obrigação.*

## APLIQUE O QUE APRENDEU

**1.** Coloque C (certo) ou E (errado) nas frases abaixo:

**a.** ( ) Houveram inúmeros problemas.
**b.** ( ) Ele disse que podem haver problemas.
**c.** ( ) Ele disse que deve existir problemas.
**d.** ( ) Amanhã, deverão haver novas demissões.
**e.** ( ) Determinou-se que devem acontecer descontos nas mercadorias.

**2.** Assinale a opção em que o verbo haver não esteja correto:

**a.** Há de haver novas turmas.
**b.** Hão de ocorrer novos projetos.
**c.** Há de existir outros encontros.
**d.** Há de haver mais reuniões.

**3.** Assinale a opção em que todas as orações estejam corretas:

**a.** Há de haver novas alegrias. / Fazia cinco meses que eu não o encontrava.
**b.** Eles fizeram a tempo todo o relatório./ Há de ocorrer novos concursos.
**c.** Fizeram dois anos sem reajuste. / Devem existir mais novidades.
**d.** Hão de existir mais alegrias. / Fará três anos que ela não viaja.

**4.** Coloque C (certo) e E (errado) nas frases abaixo:

**a.** ( ) Apresentou-se vários projetos.
**b.** ( ) De acordo com o estipulado, implantou-se com sucesso as novas redes de informática.
**c.** ( ) Argumentaram que se deve apresentar todas as opções possíveis.
**d.** ( ) É necessário que se pensem em todas as soluções.

5. Assinale a opção correta a respeito das frases a seguir:
   1. Lamentamos que tenham havido tantas injustiças.
   2. Solicitamos que não se apaguem todas as luzes.
   3. Podem haver algumas surpresas.
   4. Pode-se esperar várias novidades.

   a. Todas estão corretas.
   b. Apenas a opção 2 está correta.
   c. Apenas as opções 1 e 2 estão corretas.
   d. Apenas as opções 2 e 3 estão corretas.

6. Assinale a opção em que todas as orações estejam corretas:
   a. O presidente dos Estados Unidos afirmou que seu país é o mais desenvolvido da América. / Fomos nós quem escreveu o relatório.
   b. Os Estados Unidos afirmaram que seu país é o mais desenvolvido da América. / Fui eu que escreveu o relatório.
   c. O Estados Unidos colaborou com o desenvolvimento de outros países. / Fomos nós quem escrevemos o relatório.
   d. O presidente do Brasil e da França consideraram importante o desarmamento. / Foste tu que escreveu o relatório.

7. Assinale a opção correta a respeito das frases a seguir:
   1. Uma grande parcela da população apoiou o presidente.
   2. Um dos funcionários que mais colaboraram para a implantação da qualidade foi ele.
   3. Um dos que concordou em trabalhar por turno foi aquele colega.
   4. Um dos que concordaram em trabalhar por turno foi aquele colega.

   a. Apenas as opções 1 e 3 estão corretas.
   b. Apenas as opções 2 e 4 estão corretas.
   c. Apenas as opções 1, 2 e 4 estão corretas.
   d. Todas estão corretas.

8. Assinale a opção correta a respeito das frases a seguir:
   1. Aqueles cinco por cento de aumento ajudou bastante.
   2. Aqueles cinco por cento de aumento ajudaram bastante.
   3. Um milhão e quinhentos mil foi devolvido.
   4. Um milhão e quinhentos mil foram devolvidos.

a. Apenas as opções 1 e 3 estão corretas.
b. Apenas as opções 2 e 4 estão corretas.
c. Apenas as opções 1, 3 e 4 estão corretas.
d. Todas estão corretas.

CAPÍTULO 22

# CONCORDÂNCIA NOMINAL

Conforme vimos no Capítulo 21, a concordância nominal significa adaptar a palavra determinante ao gênero, número e grau da palavra determinada. Veremos a seguir as regras dessas adaptações.

## NORMA CULTA

Na concordância nominal, temos os aspectos básicos, que fazem parte do acervo do falante desde sua infância, e os casos especiais, para os quais é necessária atenção uma vez que a utilização oral tende a desconsiderar as normas registradas pela língua culta.

### Regras gerais

- Concordância gramatical.
  O adjetivo concorda em gênero e número.
  Exemplos:
  *a carta anexa*
  *as cartas anexas*
  *o documento anexo*
  *os documentos anexos*

**Observação:**

Se houver vários substantivos e um, pelo menos, for masculino, o adjetivo irá para o masculino plural.

Exemplo:

*o documento e a carta anexos*

- Concordância por atração.

  O adjetivo concorda com o substantivo mais próximo.

  Exemplo:

  *Enviamos o documento e a carta anexa.*

## Casos especiais

- ANEXO e INCLUSO.

  Concordam com o substantivo, seguindo a regra geral.

  Exemplos:

  *Encaminhamos anexas as cartas.*

  *Encaminhamos anexos os relatórios.*

**Observação:**

A expressão EM ANEXO não varia.

Exemplo:

*Seguem anexas as fotos.*

*Seguem em anexo as fotos.*

- MESMO, PRÓPRIO, SÓ, EXTRA, LESO, OBRIGADO, QUITE, NENHUM e JUNTO.

  Concordam com o substantivo, seguindo a regra geral.

  Exemplos:

  *Elas chegaram juntas.*

  *Elas não eram nenhumas bobas.*

  *Elas próprias copiaram a resposta.*

  *Elas vivem às expensas delas mesmas.*

**Observações:**

1. Quando MESMO equivale a DE FATO, não varia.

   Exemplos:

   *Elas mesmas vieram.*

   *Elas vieram mesmo.*

2. Quando SÓ equivale a SOMENTE, não varia.
   Exemplos:
   *As mulheres se sentiam sós.*
   *As mulheres trouxeram só medalhas.*
3. Quando JUNTO fizer parte de locução, ficará invariável.
   Exemplo:
   *Elas estão junto dos filhos.* (junto de)

- É PRECISO, É NECESSÁRIO e É BOM.
  Quando se subentende um verbo no infinitivo, não variam.
  Exemplo:
  *É preciso (ter) muita paciência.*

- É PROIBIDO.
  Quando o substantivo não está determinado, o adjetivo fica invariável.
  Exemplo:
  *É proibido entrada de estranhos.*

**Observações:**

1. Caso ocorra a determinação do substantivo, haverá concordância do adjetivo.
   Exemplo:
   *É proibida a entrada de estranhos.*
2. No caso de pronomes indefinidos, a indeterminação do substantivo continua.
   Exemplo:
   *É preciso muita paciência.*

- CARO, BARATO e BASTANTE.
  Se forem adjetivos, variam normalmente.
  Exemplo:
  *Comprei bastantes coisas.*

Se forem advérbios, não variam.

Exemplo:

*As coisas estavam bastante caras.*

- A OLHOS VISTOS, ALERTA, HAJA VISTA, MENOS e DE MODO QUE.

  Não variam em hipótese nenhuma.

  Exemplo:

  *Todos estavam alerta.*

- EXCETO, PSEUDO, TIRANTE e SALVO.

  Não variam em hipótese nenhuma.

- MEIO.

  Só varia quando equivale a *metade*.

  Exemplos:

  *Ela estava meio cansada.*

  *Ela comeu meia laranja.*

- POSSÍVEL.

  Acompanha a variação do artigo que o antecede.

  Exemplos:

  *Mantenha-os o mais distante possível.*

  *Queremos os menores rádios possíveis.*

- ADJETIVOS ADVERBIALIZADOS.

  Não variam os adjetivos usados no lugar de advérbios

  Exemplo:

  *Escrevi errado a mensagem.*

**Observação:**

O adjetivo estará adverbializado quando se puder usar a terminação -mente.

Exemplo:

*Escrevi erradamente a mensagem.*

- TODO.
  Só sofre concordância atrativa na linguagem informal, quando o advérbio é confundido com um adjetivo.
  Exemplos:

  *Elas estão todas molhadas.* (linguagem informal)

  *Elas estão todo molhadas.* (linguagem formal)

- NUMERAL ORDINAL + SUBSTANTIVO.
  Se houver repetição do determinante, qualquer concordância é possível; caso não haja, o plural é obrigatório.
  Exemplos:

  *Ele cursou a primeira e a segunda série.*

  *Ele cursou a primeira e a segunda séries.*

  *Ele cursou a primeira e segunda séries.*

- DOIS ADJETIVOS + UM SUBSTANTIVO.
  Se o substantivo estiver no singular, deverá haver repetição do determinante; caso o substantivo esteja no plural, não haverá repetição do determinante.
  Exemplos:

  *A equipe inglesa e a francesa.*

  *As equipes inglesa e francesa.*

- NEM UM NEM OUTRO.
  A expressão exige o substantivo no singular e o adjetivo no plural.
  Exemplo:

  *Não conheço nem um nem outro advogado recém-formados.*

- UM E OUTRO.
  A expressão exige o substantivo no singular e o adjetivo no plural.
  Exemplo:

  *Conheço um e outro advogado recém-formados.*

## APLIQUE O QUE APRENDEU

1. Complete com a forma correta:
   a. Os parentes estão ____________________. (alerta / alertas)
   b. Praticava ______________ boas ações do que devia. (menos / menas)
   c. _________________ as primeiras notas, ele se classificará. (Haja visto / Haja vista)
   d. Ele solicitou os papéis ________________ . (rosa / rosas)
   e. As planilhas estão ________________ . (em anexo / em anexas).
   f. As planilhas estão ________________ . (anexo / anexas)
   g. As cartas estão _________________. (em incluso / inclusas)
   h. Uma nuvem de gafanhotos ___________________ o milharal. (destruiu / destruíram)

2. Corrija as frases em que a concordância for inaceitável segundo a norma culta:
   a. Ele considerou muito estranho a reformulação das leis.
   b. Está difícil a correção do problema orçamentário sofrida no fim do ano passado.
   c. Ele me pediu emprestado uma quantia de três mil reais.
   d. Tacharam de absurdo as declarações do deputado.
   e. O juiz considerou ilegal as justificativas apresentadas.

3. Sabendo que existe a concordância gramatical e a atrativa, corrija as frases em que elas não estejam empregadas adequadamente.
   a. Ele pediu emprestado um paletó e duas gravatas.
   b. Ele pediu um paletó e duas gravatas emprestados.
   c. Para esclarecer o mistério, o sangue e a dentição foi analisada.
   d. Para esclarecer o mistério, foram analisados o sangue e a dentição.

4. Assinale a opção correta a respeito das frases a seguir:
   1. Uma e outra diretora se destacaram.
   2. Uma e outra diretora se destacou.
   3. As gerentes financeira e de desenvolvimento solicitaram os relatórios.
   4. A gerente financeira e de desenvolvimento solicitaram os relatórios.

a. Todas estão corretas.
b. Apenas a opção 2 está correta.
c. As opções 1 e 3 estão corretas.
d. As opções 2 e 3 estão corretas.

**5.** Assinale a opção em que todas as orações estejam corretas:
a. As ruas estão todo alagadas. / As ruas estão todas alagadas.
b. É proibido a escalada desta montanha. É proibido escalar esta montanha.
c. As alterações atingiram todos os departamentos, salvo o financeiro. / As alterações atingiram todos os departamentos, a salvo o financeiro.
d. Os desempenhos foram bastante bons. / Havia bastantes desempenhos bons.

CAPÍTULO 23

# CRASE

Apesar do que geralmente se supõe, a crase não é um acento, mas um sinal gráfico utilizado para indicar uma fusão. Neste capítulo, estudaremos sua correta aplicação.

## NORMA CULTA

Veremos a seguir como funciona a regra geral com suas especificidades, que costumam ser confundidas com bastante frequência.

Usa-se o sinal indicativo da crase quando há fusão de dois *as*: a + a = à

Exemplo:

*Entreguei o documento à professora.*

(Entreguei algo **a** alguém + **a** professora = à)

**Observação:**

Antes de nome próprio feminino e de pronome possessivo feminino é facultativo o uso da crase.

Exemplos:

*Entreguei o documento à/a Maria.*

*Entreguei o documento à/a minha secretária.*

## Sempre ocorre crase

- Nas expressões adverbiais femininas.
  Exemplos:

  *Falou à vontade.* (modo)

  *Cheguei à tarde.* (tempo)

  *Feriu-o à faca.* (instrumento)

- Nas locuções formadas por palavras femininas:
  Exemplo:

  *À medida que o tempo passava, ia escurecendo.*

- Nos pronomes demonstrativos *aquele*(s), *aquela*(s), *aquilo*(s) que venham antecedidos pela preposição *a*.
  Exemplos:

  *Refiro-me àquele processo.*

  *Ele fez alusão àquilo que ela escrevera.*

- Na expressão *à moda de*, mesmo que ela esteja oculta.
  Exemplo:

  *Ele escreve à Rui Barbosa.*

- Na indicação do número de horas, desde que não venha antecedida por preposição.
  Exemplos:

  *A reunião será às 14 horas.*

  *A reunião está marcada para as 14 horas.*

- Antes de nomes de cidades e estados que exijam a preposição *a*.
  Exemplos:

  *Vou à Bahia.* (Volto da Bahia)

  *Vou a Salvador.* (Volto de Salvador)

  *Vou à bela Salvador.* (Volto da bela Salvador)

## Nunca ocorre crase

- Antes de nome masculino e de verbo.
  Exemplos:
  *Entreguei o documento* ao *professor.*
  *Ele estava* a *procurar sua identidade.*
- Antes de pronomes, em geral, com exceção das palavras *senhora*, *senhorita* e *dona.*
  Exemplos:
  *Entreguei o documento a esta juíza.*
  *Solicito a V.Sa. o relatório.*
  *Solicito à senhora a observação das regras.*
- Nas expressões formadas de palavras femininas repetidas.
  Exemplo:
  *Eles estavam frente a frente.*

**Observações:**

1. A palavra CASA (no sentido de lar) e a palavra TERRA (no sentido de chão firme) não recebem crase, a menos que venham determinadas:
   Exemplo:
   *Ainda não fui a casa, hoje.*
   *Ainda não fui à casa dela, hoje.*
   *Os marujos foram a terra.*
   *Os marujos foram à terra descoberta.*
2. É facultativo o uso da crase na expressão *até a*:
   Exemplo:
   *Vou até a cidade.*
   *Vou até à cidade.*

3. A expressão A DISTÂNCIA não tem a crase, a menos que venha determinada.

   Exemplo:

   *O curso de Pedagogia Empresarial a distância será aos sábados.*

   *Nós nos encontrávamos à distância de cem metros da entrada principal.*

## APLIQUE O QUE APRENDEU

1. Coloque o sinal indicativo da crase quando necessário:
   a. Decidiram-se a estudar.
   b. Apontei aqueles alunos o caminho do bem.
   c. A falência levou-o a nossas portas.
   d. Trace uma reta tangente a esta circunferência.
   e. Quanto a atividade industrial, foram constatados nos casos estudados incrementos superiores a média nacional.
   f. As datas de pagamento referentes as NFs 2.319 e 2.388 estão relacionadas no documento anexo.
   g. Com relação as contas da Joana da Silva, informamos que o valor líquido indicado na folha de pagamento corresponde a conversão de moeda.
   h. O seguro tornou-se acessível a todas as pessoas físicas e jurídicas.

2. Assinale a opção que preenche corretamente os pontilhados das frases abaixo:
   1. Ela chegou em casa ___ tantas.
   2. A aluna expulsa e o diretor encontraram-se cara ___ cara.
   3. Ninguém fez referência ____ nova diretora.

   a. às – à – a
   b. as – à – a
   c. às – a – à
   d. as – a – à

**3.** Assinale a opção gramaticalmente correta:

**a.** Prefiro levar as pessoas nas costas a receber palavras rudes.

**b.** Elas estavam frente a frente aquele temido coordenador.

**c.** As únicas sequências corretas são às que têm número inteiro.

**d.** O prêmio foi distribuído aquela equipe.

**4.** Assinale a opção em que **não** há erro na colocação da crase:

**a.** Coloquei-me à disposição para a distribuição do projeto às equipes participantes à medida que elas se dirigissem àquele setor.

**b.** Coloquei-me à sua disposição para a distribuição do projeto às equipes participantes à medida que elas se dirigissem aquele setor.

**c.** Coloquei-me a sua disposição para a distribuição de várias senhas às equipes à medida que elas se dirigissem aquele setor.

**d.** Coloquei-me à disposição para a distribuição do projeto às equipes participantes a medida que elas se dirigissem àquele setor.

CAPÍTULO 24

# EMPREGO DOS SINAIS DE PONTUAÇÃO

Os sinais de pontuação são, na escrita, a expressão das entonações da língua falada. Por isso, são fundamentais para a correta interpretação das ideias.

## NORMA CULTA

Em seguida, veremos explicações e exemplos de uso dos seguintes sinais de pontuação: ponto, vírgula, ponto e vírgula, dois-pontos e travessão.

### Ponto

O ponto assinala a pausa máxima da voz depois de um grupo fônico de final descendente e de sentido completo. Ele é empregado, fundamentalmente, para indicar o término de uma frase ou período.

Exemplo:

*Ela saiu cedo do trabalho, cansada de tantas discussões e precisando descansar. Entretanto, demorou a chegar a casa, pois foi surpreendida por uma forte tempestade.*

*Assim que abriu a porta, verificou que a luz da sala estava acesa. Ficou em dúvida: "será que me esqueci de apagar a luz?", pensou ela.*

Observe que o ponto é usado no final de uma ideia completa. Quando se agregam outras ideias completas, forma-se o período ou parágrafo.

## Vírgula

A vírgula marca uma pausa de pequena duração. Indica que a ideia fica em suspenso, à espera que o período se complete.

Exemplo:

*O coordenador do projeto solicitou que ele fosse entregue na terça-feira, mas só poderemos entregá-lo na quarta.*

Ela orienta o sentido de uma ideia. Por isso, temos basicamente duas regras gerais para seu uso, conforme veremos a seguir.

### Primeira regra do uso da vírgula

Não se pode usar a vírgula para quebrar uma sequência de palavras que formam um sentido.

Exemplo:

*Os órgãos públicos estaduais e municipais deverão encaminhar as informações necessárias à Divisão de Pessoal.*

Nessa frase, não devemos colocar nenhuma vírgula:

- entre "públicos e estaduais", porque não se pode quebrar a sequência dos funcionários que são *públicos e estaduais*;
- entre "os órgãos públicos estaduais e municipais" e "deverão encaminhar", senão a primeira parte ficará solta e sem sentido. Se pusermos a vírgula depois de municipais, a ideia se quebrará e ficará incompleta;
- antes de "à Divisão de Pessoal" porque este grupo é parte de "encaminhar", já que quem encaminha, encaminha algo *a alguém*, ou seja, à Divisão de Pessoal.

### Segunda regra do uso da vírgula

Usa-se a vírgula para encaixar palavras, termos ou ideias em uma sequência.

Exemplo:

*Toda lei de mercado é por natureza flutuante.*

A sequência básica da frase é *Toda lei de mercado é flutuante*; o elemento que está encaixado nela é *por natureza.*

Então, se é um encaixe, ele poderá vir entre vírgulas.

Exemplo:

*Toda lei de mercado é, por natureza, flutuante.*

Resumindo, não se usa a vírgula para separar palavras ou ideias que se completam, a não ser que seja para intercalar elementos. Considerando isso e seguindo a nomenclatura gramatical, as regras de uso da vírgula são formuladas de acordo com o que se segue:

- Para isolar VOCATIVO.

  Exemplo:

  *Não demore, meu filho.*

- Para isolar APOSTO.

  Exemplo:

  *Nós, professores, contamos com o apoio de vocês.*

- Para marcar a SUPRESSÃO DE UMA PALAVRA (geralmente verbo) ou de UM GRUPO DE PALAVRAS.

  Exemplo:

  *Nós trabalhamos com fatos e vocês, com hipóteses.*

- Nas SEQUÊNCIAS, constituídas de palavras ou de orações.

  Exemplos:

  *O livro estava sujo, rasgado, imprestável.*

  *Pegou o recado, leu-o, disparou para a rua.*

- Nas INVERSÕES (a ordem direta é sujeito/verbo/complemento).

  Exemplos:

  *Este nosso amigo, você conhece.*

  *Cumprindo ordens, ele saiu do projeto.*

- Com ORAÇÕES INTERCALADAS ou EXPRESSÕES EXPLICATIVAS.

  Exemplo:

  *O processo de sustentabilidade deverá ser implantado, conforme estipulado em reunião de 23/3/2005, gradativamente.*

- Nas DATAS, para separar o nome do lugar.

Exemplo:

*Rio de Janeiro, 04 de fevereiro de 2006.*

- Para separar ORAÇÕES COORDENADAS SINDÉTICAS (menos as iniciadas pela conjunção e).

  Exemplo:

  *Ele estudou bastante, mas não conseguiu ser aprovado.*

## Ponto e vírgula

Serve para separar estruturas ou elementos elencados e para separar orações que têm relação de sentido sem segmentá-las em outro período.

Exemplo:

*Ela iria sair da equipe; ele, ficar.*

Outra utilização ocorre ao final de cada item elencado de um conjunto, como no exemplo a seguir.

Exemplo:

*O processo legislativo compreende a elaboração de:*

*a. emendas à Constituição;*

*b. leis complementares;*

*c. leis delegadas; e*

*d. resoluções.*

## Dois-pontos

Os dois-pontos marcam uma generalização, enfatizando o que vem depois, e são usados nos seguintes casos:

- Antes de uma citação — geralmente depois de verbo ou expressão que signifique *dizer*, *responder*, e sinônimos.

  Exemplo:

  *O juiz declarou: "O réu foi absolvido por unanimidade".*

- Antes de uma enumeração explicativa.

  Exemplo:

  *Elas apresentavam as seguintes qualidades: pró-atividade, facilidade de comunicação e capacidade de negociação.*

- Antes de uma explicação, síntese ou consequência do que foi dito.

  Exemplo:

  *Tenho dois caminhos possíveis: abrir uma consultoria ou um estabelecimento comercial.*

## Travessão

Usa-se para separar um grupo de palavras — normalmente uma ideia secundária — que se queira destacar na frase, porém sem prejudicar a sequência natural do texto.

Exemplo:

*O Rio tem um agradável refúgio no verão — a serra — onde a temperatura é mais amena.*

O travessão é bastante usado para destacar ideias secundárias.

Exemplo:

*Todos os relatórios bimestrais relacionados à análise macroeconômica deverão ser consolidados pelo gerente de cada área — de acordo com a nova orientação executiva — antes de serem enviados às respectivas diretorias.*

### Aplique o que aprendeu

**1.** Corrija, nas frases abaixo, as vírgulas mal colocadas e coloque as que deveriam estar presentes:

**a.** Todos os geradores com capacidade acima de 50 MW, os varejistas com faturamento maior que 100 MW e os consumidores livres, farão parte do sistema.

**b.** Podemos destacar que, ao longo do período a disputa pela aquisição das empresas de energia foi ficando cada vez mais acirrada, sendo este ano de 2010 o que promete maiores surpresas.

**c.** Outro movimento detectado, é a procura de sinergias com outros mercados, levando as empresas a uma maior diversificação.

**d.** A Gazeta Mercantil apresentou ao final do 3º trimestre, pouca alteração mercadológica em relação ao trimestre anterior.

**2.** Assinale abaixo a opção em que o trecho de uma ata está com a pontuação correta.

**a.** A previsão acima, foi projetada tomando-se como base os pagamentos reais, efetuados em março/90, mais aqueles já conhecidos e relativos a abril/90, acrescentando-se uma pequena margem, para suporte das despesas imprevisíveis.

**b.** A previsão acima foi projetada, tomando-se como base os pagamentos reais, efetuados em março/90, mais aqueles já conhecidos, e relativos a abril/90, acrescentando-se uma pequena margem, para suporte das despesas imprevisíveis.

c. A previsão acima foi projetada tomando-se como base os pagamentos reais efetuados em março/90, mais aqueles já conhecidos e relativos a abril/90, acrescentando-se uma pequena margem para suporte das despesas imprevisíveis.
d. A previsão acima, foi projetada tomando-se como base os pagamentos reais efetuados em março/90, mais aqueles já conhecidos e relativos a abril/90, acrescentando-se uma pequena margem para suporte das despesas imprevisíveis.

**3.** Assinale a opção em que a pontuação esteja correta.
a. Deixamos de incluir nesta previsão orçamentária, despesas com férias, rescisão contratual e 13º salário, porquanto, em se tratando de despesas anuais, (férias e 13º salário) e/ou imprevistos (demissões), o síndico preferiu deixar sua inclusão a critério de uma decisão em Assembleia.
b. Deixamos de incluir nesta previsão orçamentária: despesas com férias, rescisão contratual e 13º salário; em se tratando de despesas anuais (férias e 13º salário) e/ou imprevistos (demissões), o síndico preferiu deixar sua inclusão a critério de uma decisão em Assembleia.
c. Deixamos de incluir nesta previsão orçamentária despesas com férias, rescisão contratual, e 13º salário, porquanto em se tratando de despesas anuais (férias e 13º salário) e/ou imprevistos (demissões), o síndico preferiu deixar sua inclusão, a critério de uma decisão em Assembleia.
d. Deixamos de incluir nesta previsão orçamentária despesas com férias, rescisão contratual e 13º salário; em se tratando de despesas anuais, (férias e 13º salário), e/ou imprevistos, (demissões), o síndico preferiu deixar sua inclusão, a critério de uma decisão em Assembleia.

**4.** Na frase "Os funcionários que já preencheram a ficha cadastral deverão encaminhá-la ao Chefe de cada setor", em qual opção a explicação para o uso ou não da vírgula está correto?
a. Não podemos colocar vírgula depois de "cadastral", senão este grupo ficará solto e incompleto.
b. Devemos colocar vírgula depois de "cadastral", para que a ideia fique mais clara.
c. Devemos colocar vírgula depois de "os funcionários" e de "cadastral", ressaltando que só os funcionários que preencheram a ficha devem encaminhá-la ao chefe.
d. Não podemos colocar vírgula depois de "cadastral", pois estaremos informando que todos os funcionários deverão encaminhar a ficha aos chefes.

**5.** Assinale a opção em que a pontuação esteja correta.
a. O assunto a meu ver, requer longos estudos.
b. O assunto, a meu ver requer longos estudos.
c. A meu ver o assunto, requer longos estudos.
d. A meu ver, o assunto requer longos estudos.

# REFERÊNCIAS


A FLORESTA Amazônica e a questão ambiental. Disponível em: <http://www.dominiopublico.gov.br/pesquisa/ResultadoPesquisaObraForm.do>. Acesso em: 04 mai. 2010.

ASSOCIAÇÃO BRASILEIRA DE NORMAS TÉCNICAS. **NBR 6021**: informação e documentação: publicação periódica científica impressa: apresentação. Rio de Janeiro, 2003.

BRASIL. Ministério da Justiça. **Manual de redação e correspondência oficial**. Brasília: Secretaria de Modernização Administrativa, 1982.

______. Ministério das Relações Exteriores. **A Floresta Amazônica e a questão ambiental**. Brasília: [s.n] [s.d]. Disponível em: <http://www.dominiopublico.gov.br/download/texto/mre000057.pdf>. Acesso em: 08 mai. 2010.

______. Presidência da República. **Manual de redação da Presidência da República**. Brasília, 2002. 130 p. Disponível em: <http://www.planalto.gov.br/ccivil_03/manual/ManualRedPR2aEd.PDF>. Acesso em: 25 mar. 2010.

CAEIRO, Alberto. **Noite de São João**. Disponível em: <http://www.dominiopublico.gov.br/pesquisa/DetalheObraForm.do?select_action=&co_obra=84453>. Acesso em: 04 mai. 2010

GARCIA, Othon M. **Comunicação em prosa moderna**. Rio de Janeiro: FGV, 1976.

GOLD, Miriam. **As competências essenciais distintivas da Illycaffè**. Dissertação apresentada no curso de Pós-Graduação em Gestão de Competências – FGV, Rio de Janeiro.

FERREIRA, Aurélio B. de Holanda. (Ed.) **Novo dicionário Aurélio de língua portuguesa**. São Paulo: Positivo, 2006.

LANGACKER, Ronald W. **A linguagem e sua estrutura**. Rio de Janeiro: Vozes, 1972.

LIMA, Rocha; BARBADINHO NETO, Raimundo. **Manual de redação**. Rio de Janeiro: Fename, 1979.

______. **Gramática normativa**. Rio de Janeiro: José Olympio, 1994.

PRETI, Oreste. A formação do professor na modalidade a distância: (des)construindo metanarrativas e metáforas. **Revista Brasileira de Estudos Pedagógicos**. Brasília, v. 82, n. 200/201/202, p. 26-39, jan./dez. 2001. Disponível em: <http://www.dominiopublico.gov.br/download/texto/me004486.pdf>. Acesso em: 08 mai. 2010.

RAMOS, Graciliano. Relatório da Prefeitura Municipal de Palmeira dos Índios, 1929. **Revista de História da Biblioteca Nacional**, Rio de Janeiro, jun. 2008. Disponível em: <http://www.revistadehistoria.com.br/v2/home/?go=detalhe&id=1712>. Acesso em: 04 mai. 2010.

VANOYE, Francis. **Usos da linguagem**. 10. ed. São Paulo: Martins Fontes, 1996.

VIEIRA, Pe. Antônio. **Sermão da sexagésima**. Disponível em: <http://www.dominiopublico.gov.br/pesquisa/DetalheObraForm.do?select_action=&co_obra=1745>. Acesso em: 04 mai. 2010

# RESPOSTAS

## CAPÍTULO 1

### TESTES

1. Porque o contexto econômico se tornou mais competitivo e exigiu maior rapidez na compreensão da mensagem.
2. Desmotivação para a leitura, troca oral de informações e consequente falta de objetividade, falta de credibilidade e retrabalho.
3. Texto empresarial: tem como objetivo a informação. Texto jornalístico: tem como objetivo a eficácia.
4. Concisão, objetividade, clareza, coerência e correção gramatical.
5. Coerência e correção gramatical.

### APLIQUE O QUE APRENDEU

1. d.
2. **a.** C **d.** C
   **b.** C **e.** C
   **c.** E
3. 4 / 3 / 2 / 1
4. d.
5. b.

## CAPÍTULO 2

### TESTES

1. Verbosidade, chavões, jargão técnico e coloquialismo excessivo.
2. a. Verbosidade
   b. Jargões
   c. Chavões
3. Coloquialismo excessivo.
4. Planejamento antecipado; elo de ligação; outra alternativa; sintomas indicativos etc.

### APLIQUE O QUE APRENDEU

1. b.
2. d.
3. 4/ 1/ 3/ 2
4. V / V / F / F
5. d.

## CAPÍTULO 3

### TESTES

1. E-mails, currículo, relatórios, fôlders, comunicações institucionais, cartas diversas etc.
2. a. objetivo/ideia-núcleo.
   b. escolha do vocabulário
   c. mistura de ideia
   d. linha de pensamento
   e. divergentes.
3. b.

## Aplique o que aprendeu

**1.** d. **2.** c. **3.** a. **4.** b.

**5.** **a.** C **c.** F
**b.** C **d.** C

# CAPÍTULO 4

## Testes

1. Vocabulário simples e frases curtas.
2. Certo, pois as idéias ficam mais evidentes e há mais clareza sobre as idéias nucleares.
3. Errado. Muitas pessoas dominam muito bem o idioma, mas habituaram-se a um tipo de construção mais rebuscada
4. Errado. Um texto objetivo pode conter várias ideias principais; o que ele não deve conter são ideias excessivas.
5. Errado. Pode-se começar um texto objetivo por ideias secundárias, pois elas auxiliam a introduzir o contexto e conferem delicadeza à mensagem.

## Aplique o que aprendeu

1. b.
2. b.
3. **a.** F b. F c. F d. V
4. 3 / 2 / 1
5. c.

# CAPÍTULO 5

## Testes

1. **a.** utilitarista b. qualidade c. enxuta
2. Certa, pois as mudanças sociais, políticas e econômicas exigem um texto de leitura mais ágil para que o tempo possa ser mais bem aproveitado em ações e resultados.

3. Errado. O texto conciso exige uma capacidade de síntese para que o foco das informações não se perca.
4. Maximizar a informação com o mínimo de palavras; eliminar os clichês; eliminar as redundâncias e as ideias excessivas.

## Aplique o que aprendeu

1. a. 2. b.
3. **a.** Ele disse poder comparecer à reunião a ser realizada no próximo sábado e, na última hora, transferida para terça-feira.
   **b.** Aguardo contato para podermos resolver a situação pendente.
   **c.** Espero auxílio na elaboração da proposta a ser entregue até segunda-feira a fim de podermos aumentar o *budget* do próximo semestre.
4. b. 5. c.

# CAPÍTULO 6

## Testes

1. Inteligível significa aquilo que é entendido com facilidade.
2.

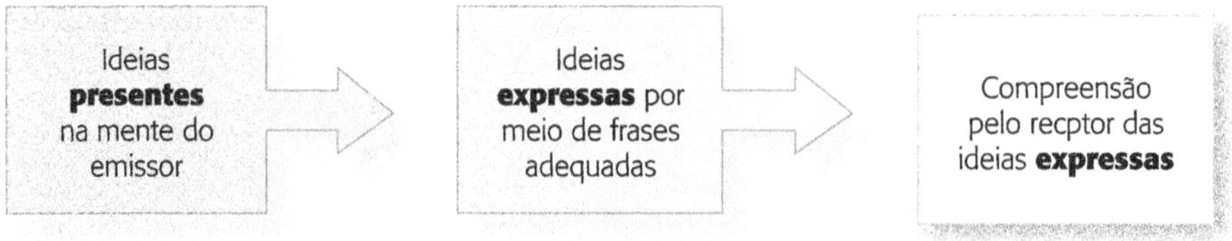


3. As palavras devem ser simples e adequadas; as frases devem ser curtas; deve-se cuidar do posicionamento dos termos; deve-se cuidar para que não haja ambiguidade.
4. **a.** linguagem técnica
   **b.** substantivos abstratos
5. Verdadeira.
6. que / pronomes possessivos

### Aplique o que aprendeu

**1.** b. **2.** d. **3.** c. **4.** b. **5.** a.

## CAPÍTULO 7

### Testes

**1.** **a.** V b. F c. V
**2.** 4 / 3 / 5 / 1 / 6 / 2
**3.** **a.** contradição b. sentido
**4.** **a.** parcamente b. demão c. vultosa d. despercebido

### Aplique o que aprendeu

**1.** d. **2.** b. **3.** c.
**4.** **a.** Ontem o gerente financeiro completou dez anos de empresa.
**b.** A empresa vai construir os centros técnicos prometidos.
**c.** O diretor rasgou o relatório em pedaços.
**5.** 9 / 8 / 7 / 6 / 5 / 4 / 3 / 2 / 1
**6.** 5 / 4 / 6 / 1 / 3 / 2

## CAPÍTULO 8

### Testes

**1.** **a.** estabelecer a linha de pensamento que será seguida
**b.** afinidade
**c.** um sumário
**2.** escrever o texto – listar as ideias
**3.** A afirmativa está correta, pois a função da introdução é situar o leitor no contexto, apresentando as coordenadas gerais que serão desenvolvidas posteriormente.
**4.** Errada. Muitas vezes a conclusão é a parte mais importante, pois trará o resumo do que foi informado e desenvolvido anteriormente.

## Aplique o que aprendeu

1. Grupo A: uva, laranja, maçã
   Grupo B: batata, cenoura
   Grupo C: leite, manteiga, creme de leite
   Grupo A – Frutas / Grupo B – Legumes / Grupo C – Laticínios.
2. 2 / 5 / 1 / 3 / 4
3. 2 / 1 / 3
4. Introdução: vai de *Este trabalho* até *relacionadas à teoria da competição baseada em competências*.
   Justificativa: vai de *A teoria da competição baseada em competências* até *diversidade de mercados*.
   Desenvolvimento: vai de *O caso da empresa Illycaffè* até *novos caminhos para inovações*.
   Conclusão: vai de *Em toda a série de eventos* até *vantagem competitiva sustentável*.
5. 1. Introdução
   2. Justificativa
   3. Desenvolvimento
      3.1. Estratégia do pensamento pulverizado (vai de *Em um primeiro momento* até *perspectivas de estratégia empresarial*).
      3.2. Relações de *partnership* (vai de *Em um segundo momento* até *alavancadoras de competências*).
      3.3. Investimento em pesquisas tecnológicas (vai de *Outra característica* até *brotar novos conhecimentos*).
   4. Conclusão

# CAPÍTULO 9

## Testes

1. a. F b. V c. F d. F
2. Contatos — Objetivo — Qualificações — Experiência profissional — Formação acadêmica

**3.** 2 / 3 / 1

**4.** **a.** última **b.** facultativo

## APLIQUE O QUE APRENDEU

**1.** d.

**2.** d.

**3.** **a.** Q b. R **c.** Q **d.** R **e.** R **f.** Q

# CAPÍTULO 10

## APLIQUE O QUE APRENDEU

Carta corrigida:

Ct- 43/97 — DIVPES

Rio de Janeiro, 18 de abril de 1997

**ASSOCIAÇÃO COMERCIAL DE VITÓRIA**

**A/C: sr. Fernando Matos**

Ref.: suas cartas 113/97 e 117/97

reunião de 22/04/1997

Prezado senhor,

Informamos que o sr. Paulo Garcia Júnior não poderá estar presente à reunião de 22 de abril do corrente, pois estará acompanhando a comitiva do Governo do Estado do Chile. Assim, enviaremos dois representantes: os senhores Carlos José da Silva e Jurandir de Souza.

Em relação à solicitação de um coordenador para o projeto "TURISMO ESPETACULAR", indicamos o sr. Antonio Moura Brasil.

Atenciosamente,

Paulo Garcia
Presidente

## CAPÍTULO 11

### APLIQUE O QUE APRENDEU

Memorando no 14/CCP Em 18 de maio de 2000.

Senhor Diretor da Divisão de Apoio Administrativo

Assunto: Adiamento de curso

Solicitamos a V. S.a cientificar os interessados de que o curso de Língua Portuguesa, programado para o mês de maio, somente começará no dia 4 de agosto, permanecendo o horário anteriormente estabelecido.

Encaminhamos, anexo, o conteúdo programático do curso.

Atenciosamente,

Nome

Cargo do signatário

## CAPÍTULO 12

### APLIQUE O QUE APRENDEU

**DECLARAÇÃO**

Eu, Amália Amélia da Silva, residente e domiciliada em São Paulo, na Rua do Tijuco Preto n. 13, portadora do RG n. 500631421, declaro a quem interessar possa o que se segue:

Proferi palavras rudes e desrespeitosas ao final da Festa do Vinho do Atlético Clube Pinheirense, no domingo, dia 8 de maio, dirigidas a meu querido noivo, Orozimbo de Almeida, para o qual solicito humildemente perdão.

Exorbitei quando, movida pelas forças desconhecidas do ciúme, joguei o garrafão de vinho sobre a capota do carro de Orozimbo, para o qual também peço perdão.

Reconheço que amo muito meu noivo e jamais voltarei a ofendê-lo.

São Paulo, 13 de maio de 2005.

Amália Amélia da Silva.

## CAPÍTULO 13

### APLIQUE O QUE APRENDEU

1. **a.** onde c. a fim de e. há g. a
   **b.** acerca do d. aonde f. Há cerca de h. A fim de

2. **a.** E c. C **e.** C **g.** E
   **b.** E d. C **f.** C **h.** E

3. **a.** por que c. por quê e. porquê
   **b.** Por que d. por que

4. Retenção, Agressão, Pretensão, Progressão, Omissão
   Cessão, Abstenção, Transmissão, Ascensão
   Conversão, Obtenção, Concessão, Distorção

**5.** c. **6.** b. **7.** b. **8.** b. **9.** d. **10.** c. **11.** a. **12.** c.

## CAPÍTULO 14

### APLIQUE O QUE APRENDEU

**1.**

| | | | |
|---|---|---|---|
| **a.** estampido | **f.** câmara | **k.** zíper | **p.** espécie |
| **b.** êxito | **g.** tímido | **l.** sutil | **q.** máximo |
| **c.** súbito | **h.** grátis | **m.** bambu | **r.** recorde |
| **d.** incêndio | **i.** pérola | **n.** têxtil | **s.** item |
| **e.** mágoa | **j.** após | **o.** ácido | **t.** também |

**2.** a Eles se veem pelos corredores.
   **b.** Todos têm medo de morcegos.
   **c.** Os papéis só serão assinados amanhã.
   **d.** O funcionário era assíduo no trabalho.

**3.**

| | | |
|---|---|---|
| **a.** enjoo | **f.** saúde | **k.** sanduíche |
| **b.** geleia | **g.** juiz | **l.** ciúme |
| **c.** sereia | **h.** juízes | **m.** gratuito |
| **d.** céu | **i.** troféu | **n.** tainha |
| **e.** areia | **j.** anzóis | **o.** poluído |

**4.** b. **5.** d. **6.** c.

## CAPÍTULO 15

### Aplique o que aprendeu

**1.** **a.** vultosa b. tráfico c. ratificada d. surtir e. infligiu

**2.** i / d / g / h / e / a / b / f / c / k

**3.** **a.** descriminação c. proscritos **e.** eminente

**b.** discriminação **d.** prescritos **f.** iminente

**4.** l / i / g / f / d / a **5.** c.

## CAPÍTULO 16

### Aplique o que aprendeu

**1.** **a.** sem-número b. abaixo-assinados c. meio dia

**2.** c. **3.** b.

**4.** **a.** h ou vogal igual à do final do prefixo.

**b.** h ou r

**c.** h ou vogal igual à do final do prefixo.

**5.** a. **6.** b.

## CAPÍTULO 17

### Aplique o que aprendeu

**1.** c. **2.** c. **3.** a.

## CAPÍTULO 18

### Aplique o que aprendeu

**1.** 1. C 2. C **3.** C 4. E **5.** C 6. C

**2.** d. **3.** c.

## CAPÍTULO 19

### APLIQUE O QUE APRENDEU

**1.** **a.** retire b. retire c. corrija/reveja d. adiramos
**2.** b. **3.** b.
**4.** **a.** E b. C **c.** E **d.** E **e.** C

## CAPÍTULO 20

### APLIQUE O QUE APRENDEU

**1.** **a.** E b. C c. E
**2.** **a.** 2 b. 1 c. 3
**3.** **a.** arcarem b. registrar c. estarmos
**4.** **a.** C b. C c. C

## CAPÍTULO 21

### APLIQUE O QUE APRENDEU

**1.** **a.** E b. E c. E **d.** E **e.** C
**2.** c. **3.** a.
**4.** **a.** E b. E **c.** E **d.** E
**5.** b. **6.** a. **7.** c. **8.** b.

## CAPÍTULO 22

### APLIQUE O QUE APRENDEU

**1.** **a.** alerta c. Haja vista e. em anexo g. inclusas
**b.** menos d. rosa f. anexas h destruiu

**2.** **a.** Ele considerou muito estranha a reformulação das leis.
**b.** Está difícil a correção do problema orçamentário sofrido no fim do ano passado.
**c.** Ele me pediu emprestada uma quantia de três mil reais.
**d.** Tacharam de absurdas as declarações do deputado.
**e.** O juiz considerou ilegais as justificativas apresentadas.

3. a. Ele pediu emprestado um paletó e duas gravatas.
   b. Ele pediu um paletó e duas gravatas emprestados.
   c. Para esclarecer o mistério, o sangue e a dentição foram analisados.
   d. Para esclarecer o mistério, foi analisado o sangue e a dentição.

4. c  5. d

## CAPÍTULO 23

### APLIQUE O QUE APRENDEU

1. a. Decidiram-se a estudar.
   b. Apontei àqueles alunos o caminho do bem.
   c. A falência levou-o a nossas portas.
   d. Trace uma reta tangente a esta circunferência.
   e. Quanto à atividade industrial, foram constatados nos casos estudados incrementos superiores à média nacional.
   f. As datas de pagamento referentes às NFs 2.319 e 2.388 estão relacionadas no documento anexo.
   g. Com relação às contas da Joana da Silva, informamos que o valor líquido indicado na folha de pagamento corresponde à conversão de moeda.
   h. O seguro tornou-se acessível a todas as pessoas físicas e jurídicas.

2. c.  3. a.  4. a.

## CAPÍTULO 24

### APLIQUE O QUE APRENDEU

1. a. Todos os geradores com capacidade acima de 50 MW, os varejistas com faturamento maior que 100 MW e os consumidores livres farão parte do sistema.
   b. Podemos destacar que, ao longo do período, a disputa pela aquisição das empresas de energia foi ficando cada vez mais acirrada, sendo este ano de 2010 o que promete mais surpresas.
   c. Outro movimento detectado é a procura de sinergias com outros mercados, levando as empresas a uma maior diversificação.
   d. A Gazeta Mercantil apresentou ao final do 3º trimestre pouca alteração mercadológica em relação ao trimestre anterior.

2. c.  3. b.  4. a.  5. d.

# ÍNDICE REMISSIVO


**A**

Acordo, 181
  Adjetivos, 75, 227, 228
Agressões contra a língua, 69
Ambiguidade, 88
Ata, 182-185
Atestado, 185
Aviso ou comunicação interna, 186, 188
  exemplo, 186

**B**

Bilhete, 187

**C**

Carta, 166
  impressa, 170
  modelo, 166, 170
Chavões, 23-24
  exemplos de, 24
  em introduções, 25
  em conclusões, 25-26
Circular, 187
Clareza, 9-10, 79-95
  ambiguidade, 88-89
  características, 82
  conceituação, 79-80
  dinâmica da, 80-81
  problemas de linguagem, 86-88
  quanto às frases, 84
  técnicas, 82-89
Coerência, 10, 97-111
  conexão entre as palavras, 99-100
  conexão entre as orações, 101-103
  conceituação, 97
  conectivos, 101
  dinâmica da, 97-98
  e unidade, 97-111
Colocação dos pronomes oblíquos átonos, 231-232
Coloquialismo
  definição, 28
  excessivo, 28-30
Comunicação interna. *Veja* Memorando oficial
Comunicações oficiais. *Veja* Correspondência oficial
Comunicado. *Veja* Aviso ou Comunicação interna
Concisão, 9, 63-78
  características, 64-65
  conceito de, 63
  condensação excessiva, 69
  elementos de realce, 69
  eliminação de redundâncias, 65
  excessiva, 70
  foco da informação, 65-67
  texto excessivamente direto, 67-68
  reduzindo o excesso de "ques", 70-71
Concordância nominal, 251-255
  regras gerais, 251-252
Concordância verbal, 243-247
Condensação excessiva da informação, 69, 70
Conexão entre os parágrafos, 103-105
Construções. *Veja também* Frase(s); Orações; Parágrafo(s)
  intercaladas e/ou invertidas, 21-22
Convocação, 188
Correspondência empresarial moderna, 161-162
Correspondência oficial, 173-179
Crase, 259-262

**D**

Declaração, 188-189
Dialeto, 13
Dicas para um texto com força persuasiva, 67-70
  elegância na mensagem, 68
  locuções adjetivas, 74, 75
  orações na voz passiva, 74-75
  reduzindo o excesso de "ques", 70-72

Diretriz contemporânea, 51
Documentos empresariais. *Veja* Texto empresarial

**E**

Efeitos das modificações sociais, 63
Eficácia, de um texto, 6, 24
Elementos de realce, 69
E-mail, 162-164
Ênclise, 232
Exposição de motivos, 24
Expressões supérfluas, 66

**F**

Falta de elegância na mensagem, 68
Falta de organização sintática, 70, 71
Fechos para correspondências oficiais, 175, 177
Frase(s). *Veja também* Construções; Orações; Parágrafo(s)
- centopeica, 84
- de labiríntica, 85
- e parágrafos longos, 84

**G**

Grafias, 195-209
Gramática. *Veja* Grafias

**H**

Homônimos e parônimos, 215-221

**I**

Ideia(s)
- pensamentos e, 35-36
- trabalhando as, 35-47
- fixação do objetivo, 36-39
- identificação da ideia-núcleo, 39-41

Informações transmitidas por e-mail, 162
Informações na carta, 166-171
Instrução Normativa nº 4 de 1992, 173
Instrução Normativa nº 4. *Veja* Instrução Normativa nº 4 de 1992
- memorando oficial, 177-178
- uniformização, 173
- ofício, 173-177

**J**

Jargão técnico, 27
Língua escrita, 70

**L**

Língua falada, 70
Linguagem
- adequada, 10
- problemas de, 86-88

Locuções adjetivas, 74
- transformação de, em adjetivos, 75

**M**

Memorando, 4, 27, 84, 98, 163, 177
Memorando oficial, 177
Mesóclise, 232
Modernizações na carta, 167-170
Monografias
- composição da estrutura, 119-126
- escrevendo, e relatórios, 113-136
- por onde começar?, 113-119
- tipo de planos para relatórios, 126-127

**N**

Níveis de língua
- do jurídico, 13
- dos economistas, 13
- dos internautas, 13
- escrita, 13
- falada, 13

Norma culta, 195, 265

**O**

Objetividade, 9, 49-61
- até 1980, 49-50
- conceituando, 51
- depois de 1980, 50
- e texto empresarial, 49
- técnicas para obtenção, 52-53

Ofício, 173-177
Orações. *Veja também* Construções; Frase(s); Parágrafo(s)
- conexão entre as, 101-103

Usos e significados
- concordância nominal, 251-257
- grafias, 195-209

**P**

Palavras, 83
- problemas de incoerência entre as, 98-99

Parágrafo(s). *Veja também* Construções; Frase(s); Orações
- e ideia-núcleo, 39-41
- longos, 20-21, 84-85

Parônimos e Homônimos, 215-221
Pobreza vocabular, 70
Pontuação, sinais de. *Veja* Sinais de pontuação
Principais conectivos e seus significados, 102-103
Próclise, 232
Procuração, 190
Pronome átono nas locuções verbais, 233
Pronomes possessivos
- ambiguidade, 88-89

Pronomes relativos
- excesso de 'ques', 79
- que (ambiguidade), 88

**Q**

Questões gramaticais
- colocação dos pronomes oblíquos átonos, 231-234
- concordância nominal, 243, 251
- concordância verbal, 243-249

crase, 259-263
sinais de pontuação, 265-270
uso correto das formas verbais, 199-200

R

Recibo, 190-191
Recursos inexpressivos de linguagem, 66
Redação empresarial. *Veja* Texto empresarial
Redundâncias, 24, 65
eliminando as, 65
Registros, 13
Relatórios
escrevendo, e monografias, 113-136
estrutura, 119-126
por onde começar?, 113-119
tipos de planos para relatórios, 126
Requerimento, 191-192

S

Sinais de pontuação, 265-270
dois-pontos, 268-269
ponto, 265
ponto e vírgula, 268
travessão, 269
vírgula, 266-268
Substantivos abstratos, uso excessivo, 83

T

Tautologias ou repetições viciadas, 26
definição, 26
Técnica(s)
clareza, 79-95
da substituição do relativo (ambiguidade), 88
de redução (concisão), 63-67
do deslocamento (ambiguidade), 88
quanto às frases, 84
quanto às palavras, 83
texto excessivamente direto, 67-69
trabalhando as ideias, 35-47
Texto empresarial
correspondência oficial. *Veja* Correspondência oficial
diretriz contemporânea, 51
documentos administrativos, 181-192
acordo, 181
ata, 182-185
atestado, 185
aviso ou comunicação interna, 186
bilhete, 187
circular, 187
convocação, 188
declaração, 188-189
procuração, 190
recibo, 190-191
requerimento, 191
documentos empresariais, 161-172
ofício, 173-177
correio eletrônico, 164
memorando oficial, 177-178
modelos, 177-178
modificações, 161
eficácia do, 6-9
clareza, 8, 79-84
coerência, 8, 97-111
concisão, 8, 63-78
linguagem formal, linguagem informal e não rebuscada, 8
objetividade, 8, 49-61
mal escrito, perda financeira, 3-4
moderno, estilo e linguagem, 3-17
relatórios e monografias, 113-136
trabalhando as ideias, 35-47
vícios. *Veja* Vícios de linguagem
Texto excessivamente direto, 68

U

Unidade e coerência. *Veja* Coerência
Uso
das iniciais maiúsculas, 203
das iniciais minúsculas, 204
das siglas e seu plural, 201
das unidades de medidas e horas, 202
de -ção, -são, -ssão, 204
de formas verbais, 199
de -isar, 205
de -sinho, 206
de -zinho, 206
do -izar, 206
dos porquês, 200
dos pronomes e formas de tratamento, 201
Utilização do e-mail, 164-166

V

Verbos
concordância verbal, 243-249
uso correto das formas verbais, 199-200
Verbosidade, 18-23
definição, 18
exemplos, 19-22
quadro ilustrativo, 23
Vícios de linguagem, 17-34
chavões, 23-26
coloquialismo excessivo, 28-30
jargão técnico, 27
tautologias, 26
verbosidade, 18-23
Vocabulário sofisticado, 19
Vocativo, 165
Voz passiva, orações na, 74-75